中国人民大学历史学院新生研讨课教材

人大课堂

名家的16堂历史课

皮庆生 / 编

中国人民大学出版社
·北京·

前　言

本书收录了16位学者给大一新生讲授自己的人生经历、治史心得的课堂实录，是中国人民大学历史学院本科教学改革的系列成果之一。录音稿最初由听课的学生分组整理，由讲授者亲自改定。编辑成册后，曾作为院内新生的内部指定读物，有外校本科生、研究生偶然得之者，颇有赞词，今公开刊行，希望对史学同好有所裨益。我当时负责这门课的设计和统筹，并全程参与了本书的录音整理和编辑工作，以下对课程开设的缘起和想法，以及当时本科教学改革的思路做一个简单的交代，作为阅读本书的背景知识。

2011年秋，中国人民大学历史系开设了一门名为"学史入门"的新课，后来以"新生研讨课""史学方法与史学实践"等课名开过，起初针对的仅仅是历史学专业的学生，后来包括了文、史、哲各个专业的学生，每次邀请的专家都有调整，讲授的内容也有变化。这次选出的十六篇，主要是2011年、2012年的课堂录音整理稿，只有吴宗国先生的那篇是2014年的课堂录音整理稿。开设这门课的契机是，当时历史系很多老师希望改变本科教学现状。记得我在课程说明里写过一句话，说这门课是要"通过专家讲座、师生座谈、实地考察等形式，实实在在地感受史学、史家之魅力，了解系史、专业的概况，逐渐形成较好的史学品位与认同，顺利完成角色转型，适应大学生活"。所谓的"品位"与"认同"，都是有所指的。

当时的情况是，中国人民大学历史系每年招收本科生三十多人，偶尔有两三个学生是第一志愿录取的，大多数学生是被调剂过来的，这是招生政策和就业形势所致。据我所知，很多学校都是这样。刚入大学的历史系新生，除了其他专业都有的激动，更多的是抵触、埋怨、郁闷和迷茫，他们中的大多数原本报的是其他热门专业，如金融、经济、法学等等，猝不及防地被调剂到了历史学，甚至有些同学在高中是学理科的，也被调剂过来了，心理没有任何准备。

所以，有些学生直言："在得知进入历史学专业后，最大的困惑就是不知道历史学专业是干什么的。"有的学生挨了四年也没入门，较多的是刚入学就想着转专业，或者辅修第二专业以谋出路。估计这也是令很多其他高校同行头疼的难题。我们过去的做法是限制转专业的人数（学校的规定是5%～10%），甚至把这个口子堵住。2010年，我应邀参与历史系本科教学的管理工作，在广泛征求师生意见后，决定完全放开转专业（不限定申请人数比例），鼓励辅修相关专业，同时加强课堂教学改革，激发学生的学习兴趣，提振他们对专业的信心。这个决定有一定的风险：学生都转走了怎么办？要说没压力是假的，第一年放开，一下子就转走了5个学生，那一届学生招得又少，最后好像只留下23人。不过，这样做给了学生再次选择的机会，更符合大学教育精神，所以我们一直坚持下来了。后来提出转专业的学生的人数慢慢减少了。现在中国人民大学几乎完全放开转专业，说明我们还是有先见之明的。当然，放开转专业、鼓励辅修相关专业，只是给学生出路、希望的一个方面，更重要的还是要让学生觉得历史学专业有出路和希望，让学生喜欢上这个专业。

当时我们有一个总的想法，就是要在教学设计上、在课堂中让学生觉得学历史有意思，能学到真东西。基于这个总的想法，我们大体规划了四个方面的改革：一是修订培养方案，改造原有的课程体系，狠抓课堂教学质量；二是增设了"学史入门""论文写作指导"等课程；三是建立实践教学体系；四是完善保研制度、奖励制度。在随后的几年中，我们的教学改革基本上把这几项落到了实处。比如"论文写作指导"，从起初在大四开设"史学论文阅读与写作"课程，到在大二增设"学术训练与学术规范"课程，先是全班一起上，后来改成按学年论文、毕业论文方向进行小班指导，对学生做论文写作的基本训练，慢慢把学术规范建立起来。实践教学也是一步一步往前走，到2016年，我们已经建立了一个有层次、分阶段的实践教学体系，具体来说：大一新生参观考察国家博物馆、周口店北京人遗址与琉璃河西周燕都遗址，后来增加了邯郸—安阳一线的几个遗址或博物馆（如响堂石窟、磁州窑遗址、磁州窑博物馆、邺城遗址、殷墟博物馆、三杨庄汉代遗址等）；大二参观考察满城汉墓、河北曲阳田庄古墓、北岳庙等；大三是专业实习，所有学生参加一个月左右的田野考古发掘。此外，一些专业课程也有相应的参观考察，如"中国历史地理学概论""清代学术与社会"两门课程的老师带领学生参观金中都水关遗址、大葆台汉墓、北京科举匾额博物馆等。这个实践教学体系的核心是以历史学为本位、以问题为导向，设计好稳定的学术参观考察路线、固定的考古实习基地，学生与教师进入各种历史现场，探访、发掘历史遗迹，认识、实践历史学多个层面的功用，体验历史学的思维方式，提升学生的认识能力，取得了一定的效果。关于对学生奖励机制的改进，比如其中的保研条件，以往基本上是学分绩点说了算，新规则增加了申请者进行大三学年论文答辩评审的环节，论文不合格一票否决，加大了论文在保研条件中的权重。同时，我们还利用校友的捐助，举行本科生论文大赛，第一名奖励 5 000 元，而获得校级优秀毕业论文者更是予以 10 000 元的重奖。这些措施的用意是激励学生写好三篇文章（原典读书笔记、学年论文和毕业论文），积极参与各种学术活动，在学生中反响很大。以上这些做法，其最初雏形都来自 2011 年开设的"学史入门"课程，比如大一的实践教学即发轫于"学史入门"的相应环节。

开设"学史入门"课程，还是为了解决新生入学后课程安排中的一个实际问题，就是第一个学期开设的课程主要是公共课，历史学的专业课只有"中国历史文选"和"中国古代史"，学生们在第一个学期只能听两位历史系老师的课，主要精力都用于学习政治理论、英语之类的通识课，专业的方向性不明确，学生们经常开玩笑说学了半年都不知道自己是啥专业的。"学史入门"课程见缝插针，硬在第一个学期增加了两个学分，目的就是让学生一入学就对历史学专业有一个真切的、总体的认识。这门课的师生座谈、实地考察环节有助于学生快速了解学院、专业，适应大学生活，但它的重头戏还是专家系列讲座。校内外的著名学者跟新生畅谈自己的人生经历、读书方法、治史心得、学术思考，新生在感受史家之精彩生活、人格魅力的同时，了解历史学是什么，比如史学研究的主要领域与方法，学术的前沿信息，如何读书、治学，进入大学后应该如何听课、记笔记、写论文，如此等等，既有宏观的思考，又有具体的学习方法建议。我当时跟这些老师聊，希望他们不要讲得太专门了，不能搞成某个具体问题的专题讲座，这门课是入门性质的，要引而不发，虚实结合。课后我开过几次与学生们的座谈，下面抄录几段学生的发言，从中可以看出学生们对这门课的真实感受：

"学史入门"课程给我带来的最大收获就是让我不再那么急躁了。因为一开始便是被历史选择而不是选择历史，再加上高中历史课的枯燥乏味，以及一直以来历史成绩都惨不忍睹，我对学习历史是抱抵触心理的。上了"学史入门"课程，虽说作为大一新生的我对其中涉及的专业角度的学习方法和一些其他专业知识还不是很理解，甚至说没什么太深的印象，可是通过与教授们真诚的交流，我发现，其实历史并不是那么枯燥乏味，里面有许多精彩的部分，通过对教授们之人格魅力的发现，我明白了历史学家并不古板僵化，他们同样有着激情与朝气。这些都让我慢慢从起初的被动消极变得平和。虽然不像其他同学所说，八次课就让自己对历史产生了很大的兴趣，但至少我不再对它反感，反而会主动去接触、发现它的独特之处。既然来到了历史系，便是一种缘分，我会好好读下去，认真读下去。多读点书开阔视野，从而不至于在物质世界中迷失自己，这总是有用的。不管以后会不会继续研究历史，我现在都明白也接受了历史学习生活，会不急不躁地摸索适合自己的历史学习之路。

上这门课之前，在我眼里历史是古板的、枯燥的、死气沉沉的，通过上这些老师的课，我对历史的认识有了改观。给我印象最深的是包伟民老师，他的思想很创新，他的眼界很开宽阔。首先他的学问很好，他不仅关注历史方面，不只着眼于历史这个层面，还关注社会的其他各个方面，不仅从历史学家的角度看问题，还会从不是学历史的人的角度看问题。他打破了我对历史学家的看法。

首先，每位来上课的老师的气场，可以说是智者的淡定和从容，由内而外地散发出来，那一刻是那么深刻地感受到，原来学历史真的可以修身养性、陶冶情操，可以提高整个人的人格魅力。其次，每堂课留下的那些需要我们阅读的大量书籍，多的让我们瞠目结舌，大呼受不了，可是我们都知道学历史是需要很厚的文化积淀的，积淀肯定得从积累中来，这也就要求我们不得不阅读大量的书籍来增加自己的知识。

在"学史入门"课中，我接触到了很多踏实做学问的教授，体会到了他们的人格魅力，他们对历史学的坚守和热爱很让人敬佩，现在仍然记得每一位老师谈起他们的专业领域时充满激情的语气和放光的眼神。

通过"学史入门"这门课，我对历史学专业有了新的认识和体会，不会再觉得它是死板甚至恐怖的了，对之逐渐滋生出浓厚的兴趣。

可以说，新生们大多是"被历史［学］选择而不是选择历史［学］"，加之中学历史教学存在的问题，他们大都以为历史学就是死记硬背，了无趣味，内心对学历史充满了疑惑、排斥。由于有了这门课，老师们自带气场，以人格魅力、学术素养让同学们体会到不一样的历史学和历史学人，同学们开始尝试进一步了解历史，甚至感觉到学历史也是有趣的、有品的，是有希望的，对这个专业有了信心。这是我们开设这门课的主要目的。当然，同学们对课程的内容、形式也提了很多意见。比如，有的同学提出，老师们讲的话题有点散，上了一个学期，还是没搞清楚历史学的基本范围。针对这个意见，我们在次年的讲座中增加了内容，请三位老师介绍中国史、世界史、考古学的主要领域、论题、研究机构、学者和基本方法。又如，有的学生说大一不知道如何写作业，不知道如何写专业课布置的论文，于是我们增设了一次"史学论文写作基本规范"的讲座。后来我们干脆向全体新生征集问题，一入学就开师生座谈会，请学院相关领域的老师集体答疑。总之，是摸索着前进，不断完善，尽最大努力为新生入门铺好路、架好桥。

　　以上便是"学史入门"课程的缘起，以及我们围绕课程做的一些教学改革。下面对录音的整理做一点说明。课程设计中有一个环节，即将学生分组，每个组负责一堂讲座的录音整理。有过录音整理经历的人都知道，这是个辛苦活，将口语恰如其分地变成书面文本，从中可以学到很多，加之新生可能对老师们讲的某些人名、地名、官名、史事不太了解，于是便需要不断向讲课老师请教，这些都是学习的过程。所以，这份录音整理稿实在是得来不易，是2011级、2012级全体学生共同努力的结果（吴宗国先生的录音稿由王琬莹女士整理）。在学生们整理的录音稿的基础上，我和讲课老师对这些稿子做了一些修改、校订的工作。此外，张婧乐、郑颜、王杨梅、徐伟、曲世侠、戴丽沙等研究生也校对了部分录音稿。无论是前期的整理修订，还是后期的出版编辑，我们都坚持一个原则，即是最后的文本一定要有现场感，要尽量保持课堂教学的原汁原味。由于老师们在课堂上谈到的人生经历和治学心得大多不见于他处，所以这份课堂实录亦可被视为这些学人的口述史。

皮庆生
2019年12月8日于京西万泉庄

目 录

我对历史学的几点思考　包伟民/1
感悟考古——以居延考古为例　魏坚/19
漫谈历史学习　吴宗国/30
历史地理学漫谈　华林甫/43
我的求学经历与治学体会　孟广林/61
灾荒史研究漫谈　夏明方/75
我与中国近代史研究　郭双林/82
史学研究的学术人生　刘后滨/94
读书与治学　李学勤/110
兴趣、阅读与研究　黄爱平/125
读书与人生　彭林/149
谈谈我学习中国近现代史的一些体会　马克锋/164
学习史学的门径　徐兆仁/176
史学的锐气与底气　黄兴涛/195
历史是什么　孟宪实/218
学史的基本问题　刘家和/233

我对历史学的几点思考

包伟民

演讲者介绍：包伟民，浙江宁波人，中国人民大学历史学院教授。主要研究宋史、中国古代经济史及近代东南区域史等。著有《宋代地方财政史研究》（上海古籍出版社，2001）、《传统国家与社会：960—1279 年》（商务印书馆，2009）等，主编《江南市镇及其近代命运：1840—1949》（知识出版社，1998）等。近年来曾多次到海外各学术机构讲学、做研究。

同学们刚进来不知道大学的历史学学什么，学了以后对自己的生活有什么影响，所以开这门学史入门课作为一个引导。今天我主要讲四个问题：（1）什么是历史学；（2）如何研究历史；（3）大学历史学专业学什么，学它的目的是什么；（4）我个人研究历史的经历、体会。这门课程，我想更多不是一种讲授式学习，而是一门典型的讨论课，同学们有问题可以随时讨论。这可能跟中学的历史教育不太一样。

一、引言

从某种角度讲，现在一般民众大致有三种途径接受历史教育：一是大众传媒或者历史通俗图书，二是中学历史课程教学，三是大学历史课程教学。通过大众传媒或者历史通俗图书获得的通俗历史知识常流于戏说，多数应归于历史文学范畴，可置而不论。除此之外，中学历史课程教学可能是接受面最广泛的一种途径。只是目前的中学历史课程教学存在明显不足，可以说，年轻人疏远历史学，在很大程度上是由这种不尽如人意的中学历史课程教学造成的。

除了教育主管部门在思想认识与制度规定方面的种种缺陷之外，中学历史课程教学最令人遗憾的一件事就是，它以历史知识的传授为主要目标。本应生动活泼、在开启学生思辨能力方面大有作为的历史教学变成了一味的死记硬背，历史课变成了一门令中学生头疼的课。这可真是冤枉。多记诵一些历史知识绝非历史教学的本意。

这节课想要说明的是：大学历史教学将会与中学历史教学有很大的差别，分析能力，或者说历史学思维方式的培养，是大学历史教学的基本目的。

为此需要解释三个问题：（1）什么是历史学；（2）如何研究历史；（3）大学历史学专业学什么。

二、什么是历史学

什么是历史学？这个问题很简单。现在发生的事情叫新闻，以前发生的事情叫历史。现在和过去有一个相对性，昨天发生的事情实际上已经成为历史，但有时也还可以叫新闻，不过一个月、一年之前的事就不能叫新闻了，总之这里面有个大概的界限。历史学就是分析、研究人类社会以前发生的所有事情的学问。

首先解释几个基本概念。中文"历史"一词由"历"与"史"两个字构成。究其词源，"历"的繁体作"歷"，据《说文解字》的解释："历，过也，传也。"从字形来看，"歷"描绘的是人穿过一片丛林，表示时间经历，后来被引申为历法、历官。"史"的篆文作"𠭃"，《说文解字》称"史，记事者也，从又持中。中，正也"，就是指保持中正的态度用右手记事。近代王国维《释史》，认为从字形来看，"𠭃"描绘的是手持簿书之人，"史之职，专以藏书、读书、作书为事"，也就是史官。在早期的国家机构中，历官与史官属于两个不同系统，但往往由同一人兼任。在我国古代历史文献中，"史"常常被引申为由史官编写的文献，即史书。目前学者大多认同，"历"与"史"组合起来，构成现代汉语"历史"一词，是近代借用日语而来。

说到历史，我们常常会用到另一个基本概念，就是"文明史"。什么是"文明史"？上面说到，"历史"是人类社会"以前发生的所有事情"，不过这是一个很含糊的概念。"前"到什么时候？学术界有一个基本限定，在"文明史"之前的历史叫"史前史"，从理论上讲，那时人类还没有"历史"。当然，史前时期人类早已形成，应该有历史，即便自然界也有过去，也有历史，但这不是人类的"文明史"。我们所说的历史,特指人类社会的文明史,特指人类发明文字、开始用文字记录社会活动以后的历史。

在史前时期,人类已经形成,那为什么说只有史前史,而没有文明史?这里主要并不是因为人类只有发明了文字才可以记录历史活动,而是因为以文字记录历史活动才促使人类形成明确的历史意识。举个例子,任何动物都有记忆,人类是这样,其他非人类动物也是这样。我们可以想象,史前时期有个氏族,其成员到了晚上没事干,围着一堆篝火听某位老人讲故事。故事的内容大家可以想象,是这个氏族过去发生的一些事情。这就是这个氏族的历史记忆。在这个简单例子中,我们可以看出:那些故事可能是老人的亲身经历,也可能是他听别人讲的故事,其实这位老人讲的已经不是他的个体记忆了,而应该被归为集体记忆。而且经过他讲的故事,他个人的一些记忆被氏族其他成员听后记住了,个体记忆就被纳入了集体记忆。虽然当时还没有文字记载,但人类的这种记忆经过口耳相传,从个体记忆转化为集体记忆,已经比较复杂了。我们不能设想某种动物,即便是最聪明、与人类血缘最相近的黑猩猩,会围着一个动物听它讲故事。它们没办法做到,这是人与其他动物的重要区别。黑猩猩也会有记忆,但它们的记忆只能是个体性的,不能进化到集体记忆。非人类动物的某些记忆会形成一种本能,传给下一代,但它们无论如何都不可能在集体记忆基础上形成一种思辨性历史意识。

什么是历史意识?前面说到,那位氏族老人给晚辈讲故事,讲什么?氏族生活的故事很多,他得有所选择,选那些他认为对晚辈有意义的事来讲。这里就反映了他的思考,这就可以说是历史意识的雏形。人类发明文字以后,就可以有意识地记录自己的历史了。记什么,不记什么,什么有意义,什么没有意义,就反映着人们对历史活动的一种理性思考,这种思考就是历史意识。有了理性的历史意识,人类的文明史才算开始。历史意识是人类对自然、人类自己在时间长河中发展变化现象与本质的认识。人类的历史意识是人类特有的一种认识能力。这种能力逐步发展为继承历史、创造历史的能力。

近代早期,有一些西方学者不尊重东方文明,认为中国没有历史。他们当然知道中国有很多史书,但认为理性在中国未得到发展,中国人没有历史意识,所以没有历史。比如19世纪德国哲学家黑格尔等人就是这么认为的。这个例子可以从反面告诉我们,近代学术是将历史意识视为历史学的核心的。

那么,什么是历史学?简单地讲,历史学就是分析、研究人类历史活动的学问。一般认为,"历史"一词可以从广义与狭义两个不同层面来解释。前面说,历史就是人类社会以前的活动,是一种客观存在,这是从广义层面定义"历史"这个概念。狭义说来,"历史"可以指人们对这种客观存在的描述和探索,是关于历史的学问,这就是所谓的历史学。为了避免概念的混淆,这里将"历史"与"历史学"相区分,也就是以"历史学"一词专指狭义的研究历史的学问。专门研究这种学问的人,当然就是历史学家了。

具体地讲,历史学大概包括哪些内容?我们国家的学科分类目录可以给大家比较清晰的提示。根据国务院学位委员会、教育部2018年印发的《学位授予和人才培养学科目录》,我国目前将所有的学术研究内容分为13个学科类别,历史学为其中之一。学科类别之下再划分成一级学科、二级学科与三级学科。历史学科之下共设3个一级学科——考古学、中国史、世界史。3个一级学科之下共设21个二级学科,如考古学史和考古学理论、史前考古、夏商周考古、历史地理学、中国古代史、专门史、世界古代中古史、世界近现代史、世界地区、国别史等。这种学科分类不一定完全恰当,不过至少从某种角度比较全面地反映了历史学的学科内容。

在谈了历史、历史意识和历史学这些概念之后,我们再来说说什么是"历史科学"。现在的历史学家都喜欢说自己研究的学问是历史科学,强调它的"科学性"。那什么是科学?"科学"的英文写作science,它的研究对象是自然界,研究的目的是发现自然界的客观规律。自近代科学革命以来,科学的影响力不断增强,"科学"这个概念也就成了客观、理性与正确的同义词。正是由于科学的这种极为强大的影响与感召力,学术界相应地将研究人类社会的学问统称为社会科学,也就是在强调这种学问的客观、理性与正确的前提下,加上一个前缀"社会",点明其研究对象为不同于自然界的人类社会。

在欧洲中世纪,没有社会科学这种说法,也没有科学,只有一种学问,叫神学。科学与社会科学是近代科学革命以后的产物。正是为了标榜研究人类社会也像科学那样理性、客观,也是为了发现规律,人们开始将研究自身的学问称作"科学",于是出现了"社会科学"这个概念。现在中文词汇中,科学前面也被加上了一个前缀,叫它"自然科学",这当然是在社会科学这个概念反向的影响下形成的。科学本来就是研究自然界的,在它前面加这样一个前缀,实际上造成了词义重复。

社会科学这门研究人类社会自身的学问仿效科学,将自己称作"社会科学",还因为它的研究方法也有点像科学,习惯将研究对象(人类社会)分解开,分门别类,从各个不同的侧面展开研究,所以就有了经济学、人口学、政治学等学科。它也强调发现规律性现象,强调结论的可重复验证。

历史学之所以被称作"历史科学",原因与此相似。因为历史学所研究、讨论的对象其实与社会科学是一样的。只不过社会科学研究人类的当代社会,历史学研究人类的以前社会,它们在本质上是一致的。从这个角度看,将历史学称作为历史科学是有道理的。因为科学的影响实在太大了,历史学为了标榜自己的研究是客观的,也为了发现以往人类社会运作的规律,所以就强调自己研究的"科学性",将自己的学问称作历史科学。也正因如此,现在历史学科的研究越来越趋向于借用社会科学的方法和规范,将历史上的人类社会分解成各个不同的侧面来分析,所以就有了经济史、人口史、政治史等分支。史学研究也被宣称是为了发现人类社会发展的规律。

不过,历史学还有另一个面相。近代以来,随着科学革命的深入发展,人们发现有一些学问很难被纳入科学或者社会科学的范畴,于是就给这些被排拒在科学与社会科学之外的学问一个简便的总称——人文学科(humanities)。人文学科最初主要是指古典语文学,后来衍生出哲学、文学、艺术学等内容。这些学问的共同特征是,它们都关乎人类的精神生活与内心世界,很难被认为具有"客观"或者"规律"的特性。例如艺术欣赏,所谓"情人眼里出西施",就具有相当明显的个体性与主观性,很难"客观",不易找出"规律",其结论往往无法验证。后来历史学也被归入人文学科。之所以将历史学归入人文学科,是因为就其研究目的或者本质而言,它是为了探究与阐发一个民族的文化精神,而且这种探究与阐发是一个相当主观的过程。

再举一个例子来具体说明历史学的学科属性。譬如,研究秦始皇这个历史人物。其一,研究秦始皇,认为这个议题有意义,这样的选择本身就是主观的。而且,不同的人对同一个议题所感兴趣的侧面,或者说认为它的意义可能体现在哪些方面,也是各有不同的。传统史学可能更强调描述秦始皇作为一个"暴君"的人物形象,在道德上谴责这个历史人物。现代史学一般就不再对历史人物的道德分析感兴趣,而是看重秦始皇作为一个国君,他所拟定的国家制度、推行的政策可能对中国社会与文化产生过哪些长期的历史影响。其二,为了说明秦始皇推行的某项制度——例如郡县制——的历史影响,我们就需要在历史资料中搜寻论据,来做分析,最后才能得出结论。这样的研究,至少在技术层面上，史学家可能需要借用一些现代政治学的理论与方法——如果我们将分析对象纳入政治史的范畴的话，同时在论证过程中强调取证的客观，分析推理符合逻辑，所谓"有一分证据说一分话"。如果别人依据研究者所提供的论据再推论一番，也应该能得出与原研究者相同的结论，这样的结论才算成立。也就是说，研究结论应该可以被重复验证。因此，从研究方法层面讲，现代史学可以说是越来越科学化了。其三，如果再从另一层面去观察，研究者引以为论据、用于分析、讨论秦始皇的那些历史资料，本身就可能存在相当大的主观性：它们是经过两千多年的人为选择才保留至今的。那些符合历史时期人们观点的记载必然得到更广的流传，而不被历史时期人们所认同的记载，则可能被冷落、失传，甚至被后人篡改。利用经过这样长期人为筛选存留下来的历史资料做出的分析，即便在论证过程中力求客观，其所得出的结论也无法确保一定能够符合历史事实。更何况，即便所有论据都客观可靠，往者已逝，我们实际上也无法对历史做重复验证。

所以，就其学科本质而言，历史学属于人文学科，历史学研究的目的是探究、阐发一个民族的文化精神。正如前面那个例子所谈的，是发现秦始皇作为一个历史人物可能对中国文化产生过哪些影响。但历史学的研究方法在某种程度上可以借鉴现代社会科学的做法，这就是它在很多情况下又被称为历史科学的原因。或者说，现代史学尽可能地追求发现历史的真相，追求探索历史发展的"规律"，尽管这种追求可能永远无法达到其终极目标，但工作总是处在不断接近真相与规律的过程中，这其实与科学家探索自然界的真相是一致的。史学家们声称自己研究的是"历史科学"，就是从这一点出发讲的。尤其是，随着"自然科学"的发展，例如相对论、量子力学等新学科、新理论的提出，人们发现自然现象原来也不是那么"客观"，无法那么确凿无疑，这就使得自然与人文两者之间的界限变得模糊起来，历史学似乎也就有了更多的理由来声称自己为"科学"了。

总之，现代史学的学科属性在性质与研究方法两方面具有双重性。

三、如何研究历史

如何研究历史？在讨论这个问题之前，我们首先简单介绍一下历史学发展的几个不同阶段。所谓发展阶段，并非指不同阶段的前后轮替，实际上是指历史学不同特性的渐次展开，这更为恰当。

东西方历史学的发展有一些共性，最初都是从讲故事出发的。这就是所谓历史学的叙述性，它是历史学最突出的特征。所有民族的历史学都是这么发生、发展起来的，通过老祖宗的记忆，故事开始了，历史学就慢慢产生了。所以，历史学发展的第一个阶段就是叙述史学。

老人们为什么要讲那些故事？除了觉得它们有意思之外，还想下一代可以从中得到一些益处、一些教训，这"益处"和"教训"最初落实在道德层面上。这就是历史学的道德性，早期人类希望利用历史故事实现一些道德功能。孟子说，"孔子成《春秋》而乱臣贼子惧"（《孟子·滕文公下》），乱臣贼子害怕自己做的坏事被史官记录下来，在历史上留下骂名。这就是历史学的道德教育、道德约束的功用。宋代历史上有这样一个故事：

> （宋）太祖尝弹雀于后园，有群臣称有急事请见，太祖亟见之，其所奏乃常事耳。上怒诘其故，对曰："臣以为尚急于弹雀。"上愈怒，举柱斧柄撞其口，坠两齿。其人徐俯拾齿置怀中。上骂曰："汝怀齿欲讼我耶？"对曰："臣不能讼陛下，自当有史官书之。"上悦，赐金帛慰劳之。①

宋太祖赵匡胤鲁莽，打掉了大臣的牙齿。那位大臣说此事史官会记载下来，宋太祖于是转怒为喜，重赏该臣。这个故事的真实性值得怀疑，但至少反映了历史学的一个功用，那就是对那些无法无天的人祭起一个最后的约束作用——道德约束。有学者认为，对专制君主来说，与其说他们畏德，不如说他们畏天——担心失德而遭天谴。不过，从某种程度上讲，畏德与畏天其实是一致的。这可以说是历史学发展的第二个阶段——道德史学。

前面关于宋太祖的这个例子提到，当时国家设置史官，随时记录君王的一言一行与国家大事。那么，当时为什么要设立史官这样一种职位？是因为统治者觉得历史有用，可以从中了解历史经验，帮助君王得到一些管理国家的学问。北宋大文人曾巩在《南齐书序》中说："史者所以明乎治天下之道也。"这方面，最典型的就是宋代司马光编著的《资治通鉴》这部史书了。宋神宗为它题名、作序，开宗明义就宣称，它是供君王治理天下所用的参考书，即所谓"资治"，"明乎得失之迹，存王道之正，垂鉴戒于后世者也"。这可以说是历史学的政治

---

① 司马光. 涑水纪闻. 影印本. 上海：上海书店出版社，1990：7.

功能，也是其发展的第三个阶段——资治史学。

到近现代以后，越来越多的学者开始把历史学当作一门科学来对待。特别是从 19 世纪开始，历史学受到科学主义的影响，强调自己的客观性。在西方史学界，最具代表性的是德国著名史学家利奥波德·冯·兰克（Leopold von Ranke，1795—1886）。兰克特别强调历史研究要客观，强调它的科学化。兰克认为，历史学家的任务就是弄清历史事实，因为历史资料是客观的。历史学家如果能够不带任何主观偏见，客观解读历史资料，就可以发现历史真相。在兰克史学的基础上，马克思主义进一步认为，弄清历史事实是为了发现历史发展的规律。从 19 世纪起，从兰克到马克思，历史学一直受科学主义的影响，达到它发展的第四个阶段——科学史学。大体上讲，目前我国的历史学科就处在科学史学阶段。

前面分析的历史学的这些特性说明，史学研究总是带着明确的目的性，即便是以发现历史客观规律相标榜的科学史观也不能例外。历史学的这种特质，不免会影响到它的具体研究过程。

再从另一个侧面来观察。历史学研究的是以前的人类社会，它跟当今的人类社会在本质上具有一致性，可是当今的人类社会看得见摸得着，而历史学研究的历史时期都早已不复存在，看不见摸不着，需要依靠历史资料去复原。换句话说，研究历史上的人类社会比研究当今人类社会多了一道工序，那就是必须首先弄清楚在某一特定时间与地点的历史事实是怎样的，之后才有可能分析、研究它。尽管历史研究的目标永远不只是复原史实，而是展开进一步的分析、研究，但必须首先复原史实。

这样一来，我们就必须面对那个令人头疼的历史资料问题。史实复原需要利用历史资料，历史资料的类型是极为多样化的，它可以包括历史上存留至今的图画符号、文字语言、遗迹遗物、神话传说、民间故事等，其中文献资料占最大多数。一切可能承载历史信息的东西，都可以成为历史研究的资料。从某种角度讲，近代史学发展的一个重要表现就是被纳入历史资料的内容日益增多，甚至包括基因、DNA、放射性同位素碳-14 这样完全由现代科学所发掘的"资料"。说历史资料令人头疼，主要指前面已经提到的它可能蕴含的主观性问题。

第一，历史现象能否成为"历史资料"或者"历史事实"，是由人们的主观选择决定的。历史现象纷纭万千，几乎不可穷尽，只有被历史学家关注的那些历史现象才有资格被称为历史资料，也就是被引作某一具体历史研究专题的论据。有一位英国历史学家卡尔（E. H. Carr）曾说：

> 并不是所有关于过去的事实都是历史事实，或者过去的事实也并没有全部被历史学家当作历史事实来处理。①
>
> 过去常说，让事实本身说话。当然，这话是不确切的。只有当历史学家要事实说话的时候，事实才会说话：由哪些事实说话、按照什么秩序在什么样的背景下说话，这一切都是由历史学家决定的。②

第二，哪些历史现象有可能成为历史资料，取决于历史学家们对哪些议题感兴趣。在不同的社会发展阶段，由于受时代的制约与影响，人们感兴趣的历史议题是不一样的。所以，历史研究具有明显的时代性。任何忽视历史研究之时代意义的企图，都会影响它的发展。不过，相对抽象而言，也许可以这么认为：如果说生死与爱情是文学的永恒话题，物质与精神、存在与思维是哲学的永恒话题，那么，对历史学来说，历史现象的因果关系就是它的永恒话题。

第三，历史资料必然是零碎、片面与主观的。关于人类早期历史的资料是如此，关于近代以来看似资料极为丰富的那些议题的资料也未必不是如此。关于人类早期历史的资料残缺不全比较容易理解，前面已经提到过。造成这种现象的原因还包括一些技术性因素。譬如说，我们现在都知道人类早期制作工具的材料有石头、铜与铁等，所以有石器时代、铜器时代与铁器时代等早期历史的划分法。难道当时的人们不知道木材也可以被用来制作工具？只是因为木材腐烂较快，不易保存下来，所以我们现在就不可能在考古资料中发现它们了。

不过，相比于历史资料在流传过程中受偶然因素与人为选择的干扰而形成的零碎、片面与主观的现象，历史资料——尤其是历史文献（文本）——在形成过程中所体现的主观性更麻烦。因为任何人都必然在特定的时间和地点、针对特定的对象、出于特定的目的来叙述与写作，所以完全超然的历史文本是不存在的。大家读一读网络上对某一特定事件的五花八门、态度迥异的报道与跟帖，就可以体会出那些作者的不同立场，无论是政治上的还是文化上的。那么，历史文本的那些叙述者们难道不会同样立场迥异吗？你在面对一大堆可能只是隐晦地反映了部分事实的历史文本时，就会发现资料数量多有时并不比资料数

---

① E. H. 卡尔. 历史是什么? 陈恒，译. 北京：商务印书馆，2007：91.
② 同①93.

量少令人省心。

第四，更加重要的是，即使历史资料都是客观的，历史学家们在解读它们时也难免不会受到个人主观因素的影响，造成误读。历史学家们不可能超脱社会现实而存在，他们必然受时代与社会阶层立场的制约，而与历史资料之间存在着或多或少的隔阂。

指出历史研究总是具有明确的目的性，以及历史资料可能存在种种不足，无非为了提醒大家在认识"历史事实"时应该保持清醒与理性。在这样的前提下，历史研究如何展开，这当然会涉及不少专业训练问题。不过，就学术研究基本要求而言，首先应该明确的是，分析、讨论的展开必须符合逻辑的合理性。这其实就是前面第一部分所强调的，现代史学在研究方法上科学化的一种表现。

所谓逻辑的合理性，具体就历史研究而言，就是在逻辑上追求历史的客观性，即分析、论证的过程必须符合逻辑，得出的结论必须有可靠的论据。学者们所强调的言之有据，"有一分证据说一分话"，或者"板凳必坐十年冷，文章不写半字空"，都是这个意思。

什么是逻辑上的客观性？就是得有依据，依据就是历史资料，也就是论据。你可以根据自己的理解，对论据做出符合逻辑的解释，但绝不能脱离资料论据。脱离了论据，你所说的就是文学而不是历史。历史学和文学之间的关键差别就在这里。一位历史学家的底线是什么？说的话在逻辑上必须有依据，就是有历史资料做支撑。认为宋代的经济发展迅速，得举出论据；认为李白可能出生在中亚地区，也得举出论据。这些论据必须是可靠的、可供复核的历史资料。如果连这个都做不到，那所写的就不是史学著述，而是文学创作。

这里就涉及在目前社会上流通的历史读物的情况，其中很大一部分其实都不是历史著作，而是历史文学作品，有些甚至连历史文学都算不上，那是因为它们没有达到在逻辑上追求历史的客观性这个最低要求。我当然绝没有贬低那些读物的意思，实际上那些历史读物多数还是很有意思的，它们向史学界提出了重大的挑战：如何更好地普及学术研究成果。它们有价值，但我觉得它们不一定是史学著作。这是两回事，不矛盾。现代史学面临一个重大挑战：一般读者期望有更紧张、更离奇的情节，更自由的想象，但史学做不到，究其本质来说它也不可能做到。一般读者不太容易了解这中间的差别。我对一些读史类电视节目最大的意见就是：它们没有试图提高观众的欣赏能力。观众的欣赏能力是需要培养的，电视节目需要有这个意识。目前这类节目为了追求收视率，完全放弃了取法乎上的追求，完全跟着观众的口味走，这就是所谓的媚俗。我讲这个话题是想说明一个问题：历史著作和历史文学作品是不同的，区别就在这里，这是底线。你可以发挥想象，但必须说明这只是想象，到此为止，不能超越，这是历史学的底线。

四、大学历史学专业学什么

说到历史学，不得不提出一个更棘手的问题，那就是：学历史有什么"用"？将它作为一种"专业"来学习时，这个问题就被更尖锐地提出来了。

当历史教师这么多年，不断有学生问我这个问题，我也不断问自己这个问题。这就转到了我们今天的第三个话题：我们在大学里学习历史到底是为了什么？纯粹说历史学的"用"，我认为它就是一种精神追求，历史是一门人类认识自我的学问。一个民族，如果不是特别功利主义，不是那么单纯追求物质利益，就会有精神追求。目前世界上的一些发达国家，它们的出版物中占比最高的就是历史书籍，这是因为一个民族的受教育程度越高，民众探究人类文化精神的自觉性就越强，对历史学的兴趣就会超过对文学的兴趣。

历史学是一门基础学科。恩格斯曾说："我们仅仅知道一门唯一的科学，即历史科学。"① 他的意思是，历史学是所有学科的基础。2015年8月，习近平主席在写给第二十二届国际历史科学大会贺信中指出，"历史研究是一切社会科学的基础"。尽管如此，我们仍然无法回避一个极为尖锐的问题，即专业与职业之间的矛盾。将历史学作为大学里的一门专业来学习，无法保证学生毕业后在社会上谋得一份相对应的职业。除了专业研究人员以及中学与高校的历史教师外，社会上并不存在与历史学相对应的职业，而研究人员与教师岗位所需要的人又太少。

这一专业与职业之间的矛盾，随着近代以来大学性质的转变而变得愈发尖锐。我们知道，现代大学源于欧洲中世纪的神学院，神学院主要培养基督教神父。在欧洲中世纪，神学是包揽一切的学问，强调博学。近代以来，随着工业革命与科学革命的推进，大学慢慢变成培养科学家与工程师的中心。后来，高等教育越来越普及，大学又慢慢变成职业培训中心。像历史学这样没有相对应职业与之衔接的基础学科，生存就出现了困难。

---

① 马克思恩格斯选集：第1卷. 2版. 北京：人民出版社，1995：66.

在欧美，基础学科的生存也存在一些问题，但不像我国如此突出。因为欧美大学的专业设置比较强调综合训练。例如在美国，就并不是所有应用性文科职业都设置相对应的大学本科专业，法学、社会学等都不设本科专业。这种体制促使学生先选修一些基础性文科专业，等本科毕业后再选修应用性文科的研究生课程。所以在美国，很大一部分法学院研究生来自历史学专业。

我国目前的大学学科体系主要是20世纪50年代学习苏联设立起来的。苏联的大学专业设置与欧美不一样，当年苏联为了在工业化方面尽快赶上欧美，尽快培养各行各业的工程师，将大学的专业设置得与社会上的职业完全对应，是彻底的实用主义。中华人民共和国成立以后，面临的任务与当年的苏联如出一辙，完全为应用服务的大学专业设置符合当时的社会需要，也与我国传统强调学以致用的实用主义教育思想相契合。20世纪90年代高教大跃进前，大学属于精英教育，大学毕业生人数较少，上述矛盾并不突出。自高教大跃进以来，大学从精英教育逐渐变成普及教育，大学毕业生人数激增，一些基础性专业与职业之间的矛盾变得愈发尖锐。这种矛盾不仅存在于历史学这样的文科专业，而且存在于理科的一些基础性专业。

实际上，大学毕业生就业困难主要并不能归咎于大学教育，它是当前中国社会就业人口与就业机会之间的总体失衡造成的，但是大学毕业生的就业问题似乎要比其他人群更为敏感。在各种压力之下，大学不得不在毕业生就业方面承担更多的责任。于是，大学专业设置愈发走向应用主义，一些相当奇葩的专业开始在中国大学的专业目录里出现，基础性学科——不管文科的还是理学的——的日子就愈发不好过。

一些理想主义学者，或者试图扮演理想主义角色的大学校长，往往会在迎接新生入学的演讲中，竭力强调基础教育与创造性思维能力的培养在大学教育中的核心地位。1936年9月，竺可桢先生在浙江大学开学典礼上的讲话中说："教育不仅使学生谋得求生之道，单学一种技术，尚非教育最重要的目的"，"诸位求学，应不仅在科目本身，而且要训练如何能正确地训练自己的思想"[1]。在美国耶鲁大学当过20年校长的理查德·莱文（Richard Charles Levin）是享誉全球的教育家，他曾说：如果一名学生从耶鲁大学毕业后，居然拥有了某种很专业的知识和技能，那这是耶鲁教育的最大失败。因为他认为，专业的知识和技能是学生们根据自己的意愿，在大学毕业后才需要去学习和掌握的东西，而不

---

[1] 国立浙江大学日刊，第20号，1936-09-23.

是耶鲁大学的教育任务。在他看来，本科教育的核心是通识，是培养学生批判性独立思考的能力，并为终生学习打下基础。

这些看法都相当了不起，但现实问题仍然存在，那就是专业与职业之间的矛盾。绝大多数用人单位不太愿意支付对新员工进行岗前培训的成本。在这样的客观现实面前，请允许本人就各位的专业选择提出几条建议。

第一，你们现在刚开始大学本科阶段的学习，很多同学并不知道自己真正的兴趣在哪里。当你基本明确自己的兴趣是什么之后，如果你真对历史学感兴趣，愿意将史学研究与教学作为自己的职业，那你就选择历史学专业，把它当作自己毕生的专业来学习，慢慢地走史学研究这条路。但我相信多数同学不一定喜欢，因为说实话，学历史这条路虽然蛮有意思，但有时却十分辛苦，也赚不了大钱。

第二，如果你虽然并不想选择史学研究或教学作为自己的职业，但仍然愿意如上面所论，在大学阶段先掌握通识，掌握"是一切社会科学的基础"的历史学，毕业以后再来解决具体职业问题，再掌握关于职业的特定技能，那么也欢迎你选择历史学专业。不过，鉴于目前就业市场的现状，我建议大家在学习历史学的同时，选修第二专业。那样的话，你以后在各方面的能力肯定会超过那些只学习了某些专业技能的人。当然，这样选择的前提是你得更努力。如果你有历史学的专业训练，又学了第二专业，那你肯定比只学了那些应用性专业知识的人更优秀。举个例子说，新闻学，你只学了摄像机怎么用、编辑器怎么用、新闻报道格式如何等，那些技术性东西的思想底蕴还是太有限。怎样把新闻报道写好，不是光靠漂亮词汇就能解决问题的。你要了解这个民族，了解这个社会，你得有思想，你的文章才会有底蕴。在这方面，学习历史是一个极好的训练途径。所以，尽管我们的专业设置给大家带来了困惑，大家还是可以靠自己的努力来弥补它，当然会比别人辛苦一点。实际上，近二三十年来，中国人民大学历史学专业毕业生在各行各业都有极为出色的表现，如果了解他们的成长经验，恐怕多数人都会强调历史学作为一种基础训练对他们的重要影响。

第三，如果各位还是希望在大学阶段直接选择自己中意的、以后可以作为职业的某一"专业"，那么我建议大家多选修历史学的基础性课程，以培养自己的思辨能力，拓宽自己的知识面。

那么，大学历史学专业究竟教什么？能不能达到理想主义学者所强调的教学目的？我们最后来讨论这一问题。

简单归纳，大学历史学专业的教育有如下三个方面的特点：

第一，大学历史学专业的教学不以传授具体历史知识为主要目的，而重在培养学生的分析能力。

相比于具体的历史知识，大学的历史教学更注重教授学生了解历史知识是如何复原的。所谓分析与批判能力的训练，尤其蕴含在关于历史资料的处理中。例如，前些天在山东电视台《我是先生》节目中，著名收藏家马未都与北京大学历史系教授赵冬梅就"司马光砸缸"的历史典故有一番争论。马未都认为，从文物实证的角度看，这个故事是虚构的。因为北宋时期还不具备制作足以淹死人的大瓷缸的能力，至今人们没有见到宋代大瓷缸实物。赵冬梅则从历史文献记载的角度做出回应。据《宋史·司马光传》所载："（司马）光生七岁，凛然如成人。……群儿戏于庭，一儿登瓮，足跌没水中，众皆弃去，光持石击瓮破之，水迸，儿得活。"这个典故出自官修史书，而非笔记杂谈所载，所以一般来说是可靠的。司马光所砸的是"瓮"不是"缸"。缸是敞口，瓮是小口，形制不同，小孩落入瓮后的确很难施救。这就说明了司马光不捞人直接砸瓮的合理性。这个电视节目播出后，又有网友补充了不少来自考古以及图像资料的论据，说明北宋时期其实已经有大瓷缸，更不要说大陶瓮了。后来还有学者从论证理路的角度分析马未都判断失误的原因。史书记载的这个故事在后世的传播过程中，将"瓮"误写成"缸"，颇有点像被后世不断演绎而"层累造成"的古史。马未都以后世以讹传讹的"缸"为依据来否定故事的真实性，这无疑是近代以来"疑古派"学术理路的延续。可是随着近代学术的发展，以王国维先生提出的"二重证据法"为代表，古史新证方法被重建，学术界逐渐走出了"疑古时代"，也就是不能以后世不断演绎、层累起来的文献——不管它们的数量有多大——来否定得到早期文献与考古资料双重印证的历史事实，所谓"即百家不雅驯之言，亦不无表示一面之事实"。

这个例证相当典型地说明了历史学专业学术训练的思路：一方面，重新验证关于这个历史故事的原始资料，也就是与结论相关的论据。它出自正史，正史记载的是"瓮"不是"缸"，接着又有网友举出当时有大瓷缸与大陶瓮实物的旁证，可见论据可靠，结论可以成立。另一方面，从论证逻辑的角度分析问题，马未都以后世以讹传讹的"缸"为依据来质疑史书所载故事的真实性，从"缸"到"瓮"，逻辑上缺了一环，所以其论证无法成立。可见，在这个例子中，"司马光砸缸"历史故事真实与否并不是讨论的重点，重点在于它的真或者不真的论证过程如何展开，其论据是否可靠，论证过程是否合乎逻辑，这才是关键。如果回应第一部分所讲的关于学科属性的问题，就可见在研究方法层面史学研究是力求客观、科学的。

将这一关于方法论层面的学术训练再拓展一些，还可以引出大学历史学专业训练的另一个重要特征，那就是它非但不以传授历史知识为主要目的，还强调在培养学生的分析能力的基础上，训练学生养成一种质疑既定知识的思维习惯。这里涉及前面所说关于目前中学历史教学的特点，以传授历史知识为主旨：一来，当前中学历史课本存在较多不足，未能反映史学的最新研究成果；二来，传授历史知识的教学方法不利于使学生养成质疑成说、探索新知的创造性思维习惯。所以，在训练学生掌握获取准确历史知识的学术思路的同时，质疑成说思维习惯的形成就是题中应有之义。另外，也因为下面将要谈到的，既定的知识——也就是前人讨论历史事件的结论——无一不是从某个特定角度得出来的，可是社会现象错综复杂，史学研究强调综合分析，只要我们将观察视角稍做调整，所得出的结论就可能大不一样。

第二，大学历史学专业的教学重在让学生形成一种"历史学的思维方式"。

现代社会科学各个不同学科由于研究对象不同，研究方法自有所长，从业人员浸淫日久，往往会形成一种学科特有的思维方式。简单地讲，对待某一特定的研究对象，不同学科的人往往会用自己习惯的思维去观察、去讨论。例如，有学者认为，法学的思维方式是一种规范性思维，是一种站在人性恶的立场上思考一切行为的、一种求实的、以寻求利益为目的的思维方法。而经济学的思维方式则看重个体，认为实际上只有个体在选择、在决策，一切社会经济行为的主体都是个人，是有血有肉、有感情、有思想、有成见、有立场、有追求、有思维、有盲区的个人。也有学者称经济学理论就是边际分析，所以"边际主义"可以指代所谓的"经济学思维方式"。

人文学科的各个专业也不例外，也应该有自己独特的思维方式。那么，历史学思维方式的主要特点是什么？我以为就在于"综合分析"这四个字。人类社会现象错综复杂，如果说自然界最复杂的事物是宇宙，那么与之对应的人类社会最复杂的事物就是社会本身了。政治学、经济学、法学等都是将人类社会解剖开来，从各个不同侧面深入探讨，唯独历史学，在将历史上的人类社会从各个不同侧面做观察的同时，更强调从某一特定时期社会大背景来做整体观察。所以，现在我们常见有一些社会科学的专家分析某些社会热点现象，有时竟会得出在旁人看来相当奇葩的结论，不免受到非议，被称为"砖家"。这里的重要原因就在于他们往往只从本学科的特定视角出发观察问题，未能综合考虑社会运作中的其他相关要素。历史学反对这样片面的观察方法，尤其强调综合分析，强调社会各个不同要素间的相互联系。

例如，我曾见到有一位前几年在电视上说史相当走红的中学教师，他分析公元1004年宋辽之间签订澶渊之盟的原因，说是因为宋军用床子弩射杀了辽军大将萧挞览，使辽军士气大损，不得不与宋军议和，所以床子弩这种神奇武器改变了历史。他分析得头头是道，煞有介事。殊不知两国交战，牵制战局的因素千头万绪，史学家分析宋辽澶渊之盟，必须将所有可能的因素全部纳入考虑范围，例如宋辽双方的国力、军力、地势、后勤、士气、民心、装备、影响战局发展的必然因素与偶然因素等，总之从战略、战役、战术等不同层面展开全面分析，才有可能得出大致接近史实的结论。将澶渊之盟这样的重大历史事件的原因完全归于宋军使用了床子弩这种武器，无疑是将历史过于简单化、演义化了。这就与长期以来关于埃及女王克利奥帕特拉鼻子的故事如出一辙。①

历史学综合分析的另一个重点是长时段观察。任何社会现象的产生都可能存在着深远的历史原因，因此我们需要尽可能从更长的时段出发来观察，这更是历史学思维方式的特长。例如，曾有学者讨论目前已经影响整个世界经济的义乌小商品市场，就指出：农工相兼，农户生产各式各样的手工业品，也就是小商品生产的普遍性，是近千年来我国东南丘陵地区农业生产经营的一大特点；与此同时，为了推销各种小商品并购入本地缺少的生产生活资料，在相当广泛的地区构建起了一张营销网络，这在浙中丘陵地带有着相当悠久的历史传统。于是，20世纪80年代以来随着市场开放、商品经济发展，在传统的"鸡毛换糖"营销网络基础上因缘际会地发展起义乌小商品市场这样的世界经济奇迹，也就并不显得那么突兀了。

所以，历史学综合分析的思维方式，可以说是在横向与纵向两个维度尽可能地拓宽视野，在海量要素中梳理出历史事件的因果关系。养成这样的思维习惯，无论分析历史还是处理现实事务，都会使人受益无穷。

第三，大学历史学专业的教学坚持并张扬人文精神。

---

① 据说古埃及托勒密王朝的最后一任女法老克利奥帕特拉极为艳丽，她色诱了罗马帝国的尤利乌斯·恺撒与马克·安东尼，使托勒密王朝的统治得以继续。因此，有人认为如果克利奥帕特拉的鼻子长一寸或短一寸，也就是她不是那么艳丽、无法色诱恺撒与安东尼的话，托勒密王朝早就被罗马帝国灭亡，或许世界就会改变了。

这一点比较直白，无须过多解释。跳出功利主义的"学以致用"旧传统的桎梏，以求真求实、探索民族文化精神为终极目标，这是历史教学人文主义精神的最好体现。如果说前面所论历史学的四个发展阶段，或曰四个特征的逐步展开，无论是为帝王提供统治经验的资治史学，还是以发现人类社会发展规律为宗旨的科学史观，都或多或少带有某种实用主义的味道，那么以求真、理解为宗旨的现代史学则可以说已经超越了这种实用主义，因而也将历史学的人文意义表露无遗。

人们常常误解历史学家，以为他们都是冬烘先生，食古不化，事实上，优秀的历史学家绝不是这种被歪曲的形象。熟悉科学的研究方法，拥有宏观的视野与综合分析的思维方式，因为了解史事而常常秉持通达的心态，这些都是历史学专业训练所可能赋予人们的能力与品质。因此，这一学科必然具有一种超越狭义的专业训练的意义。

葛剑雄先生曾经指出："历史究竟是什么？对于这个问题，我想，用最简单的一句话说，历史不仅是指过去的事实本身，更是指人们对过去事实的有意识、有选择的记录。而对于历史的专门性研究，就是历史学，简称史学，也可以称之为历史科学，它不仅包括历史本身，还应该包括在历史事实的基础上研究和总结历史发展的规律，以及总结研究历史的方法和理论。"① 对他所下的这个定义略做补充，还可以这么说，不仅历史学是一切社会科学的基础，而且史学训练是一切人文与社会科学学科训练的起点。

五、我的求学经历

我是1956年出生的。"文化大革命"开始时我读小学三年级，当时我不够大，当不了红卫兵，叫红小兵，戴个红袖章。但有些事也干过，比如敲掉某个寺庙里的菩萨。我老家在宁波市，我家对面有一座很大的寺庙。当时有中学生跑到寺庙里要把那尊很大的释迦牟尼像拉下来。我也一起去拉，尽管没有多大力气。当时为什么有那么多中学生干这样的事情？除了那种狂热的革命热情之外，其实是因为他们以为大佛肚子里藏着宝贝，把它拉倒之后要去"淘宝"！经历"文化大革命"以后，1977年恢复高考。1977年10月有消息说大学可以考了！以前大学不是考的。毛泽东说大学还是要办的，不过主要是理工科大学！

---

① 葛剑雄，周筱赟. 历史学是什么. 北京：北京大学出版社，2002：72.

后来就开始了工农兵学员通过领导推荐、选拔等途径念大学，名额很少，所以我以为自己这辈子都上不了大学了。那时还有点运气，没有下乡。我哥哥到内蒙古支边了，我就留城了。当时的原则是一个支边一个留城。我是第二个，就留下来了。我到工厂当工人，以为没有上大学的可能性了。

我听到可以考大学的消息后就赶紧复习。我没有读过高中。当时所有初中毕业的人如果满16岁，就应该参加工作，只有不满16岁的才可以读为数不多的高中。1977年11月第一次考试，当时留给我备考的时间只有40多天。在这段有限的时间里，我不仅跟几个朋友一起把初中的课程都复习了，还把高中的课本都学习了。当然学得很浅。除了把数学、物理、化学都学习了，其他都没学。当时考大学是按高中难度考的，要考两次，因为报考的人太多。可是我竟然考上了。然后就选专业，那时经济学、法学等都没有，只有三个学科，即中文、历史、政治。我不愿意学政治，因为觉得有点不搭界。我也不愿意学中文，因为当时理解中文就是写小说，写小说就是谈爱情，觉得没意思。那就只剩下一门了。不过当时对历史还蛮感兴趣的。为什么？因为经过"文化大革命"，有点社会阅历之后就会思考，思考以后就想学历史，想了解更多。各个不同的学科也有竞争，我们77级成绩最好的人是学历史的。因为大家都想学历史，觉得历史有意义，对社会有思考。后来很多人比我灵活，发现学历史不赚钱，就改行了。我比较"笨"，没有改行，坚持下来了。这就是我学历史的原因。

我研究中国古代历史，研究领域是宋代历史。是不是觉得离现代社会很远？我觉得不是。一个好的历史学家必须要有强烈的现实关怀，只有时刻关注现实社会，对历史的理解才有可能越来越深刻。因为历史学是主观的，历史学家是活生生的当代人，具有当代感情。另外，对中国历史这个特殊的学科来说，中国文明没有中断，不像印度文明、埃及文明，古代历史中断了。所以，以前老说，知古见今，即古人怎么做，就可以推想现在的人会怎么做，因为古今是相通的。学历史，就可以把历史当作镜子。所谓"通鉴"，"鉴"就是镜子。我老把这个话反过来对我的研究生说，只有了解现代社会才能理解古代社会。

感悟考古
——以居延考古为例

魏 坚

演讲者介绍：魏坚，历史学博士。1955年12月出生于呼和浩特市，1982年毕业于吉林大学考古专业后在内蒙古自治区文物考古研究所从事考古工作，任副所长，1997年评为研究员。2004年6月调入中国人民大学历史学院，任考古学及博物馆学专业教授、博士生导师。现任中国人民大学历史学院考古文博系主任、北方民族考古研究所所长，兼任国务院学位委员会考古学科评议组成员、中国元史研究会副会长、中国岩画学会副会长、中国社会科学院古代文明研究中心客座研究员、逢甲大学客座教授、郑州大学和内蒙古大学等高校兼职教授。多年从事阴山以南考古学文化的发掘研究，命名了"庙子沟文化"等四个考古学文化类型，建立了这一区域史前文化的编年体系。主持的阴山南北战国秦汉长城和岩画的调查、居延汉代烽燧的考古发掘、河套地区汉魏墓葬考古发掘和元上都的考古发掘等，均取得丰硕成果，其中主持发掘的元上都遗址2012年被联合国教科文组织列入世界文化遗产名录。迄今共主持80多项考古发掘，出版《元上都》等学术专著8部，主编文物考古文集等10部，发表研究报告和论文百余篇。

一、治学经历

今年学院新安排这个课，告诉我这个课的宗旨是请老师跟同学们讲讲历史学是什么学科，这个学问是什么学问，到底应该怎么做这个学问。

前两年保研的时候，按我的意见，同学们能保研的都保研，尽量多争取名额。这两年工作不好找，同学们多读两年书，长大一点、成熟一点，到社会上闯荡的时候胆气能更大一点。暂避两三年还可以，这是个缓冲的办法。但我们每年的名额都不多，研究生院埋怨我们：你们优秀的学生那么多，为什么不多保研？因为教务处分配给我们的名额就很少，我记得连续这几年都是9个，所以你们进避风港的可能性都不大。不过每年参加保研的学生也不是很多，想进别的学院也不太好进，所以有一些就留在这边了。有一年我听到学生互相问保什么专业，有保近代史的，有保考古学的，就没有一个保古代史、保史学理论的。咱们学生就会跟老师说，古汉语不行，其实这只是个托词。今年特别有意思，都保古代史。

我上大学的时候，我们班20个人，19个男生1个女生。我们有一个老师就说：你们能有三分之一留在这个队伍中，将来做文博、考古工作，其中再有一两个能够出人头地，那就很好了，我的专业教学就很成功了。这个老师是吉林大学历史系前主任，当时是考古教研室主任的张忠培先生。我现在算了一下，我们班一个同学在文物处处长的岗位上去世了，一个在北京大学考古系教古文字，还有一两个在出版界工作，其他都在这个行当上。我统计了一下，好多同学现在都在大学和研究岗位上，除了去世的和在北京大学考古系教古文字的这两位，都是正教授级别，而且几乎都是学界的领军人物。

这大概有那个时代的特征，我们当年毕业时是最值钱的人，到处都要。我那时就想回到内蒙古自治区考古所，去做业务、做学问。过了大概20年，形势就变成现在这样了。但我想这也不是长久的，事物的发展，正弦曲线也罢、余弦曲线也罢，有波峰、有波谷，这时这样，将来不一定还这样。中国现在处在一个发展阶段，这些应该是发展中的现象。

对于这个课，我的理解就是讲一些对于自己所从事的专业怎样学，怎样了解。当然，我并不认为大学培养的学生都是做学问的。我们本科教育是素质教育，研究生教育也是素质教育，到了博士阶段难道就一定是专业教育？中国现在每年生产多少博士啊！我认识北京大学邹衡先生的一个博士研究生，他叫蒋祖棣，跟我同一届，1989年在北京大学的"中国考古学理论高级研讨班"上给我们讲过课，是很棒的一个人，做商周考古。现在他在美国卖电脑，但是关于夏商周断代工程照样可以写出很优秀的文章。条条大路通罗马，不是说每个人都要做学问。

不过，学了历史的同学在整个人群中应该是比较有文化的。我说的这个文化，你们应该深刻理解。我认为有两类人值得尊重，一类是真正很干练的行政长官，谈起经济或社会知识来如数家珍，可以把事情说得非常清楚。这类人值得佩服，这是政治学家、经济学家。另一类就是历史学家。历史学家了解古往今来的事情，谈问题不浅，不会那么感情用事。我说的话或许失之偏颇，但从某些角度来看应该有些道理。所以，既然入了历史这个门，不管是自愿的还是调剂的，就不要把这几年荒废了。要让自己思想更深邃一些，让自己了解的历史知识更深刻一些，在历史发展的过程中找到让自己有所感悟的东西，然后在谈话时谈出自己的道理，不偏颇，不感情用事，不轻描淡写，不浮夸，这是作为一个历史学者非常重要的品质。即便将来不做历史学家，但作为一个学过历史、懂历史的人，眼光和观点也一定高人一筹。这样，在人群中就一定是受尊敬的，将来无论做公务员还是做别的，都错不了。

有一次我问一个新闻记者学什么专业，他说自己是学中文的，我就开玩笑说，中文还要去大学学吗？在我的理解中，学中文的就是要成为老舍这样的人，但这些人哪个是大学培养出来的？当然，可以说中文不只是这些，还有语言学、音韵学等，但学考古学也学语言学、音韵学，还学古文字，还得读汉简。历史是包罗万象的，在自己感兴趣的地方多下点功夫，将来一定不会吃亏。所以，进了门就不要怨天尤人，浪费时间，还是那句话，条条大路通罗马。

我大学毕业时，我们老师说我是当考古队长的料，希望我留校。我说我下乡那几年，大队干部、公社干部都当过，当个考古队长当然我也愿意，只是家里还是要我回去。我就给学校推荐了一位跟我很要好、很优秀的同学，那位同学现在是咱们国内数一数二的考古人种学研究专家。后来老师推荐我去北京的中国大百科全书出版社，我说那工作我做不来，就推荐了睡在我上铺的同学。他非常喜欢看书，心思敏捷，写字也快，他后来去香港中华书局当了四年老总，现在是三联书店的老总。我还有一个同学是故宫博物院的常务副院长。

我比他们出道要早，但就是出道早，进步不大。我去年到新疆开新疆通史的研讨会，见到了一位我仰慕已久的老先生，他是20世纪60年代的大学毕业生，现在70多岁了。他见了我非常恭敬，他说：魏先生，我送您一本书。我说太好了，新疆的材料我太需要了，他就送了我好几撂报告。后来他问我：魏坚先生您退休几年了？这种事我遇得多了，我30来岁，人家见了我就说"以为你是个老头呢"，这几年就经常遇到问我退休几年了这样的事情。他们把我看成同一个时代的人，听说过但没见过，所以见了之后思维还没转过来。索性不认识的人还不会把我看得太老，知道我但没见过我的人会把我想得很老。要按他们的说法，我该退休十来年了，他们70岁了嘛。这就反映了我出道较早，江湖上早有名声，就是始终进步不大。那会儿我既不想留大学也不想教书，但最后还是回了大学，也教了书。不过，这些年我觉得在中国人民大学过得不错，整天跟年轻人在一起，少了很多烦恼。不像我在内蒙古考古研究所当领导的时候，118万平方公里，12个盟市，108个旗、县、区都要管，我生活的大部分时间是在车上、桌上，很少在床上。今年一级学科博士点授权的时候，我们学校顺利地把考古学博士一级授权点拿下了，现在我们历史门类下是3个一级学科，按排列是考古学、中国史和世界史。在短短的六七年时间内，我们就已经建设得初具规模。就是说，不在于你要选择什么事情，有时是事情选择你。你不一定选择要干什么，可是干着干着你就进去了，就出不来了。

我还有一个体会，像考古这个行当，几乎没有说几年后就不想干了，想调到别处去的。我倒是接了很多转进来的，当然是建了一级学科以后，没建的时候，考古从属于历史，现在从大的学科门类来说当然也是。所以，我跟大家多说一番话，进了这个门就认真学，书没有白读的，总会有好处。

在"文化大革命"期间实在没什么书可以读，逮着中医药的书我都看，还看了很多外国小说，像什么"美惠三女神"之类的，里边实在有很多东西看不懂。我上大学时，第一件事就是跑到图书馆借一本关于希腊神话的书，人家给了我一本《希腊的神与英雄》，看后我做了一张表，才弄清谁和谁是什么关系。那会儿求知欲非常强，也没电脑，电视都很少，大家脑子里乱七八糟的东西少，留下的空间就多了，就想读书。现在快餐文化太多，前两天做《国宝档案》节目，关于汉简的，每期都是45分钟。我说，这部历史本来是一个"皇家大餐"，让你们电视台搞成了快餐，快餐也还凑合，毕竟肯德基还有人爱吃。所以，这个社会高速发展，大众媒体介入，就把很多东西搞得很浅薄。我当年拍了个片子，我是策划和主要撰稿人，拍完后在审片的时候，我和有关领导说电视台没文化。现在是把所有的东西用最快的速度、最浅显的语言表达出来。当然有些节目还不错，比如《探索·发现》之类的，但不是都不错。电视上整天嘻嘻哈哈的，但生活不是这样，社会历史发展也不是这样。

二、居延考古

言归正传，接下来给大家讲讲考古方面的体会。

2003年我在内蒙古的西部沙漠组织召开了一个居延考古的国际学术研讨

会。我就根据这次会议的考察内容，即居延地区的考古情况，告诉大家怎样认识一个地区的文化，怎样研究当地的历史，也许会对大家有益。我给这次讲座起了一个文学化的题目——"激情额济纳"。

沙漠戈壁中不只有沙漠戈壁，像额济纳这个地方，有祁连山的冰雪融水，在河西走廊东西两侧，汇集之后向北流，形成河流，在唐-西夏时期叫黑水，后来叫额济纳河。这条河向北流形成一个湖，汉代的居延泽。现在地图上标记的东、西居延海其实都是错误的，那两个海是明代以后河流阻塞改道形成的，不是汉代的，在这两个海周围没有找到任何汉代的遗迹。东侧苏古淖尔南边那片沼泽才是汉代的居延泽，许多的烽燧障塞都在那个地方。

我说一下地理环境。从兰州出来就是汉武帝时期设的河西四郡。大家都知道汉朝到武帝时期具备了强大的力量，长安府库钱粮充实，军马遍布山野，所以这个时候汉武帝开始反击匈奴，首先就从河套地区开始。卫青、霍去病几次征伐，打了三大战役——河南之战、河西之战和漠北之战，之后设了五原郡、朔方郡，这两个郡都非常重要。在这个区域的东边设了上谷、渔阳、右北平、辽西、辽东五郡，就到了现在的北京、辽宁这边。这个区域往西就是河西走廊，设武威、张掖、酒泉、敦煌四郡。这样就形成了汉朝长安以北环形的防线。张骞出使西域称为凿空，联络了西域的三十六国。汉朝的战略意识很明显，凿空西域，就是要占领西域，斩断匈奴右臂。左臂已经斩断了，设了很多郡，匈奴从此不敢南下牧马。

在武帝之前，惠帝、文帝、景帝时期，匈奴与西汉间有"斗入地"。汉朝说因边界不齐而不好管理，要跟匈奴换，人家不干，因为阴山一产好木材，二有水源，冬暖夏凉，依阻其中，就是一座后花园。后来单于调侃吕后说我这没皇后，你那又死了丈夫，干脆凑一块算了，这是在书信来往中故意羞辱，但到武帝时期就不一样了，他就一定要把他们赶出去。

大家看今天甘肃的地图就会知道，真正的居延遗址就位于甘肃的金塔县往北一直到内蒙古自治区的额济纳河流域。这个居延，当时属于张掖郡管辖。居延南边还有个肩水都尉府，那儿的水分为两股，所以叫肩水。我就很奇怪，同属于张掖郡，都出土汉简，为什么只叫居延汉简而不叫肩水汉简？肩水也是一个都尉府！

在这个地方，戈壁上就是流动的沙丘。这些沙丘只是欣赏的话，在落日余晖映照下是很美的，但要在那里挨风沙吹就不是那么回事了。我们考察发掘时，每天在大风里弄得像兵马俑似的,除了牙齿是白的,眼睛还能动,全身其他部位都是沙土。那里年降雨量不足40毫米,但年蒸发量却超过4 000毫米,是多大的差别,大家能理解这个概念吗?所以,那里的土干得像面粉似的,稍微动动就不行了。但那里很早以前是有人生存的,不是现在这样的状态。我们在那里发现了早期人类的遗迹,大概距今四五千年。再过去就到了贺兰山,贺兰山山头终年积雪,很漂亮。

阴山西段的山叫狼山,这是后来的叫法。我查了一下,最早汉代叫阳山,后来可能老百姓叫走调了,就叫狼山了,是一片不毛之地。汉朝要守住阴山才能把匈奴驱逐到阴山以北的戈壁。所以,匈奴也得守住这个山,因为南边有很好的水草,再向北就是一片戈壁。一旦守不住阴山,匈奴就得往北退800余里,到北边的那片漠北牧场。所以,才有霍去病去了北海,抓了几个匈奴的大人物过来,后来立了大功,不到20岁就封了侯。

阴山在这里有很多山口,那个"但使龙城飞将在,不教胡马度阴山"的胡马,就是指匈奴或后来的突厥,都是从这宽敞的山口过来的。这里的山口,在南边有很多个,所以汉朝把防御重点放到南边沟口的西侧。如果去调查就会发现,一条大沟南北向,防御设施一定在西侧而不会在东侧。因为北方冬天是刮西北风的,非常冷,只有在沟西侧山下,才背风向阳,才能御寒保暖;而东侧正对风口,风一刮,连狗也拴不住,更何况住人了,就是这个道理。

秦朝就已经在阴山中修了长城,现在都还保存得很好。现在我们看赵武灵王修的长城,东西蜿蜒在阴山脚下,仰望着阴山,没有多大的军事价值,无非跑马圈地,另有企图而已。秦统一后修的长城则是修在阴山山脉的北坡半山腰,居高临下,俯视北方,所以和其他所有的长城比较而言,秦的长城是最科学、最坚固、最具有说服力的。后来的汉朝好大喜功,把长城修到了阴山以北很远的戈壁滩上,且不说修建之艰难,修完以后也无法守卫,粮食和水无从供应,所以汉朝就退回来用秦的长城,就是现在的"秦汉长城"。这是这几年我们考察的一个收获。

"长城"这个词《汉书》里就有了,是塞防的总称。比如有居延塞、玉门塞,"塞"是边郡的武职。比如张掖郡,相当于师局级单位,下面设有塞,都尉府长官相当于县团级单位的县长,但都尉府长官是军分区司令,管军事不管民。每个都尉下面又有若干个侯官,专职守候的。居延有三个侯官,甲渠、卅井、殄北,甲渠很好理解,一号渠。卅井是第三十号井或者是那儿有三十口井。殄北，殄是绝的意思，殄北就是绝北，最北边的一个塞。然后每个塞管理三四十个烽燧。如果说塞是连级机构，那燧就是班级机构。后来我们在整理这次出土的汉简时发现了汉简中"部"的称谓，比如临道部、十七部等。但从第六部到第十七部之间就没有别的部，为什么？后来发现其实很简单，塞或者侯官是连级单位，烽燧是班级单位，中间差一个级别。就是说，一个塞的辖区分成好几段，每个段都设一个长官来管理这五六个烽燧，这就相当于一个排级单位，就是部。部设在哪个燧就以哪个燧的名字命名，设在第十七燧就叫第十七部，即这几个燧归第十七部管，并不是说它有十七个燧。下一个设在第七燧了就叫第七部，这个部管周围几个燧，那第七部外面就是第十七部。你要是把它搞明白了，就会觉得很有意思。

从银川出发越过贺兰山，从阿拉善左旗越过一大片沙漠戈壁，就到了额济纳河下游的达来呼布，距离约 650 公里。当年公路还没修，我就开一个破吉普走了整整 12 小时，中间吃一顿饭。第一年走时还得在乌力吉住一晚上，第二天再走很长时间。现在戈壁滩中间有公路了。要是一个人开车，开一会儿就睡着了，因为这条路直直地通到天边，周围地形地貌根本没有变化，也没有参照物。但是下了公路就麻烦了，下边的土干极了。2003 年那次国际会议，西北五省考古所的所长我都请了，去的时候他们带的几辆车几乎全都卧在沙漠里出不来，为什么？司机没在这种地方开过车，一看戈壁滩一马平川就开进去了，轧了两车辙印，后面的车顺着车辙印也进去了，结果就卧在里面了。因为戈壁上面就只有一层薄薄的、很干的、像脆皮巧克力似的土层硬皮，前面的车还能过去，后面的车再轧这个车辙印，一下就陷进去了，因为下面就是一层很虚的土。车一进去轮子就陷进去了，轮子是悬空的，没点本事根本出不来。怎么办？就去捡红柳枝，从一边轮子下面塞进去以后，再抬起轮子从另一边塞进去，车来回倒一会儿就出来了。有两个人就可以办，一个人办不了。处理不好就可能没命。

额济纳旗这个旗很有意思，全旗面积 114 600 平方公里。不知道你们对家乡所在的省份，或者对某个县的地理面积有没有概念，114 600 平方公里就是比两个宁夏回族自治区还大，相当于浙江和江苏两个省的面积，但这是一个县的面积。其中 50 000 平方公里给了酒泉卫星发射中心，我经常路过那里的发射架。人们总认为酒泉卫星发射中心就在甘肃，实际错了，是在内蒙古自治区。在近百年考古的 100 项重大发现中，居延汉简排第六位。我去参加新闻发布会，国家文化局前局长张文彬先生拿着那个要念的名单，我就顺手拿过来看了一下，上面写着甘肃省居延遗址。我说张局长这写错了,他说这是三四批专家审核过的,我说那都是不了解实情的专家,看见酒泉卫星发射中心,就认为居延在甘肃。酒泉卫星发射中心那么大,50 000平方公里都是内蒙古自治区的,只有一个鼎新机场在甘肃境内,属于金塔县。

前两天我去了一趟包头,从包头到额济纳这1 000多平方公里地域的古城调查就两座城我没去。我的一个博士生写论文跟我讨论,我认为包头这个地方不是汉代高阙塞所在地。他说老师你不对,别人写文章说是在这边。我说你当然可以采用他的看法,但你必须亲自去看。可他始终没有去看,到现在这篇博士论文也没有发表,因为我说在你没去看的前提下绝不可以发表。今年我跟一批日本学者约了个日子,他们先去,最后要去那两座城时我再跟他们会合。第一个是那里有个叫张连喜店古城的地方,却没找到城在哪里。绕了一圈发现一个S形的明代大渠,有人却说是汉代的高阙塞,这不是扯远了吗?它非但不是汉代的高阙塞,本身连个城都不是,它仅仅是明代的一条水渠而已。后来我在地图上找到了这个地方,清清楚楚的,50年来却一直被人误认为是汉代的高阙塞。所以,事实证明只看书不行,要到现场去看一看,现在就算自己开车去也是很简单的事情。

第二个是九原郡所在。我的一个学生说九原郡在包头,另一个学生说在巴彦淖尔,到底在哪里,谁也说不清楚。这次去时我把他们都叫去一个一个地看,一上午就看完了。第一个城,巴彦淖尔三顶帐房古城,原来的资料说它一条边长是1 200米,还出土汉代陶片,那肯定就是它了。但实际测量后才知道一条边长是600米,不是郡城的规模。再查包头的麻池古城,是两个古城相接。每个古城的墙体都超过了700米,加在一起就超过了1 000米。可见,从规模来看包头麻池古城就是汉代九原郡的所在地。当年我在那里挖过很多汉墓,也出过书,但我没有讨论过这个问题。每个地方都爱说自己这里重要,结果调查后发现最早的说法是不对的。其实方法很简单,就是亲自去看。前两天我们去吉林大学参加全国高校的考古论坛,每个高校都要有两个学生参加。这次咱们去的是一个内蒙古自治区包头的男生,他写了一篇《九原郡考》,完成他的硕士论文时就采用了那个错误的结论。但当时我们不是看文章的结论,而是看推论过程,学习写文章的方式。但现在要去参加论坛了,我对他说你得赶紧把观点修正过来。

额济纳旗地广人稀,当年我去工作时全旗只有15 000人,差不多每8平方公里才1个人。那里电线杆比人多,骆驼比人多,走路时只要沿着电线杆走就不容易迷路。那里没马，倒是有驴。骆驼也好养，因为戈壁上有耐旱植物，比如骆驼刺。一群骆驼出去后就四处游荡，十天半月就会回来喝水，因为戈壁上基本没有水，但是地下水很丰富，家里就打两口压水井。两个壮劳力压两天水才够这些骆驼喝，骆驼喝完水后又走了。不用放牧，不用管理，到了时间剪点驼绒卖就是一笔收入。

这里还有一个很奇特的现象，除了有汉代的烽燧边塞，还有唐代的边塞。唐代著名诗人王维《使至塞上》里的"大漠孤烟直，长河落日圆"写的就是在居延城的感受。西夏时期这里是后防，到了元代又在黑水城的基础上扩建亦集乃路。这个地方虽然很贫瘠，但一直是前沿阵地。所以，无论谁建立政权，都把这里作为防御重点。元朝时，马可·波罗父子从意大利经西亚过来，就在额济纳旗停留过，他的文章里记载有这里的黑城。后来在挖掘过程中出土了很多有意思的文书。其中有很多打官司的文书，有一个说是地方教书的老师不好，百姓对他不满要罢免他再换一个。还有一个西域商人，娶了一个蒙古族女子，叫失林。商人经常在外做买卖，这个失林在家就跟隔壁的小伙子好上了。二人都没文化，却又怕东窗事发，就决定把婚书烧掉。可是打开存放婚书的盒子却发现里面有三张文书，不知道哪个是婚书，只好请问识字的人，然后把婚书烧了。商人回来后，有一次和朋友喝酒，从朋友那里听说了此事，就询问妻子，但她并不承认，于是就告到了官府。后来那个小伙子被罚款后充军，商人将自己的妻子典卖给了他人。此外，还有人们之间欠账的事等，还有大量的佛经及世俗生活的东西。

中国人很厉害，因为我们有二十四史，加上《清史稿》就二十五史了。我们有连绵不绝的历史，这值得骄傲，但也有不好的事，就是传统会给你很大的压力。而且，这所谓的连绵不绝是如何造成的？史学研究离不开历史地理、区域地理和自然地理。中国东北边是大小兴安岭，南面由东向西是燕山、阴山、贺兰山、天山、阿尔泰山，西南与帕米尔高原相连，再向东南是昆仑山、唐古拉山、横断山脉，中间是青藏高原、内蒙古高原、华北平原的三级台地。整体来看，就像一把两边有扶手的靠椅，前面对着海洋。中国特殊的地理环境决定了早期的中国只能在内部搅和，难和外面接触，所以中国文明才没有被外来文化毁掉。另外，北方民族兴起壮大，南下入主中原建立王朝，地理环境、经济因素、心理特征等很多因素决定了这一切。历史上有诸葛亮南下七擒孟获。有名的两次北伐，一次是闻鸡起舞的祖逖北伐，后来失败了；还有就是1926—

1927年的北伐,但没到黄河边就完了。这就是中国历史上最著名的几次北伐。每一次北方民族的南下都造成了对中原的破坏,但同时也打破了一些旧的生产关系。鲜卑的南下和融入,才使李唐不修长城。后来契丹兴起,和北宋划白沟河为界,相安无事100年。后来金兴起,和宋联合灭了辽,又把宋推到南边的淮河以南。随后蒙古兴起,和宋联合灭了金,又灭了南宋,全国统一,最后是清的统一。中国的历史就是这样一个过程。元朝拓展了疆域,清朝巩固了边疆和领土,奠定了今天这个版图,这就是中国真实的历史。

所以,我们在看待中国历史时要注意一个问题,辽、金、契丹、女真、蒙古和汉族是多元一体格局中的一分子。如果不明白这一点,而总是以中原正统的观点来看待边疆,就不能看到一个完整意义上的中国。比如明朝以长城为界,北边还有少数民族政权,所以明朝还是个"南北朝",并没有统一。但唐朝、清朝就不修长城。一个很有意思的故事说,有一次李世民宴请群臣时问:朕广有天下靠的是什么?大臣们就一片阿谀奉承之声,但李世民说:不是我怎么样,是因为我们能处理好边疆问题,此前历朝历代把边疆民族当子民、当奴隶,但朕把他们当兄弟。清朝也是这样,清朝之所以能成功,就是因为它联合了蒙古,解决了北部边疆问题。但明朝就不一样,蒙古人要跟明朝做买卖,明朝不同意,怕他们造反。后来阿拉坦汗围住北京城要求通商,不通商就把北京打下来。后来明代才有了"俺答封贡"。"俺答封贡"就是明朝给蒙古首领封号,蒙古给明朝进贡,承认彼此的关系。

2004年我跟美国大都会博物馆做一个"走向盛唐"的展览,本来要叫"汉唐大展",可我说还是主要展览北方鲜卑的东西,因为没有汉以后鲜卑的崛起,就没有后来的隋唐盛世。所以,我说这个名字不好,不如就叫"走向盛唐"。鲜卑怎么从山北边下到阴山以南来?孝文帝改革怎么建起那么多的佛教石窟寺,发展出那么发达的文化?如果没有北方民族的融入,中原文化很快就衰弱了。

额济纳河如今很宽阔,但它是从1998年才变成这样的。明末清初,新疆最强大的蒙古部落是准噶尔部,后来出了个非常了不起的人叫噶尔丹。其他部落的人都怕他,其中土尔扈特部就往北迁,迁到了现在俄罗斯的伏尔加河。到了康熙朝时,清朝要灭了噶尔丹部,这时土尔扈特部知道了,就想回到新疆这块草地上来。于是阿玉奇汗就派了阿拉布珠尔,以到西藏朝拜的名义入关,见了康熙表明来意。康熙当然愿意,就赐牧色尔腾,给了他们一块在阿拉善和巴彦淖尔之间的牧地,后来他们向西一直游牧到额济纳河流域。这帮人是1698年回来的，比后来的东归英雄渥巴锡早了 73 年。渥巴锡东归时是二十七八万人，回到新疆时不足 100 000 人，据考证是 80 000 多人，走了整整一年，这是一段很悲壮的历史。额济纳回归的土尔扈特到 1998 年刚好 300 年。

居延泽的湖底，有碱的地方留下来了，没碱的地方被风刮走了，现在湖底下沉了四五米，夏天时也很漂亮。湖岸线一条一条的，是湖逐渐干涸留下的印记。胡杨林有一个奇怪现象，就是下面光光滑滑、非常整齐，因为骆驼把能吃的都吃掉了，所以林子里一点杂草都没有。有部分汉简是用胡杨木做的。

这里只有烽火台，却没有长城城墙，为什么？因为北边一片戈壁，根本用不着墙。而且，北方匈奴要是真冲过来，这些烽火台根本不管用，只是用来站岗放哨而已。所以，在外侧会设"天田"，9 米多宽，上面铺一层沙子，根据上面留下的蹄痕来判断是否有人来过。汉代烽燧建筑有个特点，先建一个夯土台子，外侧包上土坯，到一定高度以后才用土坯往上砌。汉代的一块土坯有三十七八厘米长。底下三层，一层土坯一层苇子，用来防水。上面三层土坯一层苇子，或者三层土坯一层红柳。现在能见到的为什么变成一段一段的？因为打板墙要一段一段打，最后形成一个个接缝。接缝一定不结实，里边有木头，腐朽了留下了缝，风一吹，缝隙就变大，经过 2 000 多年，墙慢慢就变成这个样子了。墙上有一些窟窿，因为打板墙时得有一根横杠放在墙里，把两板夹住，不让它掉下去，才能把土打起来。板除掉后杠就压在墙里了，腐朽了就成了一排一排的窟窿印。

在 1927 年，有个瑞典人叫贝格曼，被著名的旅行家斯文·赫定召到中国来。当时他 24 岁，刚大学毕业，学考古的，在中国一干就是 8 年。是他在新疆发现了小河墓地，发现了额济纳居延汉简，这人功不可没。而且，他是个非常地道的人，他在考古手记中写到，他在新疆看到那些石窟造像被一块块揭下来，他说他为前人的行为感到羞耻。今天我们用的居延地区的测量图都是他当年测的，非常准确。这个人只活了 45 岁，抗战胜利不久就去世了。

最后，我要对大家说，我们要冷静理清历史发展的脉络，把隐藏的历史演变正确地传递给后代。我说的正确就是要探索历史的真谛，而不是人云亦云，历史的记载会有错误，后人的研究也会有错误，必须深入第一线，才有可能把事情做好。

谢谢大家！

漫谈历史学习

吴宗国

演讲者介绍：吴宗国，1934年出生于江苏南京，祖籍江苏如皋。北京大学历史学系教授，博士生导师。长期从事中国古代史的教学与科研工作，尤其在隋唐史、中国古代政治制度史等方面成就斐然。著有《唐代科举制度研究》（辽宁大学出版社，1997）、《隋唐五代简史》（福建人民出版社，1998）、《中国古代官僚政治制度研究》（北京大学出版社，2004），主编《盛唐政治制度研究》（上海辞书出版社，2003）等多部重要著作。

很高兴跟大家谈一谈我这些年学习、研究历史的一些体会。

60年前，也是一个秋天，我从南京来到北京，进入北京大学。在这60年间，我一开始是做学生，后来是教书，经历了风风雨雨、曲曲折折。当时学校的环境，包括图书条件，远不如今天。拿古代史来说，那时二十四史都还是线装的，《资治通鉴》也是线装的，还没有点校本。所以，我们那时的学习条件跟大家现在相比，不可同日而语。

但我们那时上学也有一些不可替代的优越的地方。第一个优越的地方是一些老一辈学者当时都健在，比如邓广铭先生。同时，学校还从校外请了很多一流学者来给我们讲课，比如请吴晗讲明史。第二个优越的地方是当时的学习环境比较安定。我们从1953年入学，一直到1957年初，国家以经济建设为中心，各种政治因素对学校的影响还不是很大，这个比起我们的一些学弟来说就幸运多了。

一、关于历史本身

历史学从人文社会科学的角度说，是一个基础学科。不管学哲学、经济、法律还是学政治，如果没有很好的历史基础，都是学不好的。为什么我们现在出不了一流哲学家？为什么我们的经济学家往往令人失望？为什么我们有些法规往往不够令人满意？一些该立法却没有立法的事，从法律史来看，能借鉴的有很多。现在哲学系、经济系、法律系都不重视历史，甚至把它们本专业的专史也取消了。比如北京大学法律系就把法律史取消了，哲学系不学历史，只学哲学史是出不了哲学家的，甚至连一个好的哲学史家也出不了，因为他不懂历史。经济学也是这样，我到厉以宁教授家去看到他的手稿，密密麻麻的小字写得非常工整。他能在经济学上取得这么大的成就，和他在历史学上下那么大的功夫是分不开的。所以，我想说，历史在人文社会科学中是第一重要的学科。

更何况，我们中华民族有悠久的历史，创造了灿烂的文明，我们研究历史有长远的传统。从孔子作《春秋》到司马迁作《史记》，每个朝代都有修史的传统。在世界历史上，从未中断的文明恐怕只有中国文明。而且，中国有重视历史教育的传统。古代的一些启蒙教材，像《三字经》，讲的都是历史方面的知识。所以，学习历史、研究历史，是我们民族的一个很光辉的传统。司马迁为什么写《史记》，就是要总结历史发展的规律。同时，我们这个民族还有热爱历史的传统。不论小孩还是大人，都非常热爱历史。小孩子喜欢听历史故事，长大一些后，就不满足于历史故事了，就希望能够进一步了解历史到底是怎么一回事，到底是怎么发展的，能够为我们提供些什么，对我们有什么帮助，给我们什么启发，这就不仅仅是孩子的一种兴趣了。

关于历史，还有一点应该说一下：历史是一把双刃剑。学好历史可以让你聪明，让你能干，让你能够通察未来；而如果学得不好，就会造成很大的失误、很大的问题。

历史本身是客观发展的，不以人的意志为转移的，但历史又是后人书写的，所以它受各个时代人思想的影响。二十四史写的是帝王将相、统治阶级内部的斗争，是政治制度、经济制度、文化意识。但它总的框架是帝王将相，它总的目的就是给统治者提供历史经验。怎样读二十四史？这大有学问。它说什么你就信什么，它说什么你就根据这些形成自己的一些想法，那只能把你的思想拉到当时这些历史学家的思想轨道上去。因为那样一部历史看上去就好像一部宫廷斗争的历史，如果再把它马克思主义化一点，一部历史就好像阶级斗争的历史。虽然这些宫廷斗争是存在的，阶级斗争也是存在的，但它们不是历史的全部。咱们现在很多历史剧的导演、编剧有一个非常苦恼的问题：怎样把一个历史剧编得让大家爱看？他们就想了两招，一招叫宫廷斗争，一招叫爱情故事。好像离开了这两招，历史剧就编不下去了。可见，对历史的一些传统观念和看法的影响是非常大的。要使用这样的思想指导我们的工作，指导一个国家，那就是灾难。所以，历史是一把双刃剑。我们必须学正确的观点和理论。

二、历史的作用

学了历史将来能做什么？首先大家想到的是历史教学和研究。但学历史绝不是只有这两个作用。学了历史之后，从事哲学、经济、政治、金融方面的研究是很容易入门的。因为历史学的一些观点、一些基本方法，在各行各业中都用得到。当然，我不是鼓励大家现在就见异思迁，还是首先要把历史学好，也欢迎大家将来能够从事历史的研究工作。

三、怎样学好历史

怎样学好历史，怎样把握历史？大家在高中就学历史，死记硬背的功夫还是很过硬的。但我估计高中老师没有很多时间给大家讲解历史，大家也没有时间看一些历史方面的著作。现在大家进入大学了，如果还按照这种方式学历史，那就糟糕了。因为中学的学习方法是适应应试教育的，而大学的教育是要传授给大家系统的历史知识，而且要通过这种系统知识的传授教给大家正确地认识历史、理解历史、研究历史。

韩愈的《师说》里面有一句话："师者，所以传道授业解惑也。"在大学，大家听课的时候，不能像中学那样，老师怎么讲就怎么记，而是要跟老师学习思考问题、解决问题的方法。我们学的基本知识在教科书里都有，大家要学会自己读教科书。我们的教科书经过了60年的努力，相对来说还是比较成熟的。比如《中国史纲要》，别看它只有两本，但看起来还是有些困难，之所以困难，是你们人生经历的问题。我教过一些已经工作了的人，他们就觉得《中国史纲要》很能解决他们的问题，因为他们的人生经历使他们看得懂。所以，能不能理解历史，跟大家的生活经验、知识积累是有很大关系的。下面我提几条意见。

1. 在大学阶段，古今中外的历史都应该学好

我刚进大学时，就准备将来要学中国古代史，要学隋唐史。在三年级以前，我主要的功夫没下在隋唐史上，而是放在世界史和中国近现代史上。为什么？因为将来要学隋唐史的话，还有那么多时间学世界史和中国近现代史吗？而这些知识对于我们认识世界、进行研究是绝不可缺的。所以，大家一定要全面学好各门课程，尤其是世界史和中国史的通史，不能说对哪一段感兴趣就只学哪一段，那是不行的。因为学通史的目的就是要形成一个贯通的概念。要知道世界史是怎样发展过来的，中国史是怎样发展过来的，中间有什么曲折，有什么关键，有什么是我们需要研究的。历史是一个发展的整体，光学隋唐史是了解不了隋唐的。如果不了解隋唐以前的历史，就不知道隋唐是从哪里发展来的；不了解它以后的历史，就不知道隋唐史往哪些地方发展。光了解中国史不了解世界史，也是不行的。人类的历史在早期当然是分头进行的，但进入文明时期以后，各个地区各个民族的历史相互之间的影响就越来越大了。举例来说，大家知道日耳曼民族的大迁移。没有日耳曼人进入罗马地区，就没有今天的欧洲各国。那么，日耳曼民族的大迁移是从什么地方开始的？那要追溯到汉武帝时期打击匈奴。日耳曼民族之所以西迁，是因为匈奴西迁，而匈奴之所以西迁，一方面是受到了中原王朝的压力，另一方面还有一些自然原因，比如天灾，等等。所以，在人类进入公元以后，世界历史就不是孤立发展的。光了解中国不了解外国，是不行的。

我们在学习、研究的时候，如果再进行一些对比研究，对很多问题就会有进一步的了解。我不知道大家在中学学习历史的时候，有没有学过汉武帝时期的大犁，是一种可以深耕的犁，后来到了东汉，就出现了地主的大庄园，在中国一般叫大田庄。有意思的是，在欧洲，日耳曼人进入欧洲以后，出现的重犁更了不得，要七八头牲口才拉得动。两者有相同的地方，都是大犁，都需要很多的劳动力、很多的牲口才能进行耕种，而与此相应，都出现了大田庄或大庄园。如果仔细琢磨这个事情，就可以想到，生产工具的发展、生产力的发展引起生产组合的变化，同时会引起社会结构的变化。所以，大犁的出现在历史上就不是一件可有可无的事，其重要程度相当于蒸汽机的出现、计算机的出现。关于这个问题，我们也有一个认识过程。最初在四川发现了大犁，不了解当时人们怎么用它。之后在其他地方也发现了大犁。随着研究的深入，发现东汉大田庄的出现与大犁有内在的联系。相反，到了南北朝的时候出现了小犁，一家一户一头牛就可以耕种，所以整个生产组合就变化了，社会结构也变化了。因此，研究历史有时候进行一些对比是很有好处的。

再如，在中国和外国都有一些历史传说。在中国有燧人氏钻木取火、大禹治水的传说。世界各国都经历过洪水，但中国是通过治水来战胜洪水的。中国人就是靠艰苦奋斗、自力更生的精神，把历史一步步向前推进。欧洲在这两个问题上也有传说，普罗米修斯盗火、诺亚方舟，一个是偷来的，一个靠的是上帝。中国人不靠偷不靠抢，不靠上帝生活，靠自己的努力创造伟大的文明。从这样的传说也可以看出，中国人和西方人在价值观方面、在对于自己历史的看法方面上的一些差别。外国人总爱说中国人没有信仰，那么中国人这种自强不息的精神是不是一种信仰？"大道之行也，天下为公"是不是一种信仰？所以，历史要广泛地接触，广泛地了解，古今中外都要有所了解，这样才能进行对比，才能从中找出一些规律性的东西。

2. 主动进行创造性学习

上课时不是只埋头记笔记，不动脑筋，而是要一边听一边想：老师讲的到底是什么，这里边有什么道理，怎么分析问题，运用了什么材料，怎么运用材料？大家要通过老师的讲解，学习老师的治学方法。而且，老师讲的未必都是对的，也有可能讲错。不要说老师，就是某些史学大家，他们也不是说的每句话都是对的。大师之所以成为大师，绝不是因为他们说的每句话都是对的，而是因为他们提出了一个学术体系，提出了一整套研究方法，开了一代风气之先河，影响了当时学术的发展。甚至有可能大师提出的某些观点，到最后全部被后人推翻。但是，他当时提出这些观点在整个研究上的作用是不可低估的。所以，我们要用这样的一种观点来看待过去已有的各种学问，要把老师的真功夫学到手。每个老师都有一套自己的治学方法。传道是贯彻在授业中的，就看学习者自不自觉，自觉就能把"道"学好，不自觉就仅仅学到一些知识。解惑这个环节也不能放弃，有答疑的时间尽量多向老师提问，在问答中，有时老师的一句话可能影响你一辈子，这就要大家善于捕捉。

上面说的是要学会听讲，下面谈谈要学会看书。书有教科书、参考书、参考论文、参考资料。教科书我还是希望大家能够在上课前看看，可以知道老师要讲的基本内容、基本知识，这样上课时就可以更加主动——哪些方面不大清楚，哪些地方需要老师多讲，做到心中有数。参考书就是弥补教科书的不足，或者是某一个专题，或者是某一个时段，或者是你对某一方面特别感兴趣，大体上都要看一些专著或者专史。参考资料就是原始材料，大家要特别重视。看文言文，我琢磨大家现在应该都没问题，要硬着头皮看原始材料，不懂可以查字典、问老师。学中国通史，我建议看《史记》，要破除迷信，解放思想，只要思想上的障碍解除了，就一定看得懂。其实不光是看原始材料，看论文，看其他书，都有这个问题。看原始材料，看一些书，第一遍不要精读。一开始就一个字、一个字地抠，一天下来没抠多少，时间也过去了，兴趣也可能没有了。第一遍，比较粗略，大着胆子往前跑，大着胆子看，然后回过头来精读。这就是要把泛读、精读结合起来。要看更多的书，掌握更多的知识，还要掌握速读的技巧，一目十行。一目十行的关键在于究竟能不能真正掌握这十行中的基本内容，这是要练的，而且是可以练出来的。参考资料也要看，不管是中文的还是外文的，外文的最好看原版的，不要看翻译的，查查字典还是可以看的。文献材料就是研究历史的看家饭。离开了原始材料，想做研究，寸步难行。还有参考论文，希望大家重视论文的阅读。论文的阅读有两个要点。其一，开始的时候，要找一些经典性的论文，一来其论点比较可靠，二来也可以学到别人的研究方法。其二，学到一定程度的时候，一定要广泛阅读论文，看看有什么新的观点、新的材料、新的方法。这样的论文，先看看头，再看看尾，看看有没有新的认识，然后看看到底使用了什么材料，是转抄来的，还是作者自己研究出来的，其中材料用得对不对，可以找原书核对。这样，就可以看看论文到底有水平还是没水平，有价值还是没价值。一开始看论文，老师会介绍一些，但学习到一定阶段的时候，就应该广泛看一些论文。看论文也要把泛读、精读结合起来。

另外，大家在看书的时候，不要抄书。觉得有价值的，有两个办法，即做记号和写札记。大家不要小看札记，这将来可能是你一篇大论文的起点。年轻人有年轻人的优点，一张白纸，但是又非常敏感，能够从一些别人不太注意的材料中发现一些重大问题。所以，大家读书的时候如果有一些心得，有一些想法，就赶快记下来。有些东西可能是很珍贵的，当然也有一些，几十年后回过头来看会觉得幼稚。

以上是从课程需求来说的。从整个历史学习来说，大家的阅读面应该更加广泛一些，上至天文历法，下至地理科技。中医、国画、京剧，大家一定要有所了解，作为一个学历史的人不了解这些方面的知识，就太对不起历史了，太对不起我们祖先的创造了。除了这些，西洋歌剧、西洋绘画，还有世界文学名著都应该涉猎，这对于扩大知识面、对于将来做研究都有帮助。比方，巴尔扎克有小说《高老头》，主要讲法国大革命以后，新的资产阶级起来了，旧贵族没落了，但面包师还是要把他的两个女儿嫁给旧贵族。为什么？就是贵族门第高贵，有社会地位。大家好好琢磨琢磨，这和唐朝初年的状况非常相似。原来的门阀士族已经衰落了，新的地主、新的官吏起来了，但人们还要找这些旧门阀结亲，送钱给他们。为什么？因为他们有社会地位，门第高，有社会影响。其实他们早已过气，要钱没钱，要势没势，要官没官，剩下的就是个空架子。如果看到唐朝这些材料还不太理解的话，看看《高老头》就会有更深的体会。再说雨果的《笑面人》，其中提到麻药、火药、印刷术都是中国人发明的东西，这些东西到了他们那儿都成了神奇的东西，但在中国似乎没有发生什么作用。我觉得这些内容很有意思，对于麻沸散在中国到底存不存在还在争论不休的时候，雨果已经把这个事情说清楚了，都已经传到欧洲去了，另外也说明了中国的许多发明对欧洲起了神奇的作用，火药、印刷术、指南针，就是敲响中世纪丧钟的三门科技，是预示资本主义社会到来的三门科技。中国文化对于世界文化做出了伟大的贡献。不仅如此，欧洲的启蒙思想，如果要追溯的话，可以追溯到中国的传统文化，大家可以看看阎宗临的一些书籍。

我发现一个很有意思的现象，中国元朝画家画的竹子非常有生气，欣欣向荣，而明朝文人画家画的竹子瘦瘦的，比如唐伯虎画的、郑板桥画的。从这个地方就可以想，元朝这个社会到底怎么样，明朝这个社会又怎么样，特别是元朝，作为少数民族执政的社会，到底是什么情况，跟我们原来想象的一样吗？那么，当时文人的地位、心态到底怎样？我觉得这些都可以通过对比引起我们对历史新的思考。

3. 行万里路

读万卷书很重要，行万里路同样重要。举个例子，河西走廊，河西四镇，即武威、张掖、酒泉、敦煌，其实是四个绿洲。所以，这里的地理情况和内地是完全不一样的，和新疆是一样的。哪里想得到啊！从小学学常识，到初中学地理，到了大学学历史，谁也没告诉我们河西走廊是这么一种状况，不去的话还真不知道。

另外，人们总觉得农业的基础是土地，只要有了田，就能耕种。到了新疆，才发现完全不是这么回事。新疆戈壁沙漠，土地有的是，关键是有水没水。有了水就有了地。所以，农业的基础不是土地，而是水利。这也是不去不知道的。所以，一些社会考察、社会实践，对我们的理解有很大的帮助。当然，在这个过程中还有一个体会，就是要有所准备。比如，去丝绸之路，如果在某些方面有一些知识，有一些准备，那么这些问题就会引起你的注意，你就会收获很大。如果你在这一方面准备不足，了解不多，那么你的收获相对来说就比较小。如果根本没有准备，就是到处看看，那也就是一次旅游观光，是很遗憾的。社会发展、经济建设，很多东西大家都看不到了，比如那年我们在河西走廊看到二牛抬杠，两头牛拉一大犁，转来转去，非常好看。我觉得，其一，尽可能地多看。其二，去博物馆，或者考察遗迹。特别是现在各种博物馆，我特别强调各种博物馆，不光是历史博物馆，各种各样的博物馆都有不同的让你有所收获的东西，可以扩大你的知识面。其三，多看考察记，还有回忆录，还有一些带有调查性的专著。比方，当时唐史协会组织了丝路访古、运河访古、晋察冀访古、蜀道访古，都记录了一些当时能见到而现在见不到的东西。从这些中还是可以间接接触到一些东西。

4. 要了解现状，了解中国国情

要了解历史，除了必须掌握丰富的文献材料和考古文物材料，还必须了解现状，了解中国国情，要心中有数。从某种意义上说，这是历史研究的一个底线。在20世纪50年代甚至60年代，在有关隋唐史的论述中，教科书上往往说隋朝的耕地面积是55亿亩。55亿亩大家可能没什么概念，但我可以告诉大家另外一组数字，1949年我国的耕地面积是14.68亿亩，1952年是16.65亿亩，1997年是19.49亿亩，现在是18.26亿亩。隋朝是55亿亩，到底对不对？我跟大家说，耕地面积有它的特点。一个国家的耕地面积到底能够有多大，有两个限制。一个是自然的限制，就是把所有能够开垦的土地都开垦出来，最大的耕地面积是多少。如果超出了这个面积，就会破坏生态平衡，这是一个限制。为什么新中国成立后我国的耕地面积不断变化，这中间除了其他各种各样的因素，如盖房子、城市扩建等，很大一个方面是退耕还林。很多地方，当时就是为了扩大耕地面积，就把土地开垦了。土地开垦以后，灾害接踵而来，最后还是退耕还林了。所以，19.49亿亩差不多就是我们的底线，这是自然限度，超出这个范围就不行。咱们中国就这么大的地方，其他地方——高山、湖泊、沙漠戈壁——都不可耕，可耕地就这么多，所以55亿亩就超出了底线。这是一个因素。另一个因素就是各个时代生产力的水平。南方为什么到了唐朝以后才能开发？这和当时的生产力发展水平有关系。这跟人均粮食水平不一样，人均粮食水平的限度不是根据这个，是根据人口、土地和单位面积产量，是根据这三个的变化而变化的。所以，我们对整个国情都得了解，了解以后，很多问题就很容易理解。唐太宗打辽东到最后为什么不得不撤兵？天寒地冻，不回来能怎么着？所以，对各个地方的地理情况，对我国的基本国情都要了解。满脑袋数字不好，那是见物不见人，但什么数字都不记也不好，那叫心中无数。

5. 要读万卷书，但也要咬文嚼字

这句话的意思就是看书一定要看懂，有时候就是一字之差，意思却完全不同，一天之差是两个不同的时期。同一个名词，在不同的时期有不同的含义，这个我不细说了。就是说，在读书的时候，该大而化之的地方，要大而化之；该咬文嚼字的地方，得咬文嚼字。

最后，我提几点希望，总的目的是希望大家掌握好历史，学习好历史，能够创造性地学习历史。具体来说，其一，学习历史一定要解放思想，实事求是，一切从实际出发。这是学习历史最基本的一条，违反了这一条，就不是研究历史。其二，了解历史既是发展的，又是曲折的，是一个由低向高不断发展、变化的过程。大家一定要有发展、变化的观点。其三，在历史发展中起决定作用的是经济的发展。经济的发展决定政治制度和文化的发展，决定每个时期的社会面貌。但是，政治制度和文化反过来严重影响与制约经济和社会的发展。这是在历史研究中需要下功夫最多的地方。这个关系一定要搞清楚，如果不搞清楚这个关系，在历史研究中就会飘飘然。如果从事其他工作，特别是从事某些决策性工作，就会犯毁灭性错误。其四，要严格区分历史发展中的特殊和一般。在历史发展过程中，一个一个事件、一个一个变化都是不可重复的，都是别的地方没有的，所以都是特殊的。但整个历史发展中也有一些贯彻始终、具有一般意义的东西，所以在研究历史的时候，一定要区别哪些是具有一般意义的东西，哪些是具有区域性、时代性或者个体性的特殊的东西，区分特殊和一般是研究历史首先需要注意的。现在这个事情也可以看到很多，比方说市场经济，以前都说市场经济只是资本主义的，谁要是说在社会主义国家搞市场经济，那就是大逆不道，但事实上，市场经济资本主义社会可以有，社会主义社会也可以有。所以，只有严格区分历史发展过程中的特殊和一般，才能找出历史发展规律，才能找到历史发展方向。学习历史，根据我这些年的经验，应该牢牢把握这样一些观点。研究其他学科，仍然要遵循这些方法，如果将来准备从政，那就更要遵循这些方法。这是我这些年从学习历史中体会到的一些道理，跟大家分享。

【问答】

刘后滨老师：到今年，吴老师从史整整 60 年。前辈 60 年的治史生涯给我们带来的启发非常多。吴老师的风格是低调、淡定、脱俗，这是他的治学之道，也是他的养生之道。我们从吴老师身上看到了一位历史学教授的风格和特点。我的第一个体会就是"读万卷书，行万里路"。我记得吴老师在我本科毕业纪念册上题的字就是"读万卷书，行万里路"。20 多年过去，听起来依然很亲切。其实这对我们来说是很高的追求。我们研究隋唐史的人，年年去西安，跟一次也没去过西安肯定不一样，底气就不一样。吴老师讲河西走廊、运河访古，他要是没去过，所讲的和去过的人所讲的就会不一样。有些问题反映了一个学者的关怀。人口问题、土地问题、现实问题，越是现实的、深层的问题，越跟历史相关。吴老师经常跟我讲一句话：解剖人体是解剖猴体的一把钥匙。就是说，了解现状是了解历史的一种途径。对现状越有关怀的人，对历史越有感觉；漠不关心现实的人，未必能学好历史。我觉得吴老师是一个有大关怀的人，知识面也很广，这就是历史学教授的一种学术自信。还有一点时间，同学有什么问题，可以提问。

汤伟：吴老师，我初学历史学，想知道研究历史学对于社会的作用是什么？对历史的探索是不是与对宇宙的探索一样，虽然现在看不出什么作用，但在未来会有很大作用？历史学有什么社会作用？

吴老师：历史的作用，无论对现在还是对未来，都是很大的。大到什么程度？大到可以影响国家决策。比如，现在公务员考试中有这么一条，必须要有基层工作经验。在高层官员的提拔中，必须要有地方工作经验，这个跟我们说的"不历州县，不拟台省"有异曲同工之妙。每次组织工作改革的时候，咱们这些文章都要被重新登一遍。这就说明在当时不仅在决策方面，而且在制造舆论方面都起到了一定的作用。从高处来说，可以影响决策，影响对一些制度或者措施的架构。因为中国古代历史有一个特点，即政治文化特别发达，可以给现在提供很多经验和教训。对整个社会来说，提高人民整体的素质，培养向前发展的这样一个观点，其实是非常重要的。历史的发展是由低向高的，是曲折的。有时会非常低，但总的来说，是光明的，是有前途的。对个人来说也是一样。我希望大家以后能树立这样一个观点。

另外，在历史上，对社会的影响实际上是一个永恒的主题。为什么贞观之治、开元盛世在历史上有那么大的影响？关键就在于它们体现了当时人们的一种社会理想。中国人最高的社会理想是什么？大同社会，天下为公；简单来说，就是社会安定，国家昌盛。这些东西，对于培养整个民族与国家的凝聚力、创造力，有潜移默化的作用。如果历史教育进行得好，在这方面可以起到很好的作用。

问题是我们现在在这方面做得不太理想。最近《人民日报》不是对《甄嬛传》提出了批评吗？历史哪里像宫廷斗争那么黑暗？中华民族有很多好东西，为什么不宣传？这些好东西对于启发人的思想，培养一种和谐的、仁爱的人际关系有很大的作用。

刘老师：我们不能只追求收视率，它含有媚俗的一面。你这个问题是怎么来的？什么叫"历史学有什么社会作用？"你为什么会想到这一点？

汤伟：因为我以前觉得学历史就像刨故纸堆一样，就是研究以前的东西，就会想有什么现实意义？

吴老师：帮助大家认识现实，正确认识这个现代社会，认识这个世界。具有正确的历史观点，具有正确的历史方法，这是历史学应该达到的一个目的。不仅研究历史要达到这一点，而且要通过历史教学、通过历史著作影响大家。我想这应该是将来历史学社会公共作用中更重要的一点。

刘老师：这是中学时代带给我们的问题，要给出时间慢慢回答，可以请教老师，自己也要思考。我最近读到一篇网络文章，台湾作家龙应台写的《大学生为什么要学习文史哲》，是给最近台湾大学法学和政治学本科生一年级、二年级学生讲的。她说25年以后，台湾大学法学和政治学本科生中很多人会成为台湾的领导人，不管是政府人员还是民意代表，因为台湾的领导人很多都是从政治系和法律系出来的。她讲了大学生为什么要学习文、史、哲，今天我就不多说了，大家可以到网上查查这篇文章，写得非常好，她也是作家。

岳诗宛：我最近发现一个现象，就是中国从上而下掀起了学习历史的风潮。比如，王岐山推荐了一本书，关于法国大革命的《旧制度与大革命》。前几年李瑞环写了一本关于哲学方面的书，在老一辈人中流传非常广。我去书店的时候看到好多老年人点名要这本书。我还发现，官职比较大的人带着秘书去书店挑很多历史书，让秘书拿着，说这本书好，那本书好。我觉得，好像中国自上而下注重学习历史，但自下而上好像就没有这种风气。我就是觉得是不是领导者应该先学习历史，然后懂得怎么样管理国家，但中学生和大学生反而觉得历史学是一个很冷门的专业，并不是很重视。是不是很冲突，很矛盾？

吴老师：从高层来说，据我所知，李岚清在做副总理时非常重视学习历史，在国家图书馆搞了一个讲座，主要讲明史，而且他自己也很重视对历史的学习。本届中央领导确实非常重视学习历史，习近平在还没有做总书记的时候就在党校做报告，专门谈到要学习历史，领导干部要学习历史，而且要学习古代史，学习近现代史。要学习中国通史这是一个概念，要学习近现代史是另一个概念，这两个的出发点和归结点完全不一样。所以，从现在来说，中央非常重视学习历史，要求领导干部多学点历史，但历史学科在高校又是个相对冷门的专业，确实有矛盾。

陈伟铭：我想问的是，我们强调，做历史也好，做学问也好，要踏踏实实的。但如果这样的话，很多历史研究结果很难被推广出去。历史很难大众化，那么在这个过程中，最早是由易中天教授推出了他的《品三国》这本书，在当时取得了轰动效应。在这以后又出现了很多用平实的语言来说正史的书籍，比如《明朝那些事》《历史是个什么玩意儿》。中学生觉得比较通俗易懂，也很好把中学生带到历史这条路上去。但也有人批驳这些学者，说他们为了博取媒体曝光度，然后觉得这些书籍比较浮躁，没有真正沉下心来做学问。我想请问吴老师：沉下心来做学问跟把自己的学习成果拿出来、向世人推广有矛盾吗？

吴老师：我觉得我们中国史学有个传统，叫雅俗共赏。《史记》，专搞历史的人可以看，不专搞历史的人也可以看。真正好的历史著作，应该做到雅俗共赏。但要真正做到雅俗共赏，必须要有扎扎实实的研究，同时要有通俗易懂的语言，就是既要有内容，又要让人家看得懂。做到这个是很难的，现在在这个方面做得很成功的并不多，尽管大家都在朝这个方面努力。现在有的是通俗有余但扎实不够，有的是很扎实但人家不爱读。所以，怎么样真正做到既有丰富的、实实在在的内容，又有通俗易懂的表现形式，这需要大家将来更好的发展。

何仁亿：我有一个问题：夏朝是不是真的存在？下课之后跟老师交流，就觉得针对这个问题，国际上可能会掺杂着政治利益或者各个方面。那像我们研究历史的话，我就有个疑问：到底什么是真的？因为各个方面的扰乱、混淆太严重了。

吴老师：现在什么声音都有，问题是研究历史必须根据事实、文献材料、考古材料，甚至其他材料，一定要根据材料，然后做出结论。做不出结论就存疑，这是一个实事求是的观点。那么至于外国各国，为了它们的目的，它们爱怎么说就怎么说。

郑鑫：历史可以分为史实和史论，史实是真实发生的事情，现在改变不了历史上发生了什么，但史论是对已发生事情的解读。有一句话说"一切历史都是当代史"，它会不可避免地带上一些个人因素，或者时代烙印，它也有可能变成一些片面的东西，走向片面化。那么，史论真的是越纯粹、越不掺杂这些因素越好吗？

吴老师：真正对当代能够起作用、有好处的，是最真实的历史，因为从这个里头才能得到最真正的经验教训。那种歪曲了的实际上并不是真正的史论，无非就是用现在的一些观点，或者现在的企求来附会历史，实际上是一种宣传手段。

郑鑫：但所有的史论都不可能完全准确。

吴老师：那是肯定的。不管怎么说，人的认识是有局限的，搞历史的总是力图接近现实，所以研究历史的时候要千方百计地排除当时的主观因素，要尽可能接近客观现实。

郑鑫：但现在对于以前而言，以前的人怎样看待当时的历史，带上了他们的烙印。我们在研究以前的人的时候，可能根据他们带上的这些东西去研究。

吴老师：这些东西属于思想史，也是我们的研究对象。这件事情本来是这样，他为什么要那样说？背后都是有原因的。

刘老师：这种困惑都很大，所以鼓励大家讲出来。这些都是很普遍的困惑。各个人的出发点不一样，都是史论，都不一定绝对真实。出发点是有不同，有些人是为了附会什么东西，有些人至少是从客观历史出发的。

吴老师：历史结论总是一步一步向真理靠近，而所谓史论实际上就是借历史发议论。史论和我们历史的结论应该说是两回事，有一些历史著作打着历史著作的面貌，但实际上是史论性质的著作，就是为了宣扬一些观点。以前有一个很有名的学说，是讲历史的，但实际上是一个史论性的政论，所以史论实际上是政论。

刘老师：有很多问题我们可以继续往下说，但时间有限，吴老师也辛苦了，今天我们就到这里。

历史地理学漫谈

华林甫

演讲者介绍：华林甫，浙江人，历史学博士、地理学博士后，中国人民大学历史学院清史研究所教授、博士生导师。在《中国社会科学》《历史研究》《地理研究》《中国史研究》《历史地理研究》《中国历史地理论丛》《清史研究》《自然科学史研究》等期刊发表论文多篇。著有《中国地名学源流》（湖南人民出版社，1999）、《中国地名学史考论》（社会科学文献出版社，2002）、《英国国家档案馆庋藏近代中文舆图》（上海社会科学院出版社，2009）、《清儒地理考据研究（隋唐五代卷）》（齐鲁书社，2015）、《中国省制演进与未来》（东南大学出版社，2016）、《德国普鲁士文化遗产图书馆藏晚清直隶山东县级舆图整理与研究》（齐鲁书社，2015）、《隋书地理志汇释》（安徽教育出版社，2019）等。

同学们，今天很高兴能跟大家聊聊天。我要说的有五个方面：我的求学经历、我的工作经历、我的专业爱好、我对专业的认识、做学问与做人。

一、求学经历

我老家在农村，我是从农村考上来的。同学们农村的不多了吧，网上报道现在名校的学生是城市里长大的孩子居多。我老家在浙江余杭县东北角，跟德清县、桐乡县交界，大运河的南岸。以前说太湖流域是鱼米之乡，现在污染很严重。南方乡镇企业发达，各种污水直接排入大运河。运河里的水黑乎乎的，连小鱼都不长了；而且，很多人做生意、开工厂，很多农田都给占了，我每次回家，都觉得很可惜。这么好的农田，这么肥沃的土地，要么荒废，要么变厂房。粮食生产大大减少，鱼也没有了，大米也没有了，还能是"鱼米之乡"吗？

不过，我读书的时候，环境挺好，那时毕竟刚改革开放。我是1982年考上大学的。读高中的时候，文理分科，我自己选的文科。当时我的物理老师很不以为然，为什么？高一的时候，杭州市物理竞赛我得了三等奖。我们这位物理老师很负责，一直劝我说："理科好！理科好！不要学文科。"但我当时有一个想法，觉得理科能学好，学文科就能学得更好。我要实践我自己的这个想法。我高考的时候考了浙江省文科第11名，当年北京大学在浙江文科招生29人。老师们就说，既然这样，那还不填北京大学啊？我觉得复旦大学好，离家近，而且我确实觉得自己喜欢复旦大学。我高中时喜欢物理、化学、地理，也喜欢历史。高一的时候，杭州市历史竞赛我得了第一名。所以，我选的第一志愿是复旦大学历史系。我很顺利地进入复旦大学历史系读书。上大学之后，有些报道说，从农村出来的学生都处于劣势。我觉得没有，农村出来的，自己用功读书，不是也能考得还可以吗？关键看自己。

我跟各位一样，生在新社会，长在红旗下，从小接受的是简化字教育。但现在看竖排繁体都不成问题。刚开始的时候很不习惯，尤其在大一时，看影印的书很头疼，后来就习惯了。看《资治通鉴》标点本好看多了，但有胡三省的双行夹注，看了也不习惯，字太小了。所以，同学们如果真的要用功的话，眼睛要保护好，我们这个学科读古书近视程度要加深的。那时没有配放大镜，有个放大镜就好了，同学们一定要习惯看繁体字。

我1971年上小学。那是"文化大革命"期间，老师不照课本讲课，喜欢讲《水浒传》里的故事，全国人民读《水浒传》，毛主席不是发表了这方面的评论吗？老师一天到晚给我们讲故事。我们现在看"文化大革命"期间学生们都干什么？什么造反之类的，但我们小学好像没造反（至少我不知道），大概是在农村的缘故。

我上的小学是余杭县博陆公社中心学校，校址在博陆街西边。你们看二十四史里面有一部叫《宋书》，就是宋、齐、梁、陈的宋，《宋书》的作者沈约就是博陆人。《宋书》最后一篇自序，沈约说自己的家世、家乡，其中提到吴兴郡武康县东乡博陆里余乌村。当然，《咸淳临安志》里面也记载了。后来叫博陆公社。乡贤居然是二十四史的作者之一，引以为豪。

小时候写作业，觉得南方冷，后来到了北京，觉得冬天还是北方舒服。小时候写作业，手凉得都长冻疮。哈着热气写作业，戴着手套又不能拿笔。现在大概气候暖和一点了。我小时候一直觉得我家后面的那条河里冻着冰，而且冬天天气预报经常说有薄冰，钱塘江口和杭州湾有薄冰。我初中也是在这个公社读的，读了两年，初三就到县城里读了。县城叫临平，离杭州市区的西湖断桥有 26 公里，当时觉得很远，现在看不算什么。临平中学是我们余杭县最好的学校，因为在县城。其实，余杭县历史很悠久，秦始皇的时候置的县，一直到新中国成立后才把县城搬到临平。为什么？因为沪杭铁路。沪杭铁路从杭州到上海，县城就搬到沪杭铁路线上了。章太炎老家就不是县城了，章太炎老家在余杭镇东面有个叫仓前的地方，意思是仓储的前面。

我初三的时候就到县城最好的学校，那时没有分重点班和普通班，我在初三学习也很普通，还不知道怎么发奋学习。那时爱看地图册，上政治课时也看地图册。因为那时个子很矮，坐在前排，不像现在，像北方人个子高。政治老师一边讲一边把我的地图册给没收了。后来和政治老师说起这件事情，她也觉得无奈。我们后面那一届正好遇到学制改革，就是初中、高中都三年制了。我们小学五年半，冬天入学，过了年入学，不像现在 9 月 1 日入学。后来学制改革，又有半年是过渡班，所以是五年半。小学五年半、初中三年、高中两年，一共十年半，十年寒窗。现在不止了，十二年。

其实，我在中学的时候就听说过谭其骧的大名。谭其骧、周谷城、周予同，这些名字我都知道。为什么？因为我高二学文科，班主任就是复旦大学历史系毕业的陈良泰老师。那时，"文化大革命"期间很多家庭成分不好的人就被下放了。我高二的班主任就是杭州郊区的，复旦大学历史系毕业后因为家庭成分不好，被分到乡村。任何事情都有两面性。对老师个人来说，肯定不好，到城里工作多好；但对乡村的孩子来说，不就造福了吗？我们这位陈老帅上课非常好，经常给我们讲上海的故事，所以那时向往复旦大学。为什么第一志愿报复旦大学，就是这个原因，受陈老师潜移默化的影响。那时县里教育局还有个教研员，我们这些孩子喜欢和他聊天，他尽讲些史学界的故事，特别是上海的，说谭其骧是二级教授，周谷城是一级教授，谭其骧的老师顾颉刚如何，还有吴泽的故事，上海的史学界，他知道得不少。后来才知道，谭其骧是 1980 年当选的中国科学院地学部委员，90 年代初改成院士了。所以，我们历史地理专业有两位院士，是文科里唯一能选院士的专业。

我跟其他老同学和朋友说起我的专业，他们就说，你学历史地理，既学历史又学地理。我说不是这个意思，这是一个边缘学科，是历史时期的地理，用英语表达是 historical geography，用日语表达的话，中间还有一个の，历史的地理。所以，正式的学科名称是：历史地理学。我们专业跟历史学其他专业还有点不一样，论述得少，都是实打实的。谭其骧的《中国历史地图集》，不知道同学们都翻过没有，绿皮本的，这是公开的。"文化大革命"期间出的内部本，棕褐色封面。其实这部书版本很多，还有作为礼品的，大开的。最后的版本应该是繁体字版，繁体字版的我看大陆没有卖，我是从台湾买回来的。

当时，复旦大学历史系大师云集，历史系教授周谷城当时是全国人大常委会副委员长，给我们班上过一堂课。他是湖南人，口音太重，讲话有些听不懂，有时候夹几句英语倒是能听懂。谭其骧也见过，但没给我们班上过课，有兴趣的话，可以向他请教问题。有时候开会，谭其骧先生会来，那时他已经得了一次中风，半身不遂，动不了，走路也一瘸一瘸的。还有一位老先生周予同，我入学的时候刚去世不久，与周谷城号称东周西周。周予同先生主编的《中国历史文选》是我们大一新生读历史文选的课本，分为上、下册，适宜学史入门。实际教我们课的是许道勋老师，人民出版社现在出的《唐太宗传》和《唐玄宗传》这两部传记的作者，一个是赵老师即赵克尧，一个是许老师，他们合写的。大一、大二的班主任是吴浩坤，甲骨文专家，胡厚宣先生的得意门生。大三、大四的班主任就是赵老师，赵克尧老师。周予同先生是北平女子师范大学毕业的，是北京师范大学校友。他有一个事迹，我们复旦大学毕业生都知道，五四运动的时候不是火烧赵家楼吗？火烧赵家楼谁点的火？匡互生。匡互生是翻墙进去的，怎么翻墙进去的？周先生就说是踩着他的肩膀进去的。那时很有名的王造时，七君子之一，已经过世。老一辈，现在看，赵老师也已经去世了。所以，这个时代变化很快，20年就物是人非，变化很大。

读本科时，我只选中国古代史、历史地理学的课听。我们班72个人，大三时就分了专业，分出了历史地理学专业，但没过多久，辅导员宣布说取消这个专业划分，大家觉得奇怪，就问为什么。他就说，考虑到你们的分配，以后太窄了不好分，但为了弥补，历史地理研究所的老师给你们开课，开很多课。所以，我在本科的时候就接受了历史地理学教育。那时，郑宝恒老师开"历史地理文选介绍课"，胡菊兴老师开"历史地理学概论课"，魏嵩山老师开"历史区域地理"，邹逸麟老师开"历史经济地理"，周源和老师开"中国地理概论"。能开那么多历史地理学课，恐怕别的学校做不到。所以，在复旦大学上学，有这点好处，有历史地理学的优势。本来考大学的时候就想上地理系，但我一直到博士后的时候才上的是地理系。

地理系没上成，而复旦大学有历史地理学专业，极大地满足了我的个人兴趣。在复旦大学读书的时候，虽然没有把历史地理学的书都读过，但大致都翻过，而且经常去史地所的资料室看书，因为历史系和历史地理研究所是两家。就跟中国人民大学历史学院一样，你们来的时候已经有历史学院了，是2005年9月成立的，在这之前是人文学院，人文学院是文、史、哲三家加上清史所。我刚来中国人民大学的时候，历史系、清史所、哲学系、中文系这四家都是独立的。那时，复旦大学的历史系和历史地理研究所在校园的西南角，一个小楼，一层是历史系，二楼是史地所，因为有这么多老师给我们开历史地理学课，所以常去史地所看书。有时候谭其骧先生也来看书，与他聊天还能了解最新的情况。所以，本科的时候就目睹了大师的风采。

我记得第一次见谭先生应该是1983年10月，那时我大二。谭先生的两位弟子，周振鹤和葛剑雄授予博士学位仪式，他们是我国自己培养的第一批文科博士。刚卸任校长的苏步青老先生和那时在任的谢希德校长亲自出席，在数学系小礼堂，非常隆重。当时我才18岁，这个仪式给我的印象太深刻了，就感觉如果做学问能做到这个份上，今后肯定大有前途。所以，我就一直沿着这个路子走，从本科起，学这么多年历史地理学课，到现在还是历史地理学专业。

那时要读研究生，不像现在是推免研究生，如今每年都有七八个同学推免。据我了解，可能是清史所老师给你们上课太少，大家对老师不了解。在我刚来的时候，就在历史系，给本科同学开历史地理学概论课。你们大三的时候，也要上这个课，正好是中国通史课上完，接着上历史地理学课，效果比较好。我在历史系待了三年半，给四届本科同学开过历史地理学课，第一届上课的时候，2003年，那是我来的第二个学期，是本科99级的同学，因为他们是大四最后一个学期了，逃课很厉害，我印象非常深刻，有三位学生听得很认真，他们后来都到清史所读研究生了。当时我刚来中国人民大学不久，也不了解教学有什么规则，就跟同学说，上我这门课，你们爱听就来，不爱听就随便。你们觉得有兴趣，觉得我讲的还可以，你们就听，你们觉得没用，可以不来听。

我以前在中国社会科学院工作了11年，自由散漫惯了。研究生的时候，我的导师是邹逸麟先生，邹老师跟着谭其骧先生画《中国历史地图集》时间是最长的。画《中国历史地图集》从1954年开始，大约在1954年的人民代表大会上，毛主席跟吴晗说起读史书没有一部地图很不方便，吴晗就把这个任务交给了谭其骧先生。吴晗和谭先生是禹贡学会的同事，又是浙江老乡，所以吴晗自然就把这个任务交给了谭其骧。1954年开始画，一直到1987年才出全，一共33年。邹老师跟着谭其骧画图画了30年，现在健在的先生中，数他最年长。邹逸麟老师祖籍宁波，从小在上海长大，本科在山东大学读，那时山东大学在青岛。邹老师说他的第一志愿报的是新闻学，录取的是历史系，所以他也不是第一志愿。邹老师的历史研究当然做得相当不错。谭先生还在世的时候，邹老师还参评过院士，没选上，后来就拉倒了。

当时研究生招得少，我们那级才招两个，我和王振忠。我们俩本科、研究生都是同一个寝室。前几年他是复旦大学史地所的副所长。其实谭先生的很多事迹我都是从邹老师和其他老师那里听来的，毕竟谭先生生病，接触的机会不多。虽然偶尔也和王振忠去谭先生家里，因为那时学生少，尤其是博士，非常少。从1986年到1989年，整个复旦大学历史学才招了26个研究生。现在，我们历史学院研究生好像每年都招四五十个。

在复旦大学连续待了7年，历史地理学方面的书看了不少，老师们的治学方法也大致了解了一点，多多少少学到了一点。硕士毕业的时候，我硕士论文写的并不是清史，而是唐代粮食作物的地理分布，所以对新、旧《唐书》和《资治通鉴》相对比较熟悉一些。为什么？刚入学的时候，谭先生要求我和王振忠读《资治通鉴》。那时读得很认真，不像现在，没时间读书。我们读书时，老师们经常说：某某老先生通读了二十四史，而且看了不止一遍。你们知道谁通读过二十四史，有吗？好像现在没有。老师们认为我的硕士论文写得还可以。我3月就写好了，我一直觉得自己是农村出来的，笨鸟要先飞，所以先写好。答辩组的老师们给的评价还不错，所以受到了鼓励。

二、工作经历

我们本科时还不能自己找工作，要服从国家统一分配，当时是计划经济。我们班有个同学自己找了一个单位，受到辅导员的严厉批评，现在无法想象。但不久就说要双向选择。硕士毕业后，我就找了中国社会科学院历史研究所。历史研究所是一个很大的机构，那时有200来号人，规模很大，不像我们高校的研究所。

中国社会科学院在北京站那边，离北京站一站地，就在建国门。我刚来报到时非常醒目，周边没有高楼，就是这一幢孤零零的高楼。中国社会科学院做学问的条件相当好，一个星期去两次，只要到一下就行，刚开始还不签名，后来发展成签名制度，也没有教学任务，科研任务也不限制，自由研究，也不考核，直到我 2000 年离开中国社会科学院，历史所也没有考核这一说。中国人民大学是三年一考核，这还算好，有些学校是一年一考核。

当时我在中国社会科学院历史所的历史地理研究室工作，这个研究室有十几个人，有一半是复旦大学历史地理学专业毕业的，都是老先生，"文化大革命"前毕业的，还有一半即使不是复旦大学毕业的，也到复旦大学进修过历史地理学，所以我的历史地理研究环境一点都没变。他们经常说复旦大学老师的逸闻轶事，经常跟他们聊天，研究氛围相当好，而且历史所藏书也多，有自己的图书馆。那时，我整天泡图书馆。我本科时就养成了这个习惯，一天到晚看书，其他事情很少也想得很少，这样就打下了一点做学问的基础。做研究的时候，我时常想起邓广铭先生的话，他说研究历史要掌握"四把钥匙"，地理就是其中之一。当然，以前说的这个地理是沿革地理，不是我们现在说的历史地理学。历史地理学脱胎于沿革地理，但比沿革地理的内容要丰富很多。现在电子文献很发达，我发现至少硕士中有些人就很依赖电子文献，这是不良习惯。读书是别的任何手段都代替不了的。读书，博览群书，这样的话，利用工具来检索文献就更好。比如检索哪个关键词，直接检索固然可以，但相关的、相类似的或者换一种说法，检索的相关资料会很多，但不读书怎么知道有这么多不同角度来称呼这个现象？精读一些书是免不了的，尤其是经典著作，一定要精读。

我的博士研究生学位是在职读的，当时冲破了很大的阻力，考回复旦大学攻读在职博士研究生学位。当时我本来想跟随张泽咸先生攻读隋唐史方向的博士学位，他现在是荣誉学部委员，学问做得非常非常好，你们有兴趣的话可以了解一下这位先生的学术成就。我每年春节都去看他，人品、学问都相当优秀，非常好。可是阴差阳错，我只好考回复旦大学，还是跟随邹逸麟老师。每年北京、上海来回跑，坚持了 3 年，拿到了博士学位，博士论文研究地名学史，2002 年在社科文献出版社出版，书名为《中国地名学史考论》，其实这本书只包含了我博士论文的一半内容。在读博士的后期，承蒙所长陈祖武先生器重，把我提拔为历史地理研究室主任。你们大概不知道，中国社会科学院行政级别很高，是国务院的事业单位，跟各个部委是平级，行政上平级，实际领导的级别比部长要高，研究所的行政级别是司局级，研究室主任相当于正处级。当然，学者是不讲究这个的。其实中国社会科学院很清贫,到现在还是如此。其实有些老先生非常有学问,但穿得太朴素,走在大街上根本看不出来。有一次香港的刘健明先生——他是严耕望先生的高足——到历史所找张泽咸先生,他印象中张泽咸是很有学问、很有风度的。他不知道历史所在哪里,见楼前面一个老头,就上去问路,没想到是张先生本人。张先生说你找他干吗?刘先生说自己是严耕望先生的学生,过来找张先生请教问题。张先生说我就是啊!根本看不出来。

我在中国社会科学院工作了11年,家里有孩子、有负担,加上其他因素,后来觉得如果有机会的话还是离开吧。当时我觉得学历史地理学的,也应该学习地理学方面的知识,但复旦大学历史系和中国社会科学院历史所地理学方面的知识太少。后来我有个机会到上海的华东师范大学做博士后,这所学校有个理科的博士后流动站,所以我的博士后是理科的,总算正式进入地理系了,高中要上地理系的愿望终于实现了。但那时地理系已经散架了,因为地理学中有实用价值的都纷纷独立发展了,遥感、环境、旅游都纷纷独立了,纯理论研究的很少。华东师范大学的地理系当时已经改成了资源与环境学院。北京大学的地理系不也改了吗?改成了城市与环境学院。把学科的属性分类改成研究对象,结果全国没有一个地理系了,全部改成了研究对象。其实在华东师范大学做博士后期间,很长时间是在北京待着,因为博士后更自由,比社科院还自由。

我自己的求学经历,包括做博士后,地理学还是学得不够,学得不足,我自己嘲笑自己什么?相当于阳澄湖大闸蟹,所谓阳澄湖大闸蟹很多都不是阳澄湖生产的,在别处生长到一定程度,然后到阳澄湖里养一段时间,再取出来,就是阳澄湖大闸蟹了,不是从小到大都在阳澄湖里长大的。现在到处都是阳澄湖大闸蟹。怎么可能?阳澄湖里全部填满也没这么多大闸蟹的。其实学历只是面上的,学问才是实的,咱们学术界看重的是真正的学问。

三、专业爱好

上面跟大家介绍了我的求学经历和工作经历,接着讲我的专业爱好。我的爱好在中学时代比较广泛,物理、化学、历史、地理都喜欢,没有偏科,所以高考的数学考了94分。那时不像现在,一般理科学不好才学文科,所以我们班很多同学高考数学考三四十分,考到60分就相当不错了,我考了90多分,一下子就比他们高出很多。我一直认为理科能学好的文科能学得更好，要学历也要学问，两手都要抓，两手都要硬。因为人事部门不看具体学问，就看学历，不看学术功力有多深，学术贡献有多大。博士真的就比硕士强吗？实际上不见得，但人事部门就这么操作，所以两方面都要抓，两方面都要达到一定的高度。学历我是达到了，学问还有待继续努力。我拿到博士后证书已经很晚了（9月底），然后就来了中国人民大学。

到了中国人民大学，除了研究之外还得教书。我不是师范大学毕业的，不知道怎么教书，我就跟同学们交流学术界的研究进展，所以历史系每一届本科生中都有喜欢历史地理的。比如02级的本科生中有一位叫胡恒，本科、硕士、博士一直跟着我，今年因为他成绩很优秀，清史所、历史学院的领导都很看重他，所以留在清史所了。03级有一位同学跟我念研究生，04级以后就没有了。国学院的刘新光老师、清史所的丁超老师，都是历史地理学科班出身，我的办公室在人文楼的四层，大家今后有这方面的问题可以去找我。

其实我们平时熟悉的很多俗语都跟历史地理有关。比如：三十年河东、三十年河西，其实是一个历史地理问题，为什么？黄河在历史上经常变迁，尤其黄河下游的变迁很厉害，自从周定王五年（前602）黄河迁徙一直到新中国成立前，大的决口改道就有26次，大大小小的决口改道统计一下共有1 593次，而且黄河入海口最北面曾经到达天津，最南面曾经到达江苏北部。黄河在江苏北部夺淮入海是怎么回事？南宋建炎二年（1128），东京留守杜充扒开了黄河大堤，以水代兵，从此以后黄河就没有回到原位，而是一直往东南流，夺了泗水河道流到淮河，所以在明清大部分时间，淮河的下游其实也是黄河的下游。黄河夺淮入海一共经历了727年，一直到咸丰五年（1855），才在河南兰考县铜瓦厢决口往东北流，袭夺了大清河的河道，最终形成了黄河今天的流向。黄河下游变迁这么大，其实黄河中游也有变迁，特别是黄河的北干流，流到潼关以前，那个地方既是渭河入黄河的地方，也是汾河入黄河的地方，地势很低洼，有个地方叫蒲津关，秦朝时期叫临晋关（在河的西边，因为河西是晋国，所以叫临晋关），唐朝时期叫蒲津关（蒲津关的铁牛很有名，黄河那个浮桥有铁牛），北宋时期叫大庆关（因为大肆庆祝秦始皇统一六国多少周年，办了庆祝会所以叫大庆关）。光绪时期发生了一件事情，大庆关原本在黄河的西岸，山西蒲州的人要到陕西去，就要乘船过黄河，在这里住一宿，然后步行去陕西朝邑（今大荔县东朝邑镇）；同时，也有陕西朝邑的人步行到大庆关，在这里住一宿，准备第二天渡河去山西。结果一夜之间，河道发生变化，从大庆关之东悄悄移到了大庆关之西，于是出现了过了河的没过河，没过河的过了河的现象，我在书中已写（参见《插图本中国地名史话》第166～167页），这里就不多讲了。

其实学历史地理非常有趣。我们都知道，绍兴师爷分析自己家乡的地名，解说"绍兴"二字：是搞来搞去，是个小人，因为文人是刀笔吏，靠这个谋生，所以肚子里心思很多，一张利嘴，一把快刀，这是"绍"字；东边半个月、西边半个月，绍兴师爷的秘诀是只传老乡和家人，不传别人，所以到处拉同乡，绍兴师爷和长官合则留不合则去，随时挑了铺盖卷要走人，所以横着一根扁担，中间是一横，终究不是人，横下面是"八"，于是组成了"兴"字。

学历史地理，有机会的话应该到各个地方走走，光课本上那点知识是不够的。《徐霞客游记》里面写着，他到了哪个地方，比如说广西、云南，他对照《大明一统志》，这个地方写错了那个地方写错了，说地图都画错了，所以要亲身实地考核。但对我来说机会并不多，全国没有走到、没有考察的地方很多，福建跟我老家挨着，但没去过，黑龙江、西藏、宁夏、海南岛、长沙都没去过，有些地方即使到过也是蜻蜓点水。跑得最熟的是哪里？好像都不熟。上海、北京这两个城市市区很熟悉。刚上复旦大学的时候，觉得上海人怎么说话这么快，后来在那里读书时间长了自己也学会上海话了。

其实要说熟悉，我对台湾比较熟悉，前后去了三次。第一次待了一个学期，是在政治大学历史系教书，教了一学期。有一个礼拜正好没课，我就坐火车从台北出发，到了花莲，去了太鲁阁、七里海；然后从花莲坐长途汽车去台东，到了成功镇，还到了三仙台，三仙台在台湾是比较著名的风景名胜，在太平洋边上。太平洋浩瀚无垠。然后坐火车去台东县城，坐的是"自强"号，台湾最快的火车。到了台东，从西往北弯进去，来到台东纵谷，这里是一片平原地区。在台北总是吃池上便当，就是盒饭，台湾人叫便当，因为受到日本人影响。为什么叫池上？看着怎么这么像一个日本地名。原来台东县有一个池上镇，那里生产的大米很好。坐火车在池上站下车后，租了一辆自行车，台湾叫脚踏车，骑着自行车转转，一天100新台币。那里的稻田确实好，我从小在南方农村长大，对水稻很熟悉。那里的稻穗是金黄色的，相当好。然后到了一个叫知本温泉的地方，知识的知、原本的本。台湾经常有地震，台湾人对这个已经非常习惯。在一次和他们一起吃饭的时候，他们说地震了。我说，哎哟，地震了？还紧张了一下。他们无所谓。为什么？因为他们的住房都是防震的，房子都有防震级别。前几年让台湾损失最大的是台风。台风会引发大水，水是没法阻挡的，而地震是有办法防的。然后坐火车到了一个叫枋寮的地方，之后往南到达恒春，就是台湾南部那块凸出来的地方，叫恒春半岛，晚清在那里设置过县，即恒春县。从恒春出发，往南到了垦丁，垦丁公园非常有名。那时已经10月了，但还是很热，还能在海里游泳。到垦丁公园后，我看这个地方这么大，就租了个出租车。之后去了高雄，从垦丁到高雄非常方便。走上高雄的旗后炮台，把高雄港看得一清二楚，就知道古代高雄为什么发展不起来了。现代化的轮船，吨位大的才能起作用，古代的小帆船在高雄港这个深水港根本发挥不了作用。最后从高雄坐台湾的"自强"号回到台北。当时待得时间长，经常有机会到彰化、台中、台南等地。政治大学的老教授还亲自开车带我到阿里山、日月潭。在嘉义的"中山大学"讲座时，也去附近玩。有个朋友叫陈文豪，是文化大学毕业的，在彰化师大教书，和我很熟，他老家是澎湖。去年，在台北，有一个周末，他回家去，我与吴松弟教授跟他去了一趟澎湖列岛。先要从台北坐飞机到马公，坐了1小时，也不近。所以，从理论上说，台湾的每一个市、每一个县，我都到过。后来在各种场合见到台湾朋友，我说我去过台湾哪里哪里，有些地方他们自己还没去过。从台湾岛最南端的鹅銮鼻，到台湾的地理中心点（就是台湾正中间的地方），再到台湾最北端的富贵角，我都去过。但我不研究台湾的历史地理，不过研究历史地理最好熟悉这些。

  我出国的机会不多，但去过两次伦敦，收获很大，因为英国国家档案馆收藏了中国近代的地图。第二次鸦片战争期间，英法联军攻入两广总督府，叶名琛被抓走了，两广总督府里的档案都被拿走了。所以，那些地图是两广总督府里的档案，被完好地保存在伦敦。第二次去，就是专门去研究这些地图的。还拍了照片，把底片带回来了。后来出了一部书，一共127幅地图，我对每一幅地图都做了考证，考释前因后果。在这些地图的基础上，我写了三篇论文，有一篇发表在《历史研究》上。这本书于2009年出版，太大，但印得很好，彩色地图印得很清晰。这本书定价4 200元，我手里只有两本。中国人民大学图书馆里有，这个书非常大，书架上放不下，有时平放着，有时横着放，反正很突出。书名叫《英国国家档案馆庋藏近代中文舆图》，用繁体字印的。这本书是我第二次做国家社科基金项目的研究成果。第一次是1994年，那时还在中国社会科学院工作，申请的是国家社科基金青年项目，选题是"中国地名学源流"，后来研究成果以同名于1999年由湖南人民出版社出版。

四、专业认识

我觉得历史学应该是一门科学，尤其是历史地理学，肯定是一门科学。历史地理学是实打实的，理论很少。看看《长水集》，谭其骧先生的论文集，没有一点虚的，都是实打实的。历史地理学科就是这样。我们上本科时，老师就鼓励我们，只要肯坐冷板凳，多多少少会出成绩。不像其他学科，要么成就大名，要么一事无成。学历史地理学，只要踏实下来，就能有所成就。后来和周振鹤老师交流，他也说历史地理学是一门科学，我们不谋而合。周振鹤老师以前是学矿业的，在煤矿里当电工，所以学历史地理不限专业。周振鹤老师有一个学生，叫余蔚，现在做宋代的历史地理研究，做得相当棒，而他的本科专业是化学，毕业于复旦大学化学系。像刚才说的丁超老师，他的导师叫韩光辉，现在是北京大学城环学院的教授，本科是学数学的。所以，我们这个行当，各个专业出身的都有。刚才说了，这是文科专业中唯一能选院士的专业，所以有相当的吸引力，各个行业的人都来学。每两年一次的专业年会显示，我们的队伍越来越庞大。而且，我自己明显感觉到，从本科以来，这个专业在学界的地位一直处于上升趋势。以前有历史地理学专业的，全国只有三所大学——复旦大学、北京大学、陕西师范大学。现在全国各地的高校都有，包括中国人民大学。历史地理学专业正在全国扩散。以前整个北京高校，就北京大学有。现在除了北京大学，中国人民大学有，中央民族大学有，首都师范大学也有。当然，历史系出身的，就只能做一些历史人文地理的研究，能做的学问虽然不多，但做一样是一样。

有一次我有机会给江泽民总书记讲课，讲什么，其实很浅，中国历代疆域变迁。在历史地理学里面，这是基础知识。江总书记是理工科出身，不太了解这方面的知识，但作为国家领导人需要这方面的知识。上了半天的课，给江总书记上课不像今天课堂这样，领导常提问题，像是聊天。比如，说到汉代日南郡造反，中央派军平定地方叛乱。越南方面说中国侵略越南，因为日南郡的地盘现在在越南。20世纪50年代，周总理向越南道过歉，说中国侵略了越南，汉代就侵略了越南。江总书记就问我，这个问题应该怎么看。我就对江总书记说，周总理根本不需要道歉，因为当时那是中国国内的事，是汉朝自己的事，日南郡是中国汉朝103郡国之一。可是周总理已经道歉了，怎么办？总理都道歉了，收不回来了。如果研究得深、研究得透，国家领导人知道这些，就不会有这样的失误了。

后来又去了一趟中南海，因为内蒙古自治区有一个地名要改（通辽市拟改名科尔沁市），牵涉到少数民族地区，还有国家层面的管理规则。改名很敏感，要召开专家论证会。当时在内蒙古自治区通过了，报到中央。在国务院副秘书长的召集下，有八位专家参会，其中我年龄最小，前面多位都说改了好，我持慎重意见。确实有《地名管理条例》作为依据，但是那样改就会名不副实，所以我建议慎重考虑、谨慎从事。那是 2008 年 1 月的事，"通辽市"到现在也没改名。

其实我一直在想，做好学问的意义和目的是什么，本质是什么。做学问，其实不是为了学位，不是为了工作，而是出于爱好。比如，为什么要发表论文？相当一部分人认为是因为要考核，要拿奖。其实我理解的发表论文，是在某个方面、某个领域，经过长期研究，有新的研究体会，写出来向学术界汇报，和同行切磋、交流。如果为了毕业、为了就业，抑或为了评奖、为了评职称等，有目的地发表论文，那论文质量就保证不了。所以，我希望同学们志存高远、夯实基础，尤其从大一开始，一定要扎扎实实地打好基础，基础打好之后，各个方面的发展就不愁了。

现在修大型《清史》，我感觉没打好基础，不管怎么样都提高不了。到了我这个年龄，想提高都来不及了。你们完全来得及。年轻就是本钱，能做很多事情。你们一定要把基础打扎实，不要着急写文章，不要着急发表论文。自己备个笔记本，一有心得、想法就及时写下来。思想的火花一闪而过。我悟到这个比较晚了，是在读硕士时，我读硕士时记了好几本想法，现在还保存着。那时不用电脑，电子文档这个东西不可靠，自己写下来、打印出来才能长久保存。当然，每个人的情况都不一样，自己选择自己的前途。现在你们还不到 20 岁，选择余地还很大，认准了一件事情、认准了一个方向，就坚持走下去，不要半途而废。我经常跟老一辈的先生请教，像张泽咸先生。他们都经历过"文化大革命"，"文化大革命"期间不许自由看书，只能读马克思、恩格斯、列宁以及毛泽东等人的著作。有一个宋史专家，叫王曾瑜，是学部委员，他去开会的时候，领导在上面讲，他就在下面看书，拿一本小的书还好，领导看不见，可他拿了一本《宋会要辑稿》，那么大一本书，放在地上看，所以他有个外号，叫王会要。

五、做学问与做人

其实，做人是第一位的，做学问是第二位的。一定要与人为善，与人和睦相处。不能有了一点学问之后，就张牙舞爪，批评这个，批评那个，或者跟谁作对，这些都是要不得的。一定要心平气和，学问再大，做人还是第一位的。这一点，其实从小学以来老师都强调，德育是很重要的，非常重要。吴玉章老校长说过这么一句话，原话我不记得了，意思是若是做人不行，跟周边的人、跟学界闹矛盾，学问再好也没人理睬。所以，做人是第一位的，待人要真诚。一个"真"，一个"诚"，非常重要。

同学们，我就说这么多，大概还有十来分钟和大家交流一下。你们需要了解什么，或者我刚才讲的有什么不对的地方，请同学们指正。

【问答】

学生：老师，我想问历史地理学一般都研究什么？

华老师：我有一本书叫《中国历史地理学·综述》，里面讲了历史地理学的学科体系。我把历史地理学分为五部分。

第一部分，研究历史地理学的理论与方法。任何学科都有理论与方法。虽然历史地理学在这方面倡导的不多，但毕竟还有一些。做研究，肯定要有自己的指导思想。

第二部分，历史人文地理，内容最多。现代地理学里面的一切研究现象，历史上有记载的，都可以成为历史地理学的研究对象。具体来说，有历史人文地理、历史政治地理、历史文化地理、历史经济地理，还有语言、宗教，都可以研究。凡是历史上存在的有地理差异的要素，就是历史地理学的研究对象。还有研究方言的，各地区方言不同，这个是有差异的，有方言分区。有研究地理变迁的，有研究疆域的。还有历史政治地理、历史政区研究，我这方面做得多一些。比如，中国历史政区的变化，2000年走了三个循环。可以以古察今，从历史上政区的变迁看今后政区的走向。这方面有很多工作可以做。比如说县级市，我们现在县级市不改了，20世纪八九十年代设置了很多县级市，像这种做法，历史上有没有？有的，很多。所以，我经常跟同学们说，历史上最大的教训是什么？就是不吸取教训。政区改革的许多弊病历史上都出现过，但都没有好好研究，没有吸取这些教训。所以，政治、经济、文化这些，凡是有人类活动影响的，都是历史人文地理的研究对象。这是历史地理学中成果最丰富的领域。

第三部分，历史自然地理。刚才说的黄河的变迁，黄河的变迁当然是最大的，还有长江的变迁，长江中游什么时候开始筑堤的，江汉平原经常发大水，历史时期不完全如此，还有海水的变迁，江苏北部很多地方都是这样，上海不是有崇明岛吗？历史上崇明岛没这么大。还有气候变迁、环境变迁等等。比如，古代大熊猫，每个历史时期的分布范围是怎样的，现状只是历史变迁的一个结果。金丝猴等国家一级保护动物以及二级保护动物都可以研究，内容非常丰富。环境变迁现在成热门了，其实一直是历史自然地理研究的范围。

第四部分，历史地理典籍的研究。二十四史中有十六部地理志，从唐朝开始，有《元和郡县志》等地理总志。敦煌文书里有《诸道山河地名要略》，宋元以后还有很多地方志。明、清有《大明一统志》《大清一统志》。我在台北"故宫博物院"还看到《皇朝地理志》，这是光绪末年编的全国地理总志。还有游记，《水经注》，还有舆地图，现在简称地图，古代叫舆图，全称是舆地图，地图只是一个简称而已。

第五部分，历史地图学。刚才说的舆图都是古人绘的，历史地理学里面最拿得出手的是《中国历史地图集》。历史地图，就是今人站在今人的立场上来反映历史时期状况的地图，叫历史地图，所以它跟古地图是两码事。历史地图也是一个分支，谭其骧先生当院士，凭的就是《中国历史地图集》。侯仁之先生也是院士，今年满100周岁了，是丁超老师的师爷。

同学们要记住，凡是历史上有地域差异要素的，都是历史地理的研究对象。不管区域的还是全国的，某个要素，某个断代的，都可以。所以，这个学科的研究范围挺广。以前理解的，无非疆域政区的变迁、水道的变迁等沿革地理，仅此而已，现代历史地理学的范围比沿革地理的范围要大得多、广得多。

学生：秦国到底有多少个郡？因为现在有争议，据考证，好像还多了一个郡，是吗？

华老师：这个问题很好。关于秦郡问题，从乾嘉学派以来一直讨论到现代，还争论不休。起初，一般都说班固《汉书·地理志》中的说法是对的，但钱大昕认为，班固写的有些所谓的秦郡其实是汉郡，所以钱大昕最早做了一个考证。

后来王国维认为钱大昕的考证不准确，所以作《秦郡考》，谭其骧先生又一一检验了，认为王国维的还不完善。最早突破三十六郡说法的是王国维，这很伟大。在这之前包括钱大昕的考证等一些考证都未突破三十六郡这个说法，而王国维突破了，说不止有三十六郡。所以，从谭其骧开始，学者们都沿着王国维先生的思路考证。谭先生考证是四十六个郡，而且预言还不止这四十六个郡，只是文献资料不足，而且秦郡肯定是六的倍数。在 21 世纪，在湖南出土了里耶秦简，记载了洞庭郡、苍梧郡，所以补了两个郡，就四十八个郡了，是六的倍数。那么，最近另外的秦简中还记载有别的郡，所以这个永无休止。秦始皇统一六国时肯定是三十六个郡，那一年算是三十六个郡，没错。但是随着年代的往后，历史的发展，数目在增加。其实历史时期的政区，跟现在一样，每年都在变，有的变化多，有的变化少。研究政区，要复原，很复杂，但很有价值。在复原的基础上通贯，就能看出一些规律性的东西。如果你对这方面有兴趣，秦郡问题研究著作相当多，像后晓荣的《秦代政区地理》等，可以好好读。

学生：老师，古代政区划分的过程中产生了哪些问题和一些不好的影响，您能具体谈谈吗？

华老师：负面影响没有人系统研究过，比如说飞地，比如说犬牙相错，就是政区相互交错、相互牵制。因为中国古代都是中央集权，中央集权最怕的就是地方和中央对抗，所以要相互牵制。比如，秦分天下三十六郡时，湖南和广东交界的南岭地区有个桂阳县，在南岭南面，而象郡有个县在南岭北面，相互交错，这样来相互牵制。后来，汉朝平南越国，就是从桂阳这边一路下去的。以南岭为界，军队越不过去。这个犬牙相制，是历代中央集权划分政区的一个原则。

这个飞地，其实现在还有。比如，陕西永寿县分成两块，一块大的，中间隔着一个县，北边还有一块小的，这很奇怪。其实古代飞地更多，没有人系统研究过。像现代，这个飞地，当然是一些残留了。政区变化，比如说河南焦作市，是从武陟县分出来的，本来焦作是武陟县的一部分，它最发达的煤矿地区分出来之后，这个县的形状很难看，这种政区也不合理。再比如，河北省会在石家庄，它还得管唐山、承德、张家口，隔着北京、天津。这个管理成本太高，河北省，就应该名副其实，在河北平原上，在北京、天津一线以南，这才合理。但是要这么划分，现在河北省肯定不干，为什么？河北省的经济支柱在唐山。又比如，陕西省，跨着秦岭，汉中这块地方在历史上一直属于以四川为主的政区，从元朝开始就属于陕西了，所以存在的不一定就是合理的。还比如，历史上跨越长江或者淮河的政区已经很少了，可是现在江苏、安徽既跨长江又跨淮河，南北差距太大，省内差距非常大。再说安徽，有安徽的同学吧？阜阳，在北边了，阜阳机场据说很大。那里的人说话应该和河南接近，都是平原地区，但和徽州、黄山差距太大了。徽州那边，我有个朋友，以前社科院的，休宁人。他总说和我是老乡，说祖上是从淳安迁过去的，就是千岛湖，以前叫新安江水库。历史上的政区研究大有可用之处，经验和教训值得系统总结。

学生：老师，我是山东淄博人，山东淄博是组团式城市，您对这种行政区划有什么看法？

华老师：我没有研究过。北京这种超大城市是一种模式，武汉三镇、襄樊、淄博，这些组团式城市是另一种模式。兰州那样沿着河流也是。所以，政区的规模、政区的性质都值得研究。而且，不要光看现代，还要看历史上是什么样的。因为现代是从历史发展而来的。我的博士后导师曾跟我说，学历史地理相当好，他研究现代地理，但原先对历史地理不了解，了解之后，感觉研究现代地理就如虎添翼。

学生：萧山区和别的地区政策不同，您觉得合理吗？

华老师：不合理，太不合理了。萧山和我老家余杭是一样的。类似的情况还有广东的番禺区。省会城市边上的都改成区了，1997 年叫停县级市之后，刮起的这么一股风，太不合理了。像萧山区、余杭区，跟上城区等就不一样，政策肯定不一样。像萧山、余杭肯定还是县域的待遇，虽然行政级别提高了半级。但是计算全国经济百强县的时候，萧山、余杭还是被当成县对待的。有时我也想，没改成区的时候，县级市到底是县还是市。我在华东师范大学有位师弟，研究到后来，说还有贫困市，可想而知现在政区不合理的地方太多了。政区管理的机构是民政部区划地名司，全称是行政区划与地名管理司，前任司长是吉林大学历史系毕业的戴均良，跟我很熟，所以我的《中国地名史话》就请他写的序。

关于政区方面的问题，都值得深入研究，不能就事论事，要从全国范围来研究某一具体问题，这样就能看得更清楚。我一直强调，就是研究地方史，也要有全国的眼光。我给同学们举个简单的例子，钱塘的"塘"字有提土旁，但《汉书·地理志》里没有提土旁，从什么时候开始有的？从南朝宋开始有的。我翻到最早解释提土旁的记载是《舆地纪胜》，王象之的著作，他是南宋婺州金华

(今属浙江磐安)人。他的解释是,唐朝时为了避国号,加了提土旁,现在关于浙江地方史的书上都这么说。其实不对,为什么不对?唐朝,用全国的眼光来看,是不是所有带"唐"字的地名都加了提土旁?不是。我找了二十几个唐朝带"唐"的地名。钱塘那个"塘"在前朝就有提土旁,《水经注》卷四十有个故事说,会稽郡的议曹华信家让大家挑土填海,要筑塘,免得海水灌到农田,他答应挑一石土给多少钱;然后,人们纷纷把土挑到海边,筑成了塘,但是他食言了,没给钱。很明显,就是"塘"了,这个"塘"字就可以用汉语来解释了。其实这个地名,很有可能是古越语地名。原意不知道了,是汉族人只记了音而已,但从《水经注》记载的故事很明显看得出来,"塘"字已经可以用汉语来解释了,可以望文生义,这个地名已经汉语化了。这个故事本身就讲"塘"字是怎么来的。所以,我经常强调研究地方史、研究区域史,一定要有全国的眼光。

再比如说台湾,以前研究台湾历史的,尤其是绿营分子,说清朝时台湾都是外来政权,大陆欺负台湾,知府、知县包括巡抚,都是外来人。但是研究清史的人都知道,地方官都有本籍回避制度,不能当本地的行政长官,台湾有人考中进士,也可以到大陆做官,也可以当知县、知府。光从台湾这个狭窄的眼光来看,都是大陆派来的,说大陆欺负台湾,这是不客观的。从全国的眼光来看,根本不是这样的。

我的求学经历与治学体会

孟广林

演讲者介绍：孟广林，江苏滨海人，北京大学历史学博士。现为中国人民大学历史学院教授、博士生导师，兼中国人民大学书报资料中心刊物《世界史》学术顾问，中国英国史研究会副会长，中国世界中世纪史学会常务理事。主要研究西欧封建政治史、思想文化史与中西历史的比较。在《中国社会科学》《历史研究》《世界历史》《中国史研究》《史学理论研究》《清华大学学报》《中国人民大学学报》（英文版）、台湾《辅仁历史学报》等重要刊物上发表论文数十篇。著有《英国封建王权论稿——从诺曼征服到大宪章》（人民出版社，2002）、《欧洲文艺复兴史（哲学卷）》（人民出版社，2008）、《世界中世纪史》（中国人民大学出版社，2010）、《英国"宪政王权"论稿——从〈大宪章〉到"玫瑰战争"》（人民出版社，2017）。主编五卷本的英文史料集《西方历史文献选读》（社会科学文献出版社，2015—2017）、论文集《中西历史比较的新视野》（吉林人民出版社，2005）。曾到英国、美国、俄罗斯以及中国台湾、香港、澳门等国和地区的多所大学访学、讲学、出席国际学术会议。英国杜伦大学高级研究员（2006），美国罗彻斯特大学访问教授（2007）。

我很高兴和新同学一起谈谈个人的体会，分享学习的经验。历史学院这个课程设计得特别好，这是第一次，以往都没有。把资历比较深、研究有成效有成果的老师请来讲解自己的求学与治学经历，跟大家分享，这比上一门甚至两门专业课还重要。皮老师说，怎么讲都可以，与大家随便聊。我觉得这样更好，我就按照皮老师的建议，与大家做漫谈式的交流。今天早上我想了一下该怎么写我的学术简历，包括原来的一些想法，还有一些经验。我将我到中国人民大学之前的学习和治学经历，与到中国人民大学之后的研究和教学情况等，以及研究世界史的体会说给大家。因为今天时间有限，所以我只能做一个大概的讲述。

一、前大学时代的历练

在座的同学都是尖子生，能考进中国人民大学，应该说是尖子中的尖子，而我在年轻时的读书经历则没有同学们这样顺利。我先讲一下我的小学。我是江苏淮阴人，但是在贵州省贵阳市长大的。小学时我的成绩很好，特别是语文。那时我没有想到要学历史，不过很崇拜历史上的英雄，像霍去病、岳飞、李定国和郑成功这些人物，很羡慕与景仰他们，总憧憬着将来能够成为他们那样的人物。到了中学，继续求学的梦想因"文化大革命"而一下子破碎。"文化大革命"爆发后，中学整个学业都中断了，我与所有的中学生一样，一下子陷入滚滚"红流"之中，刚开始的时候我们参加了"红小兵"，跟着大哥哥大姐姐的"红卫兵"到重庆、到成都，甚至到过昆明去串联，亲身经历了那个"红流滚滚"的场面。串联时车上没有坐的地方，就睡在座位下甚至货架上。

接着虽然上初中，但当时的中学照样是"红"字当头，都让学生去学工、学农、学军，没有正常的教学秩序，荒疏了学业。这样的局面使我们这一代人在知识结构上"先天不足"，以至于我们1977年、1978年考上大学的同学是中国几千年来教育界的一个奇特群体。这个群体在考大学时知识水平参差不齐，大多数没有得到正规的、完整的中学教育。北京大学研究中国史的著名教授阎步克，在考大学时也是初中毕业，这样的例子很多。当时，我们这代人中学毕业后很多都作为知识青年上山下乡，我也如此，到了黔北农村劳动。中学期间虽然没有学到多少东西，但好在我父亲是从复旦大学中文系毕业，从事教育工作，我们家有一些书，包括英文的，包括古典的，平时读读，虽然对书中内容知之不深，但多多少少还是学到了一些知识，还有点文化底子。

知青的经历十分艰辛，但我当时很冲，也有"革命远大理想"，觉得世界未来就是我们的，就像毛主席说的："世界是你们的，也是我们的，但是归根结底是你们的。你们青年人朝气蓬勃，正在兴旺时期，好象早晨八、九点钟的太阳。"因此，在当时艰苦的环境中，总感到未来是光明的。在农村，我干体力劳动十分卖力。种麦子、种水稻、犁田、养猪等都干过。北方的同学根本就不知道南方犁田的艰苦。因为北方旱地多，只有东北有大量的水稻田，但那是用拖拉机耕。在西南山区犁田要将裤腿卷得高高的，因为水漫过了膝盖，得架着沉重的铧犁套在一头牛身上，赶着它走过去走过来，挨块挨块地把田犁完。这种日子看似乏味，但却培养了一种韧性，培养了一种责任感，因为每天必须犁完几块地才能收工，这对我以后的治学有着潜在的积极影响。我之所以能踏踏实实地做学问，跟原来在农村的艰苦劳动密切相关。

大家知道罗尔纲吗？罗尔纲先生是研究太平天国史的，他是广西人。罗尔纲先生小时候跟他的母亲整日搓麻线，所以他以后在史料的辨析、鉴定方面特别见功夫。还有一位江地先生，山西大学教授，他没有读过大学，他在一户祖上淮军将领人家做私塾先生。在教书授徒的日子里，他发现那户人家的阁楼上有大量关于捻军的史料。于是就一点点地、不厌其烦地抄录，最后抄出了大学问，成为我国著名的捻军史研究专家。记得我在农村还有一项更艰苦的劳动，就是去很远的地方扛思梨树。北方的同学可能不知道，这种树十分坚硬，被用来做榨油的工具，农村里有榨油的油坊，需要很多这样的木料。这种木料很沉，一根大概有100多斤。我记得有一次来回25公里山路，去的时候空手，回来的时候扛着107斤重的木头在山路上一步一步走，所以现在我的脚板很硬。我想，这样的重体力劳动对于培养自己后来对学术的韧性和执着，无疑非常重要。我在农村还开过拖拉机，喂过两头猪。

在农村的艰苦经历，对我来说是一段虽苦犹乐的宝贵经历，是我"前大学时代"最磨炼人的时光。"行万里路"和读万卷书一样重要，所以建议同学们假期回家坐火车就坐硬座，不要坐软座，不要坐卧铺，更不要坐飞机。这样既能磨炼自己，也接触了社会大众，有利于观察社会问题。我在天津、北京大学前后学习了6年，除了初来时坐的是卧铺，其余坐的全是硬座。我的意思是同学们要有意识地接触社会，接触底层，有意识地磨炼自己。

在农村劳动期间，基本没书读，反倒受到了"文化大革命"时期"颂扬文化"的熏染，所以我的那段经历可以称之为"红色修辞学"熏陶下的知青岁月。中国古代有没有修辞学传统？有的，我们有不亚于古希腊罗马文化的修辞学，我国历史上的春秋战国时代是百花齐放、百家争鸣、思想解放的时代。在那个时代，我们看到了在"合纵""连横"的大战略中，不少知识分子为了自己的政治理想而奔走游说，展开辩论。后来大一统专制制度的建立，逐渐把我们历史上很宝贵的修辞学传统给消解了。所以，从整个思想文化上来讲，占据主流地位的儒家不强调修辞，而强调"诗以言志""文以载道"。但封建专制君主却一直提倡"政治修辞学"。我们常常对修辞不够重视，觉得修辞就是写文章的手段，但修辞其实是跟政治理念紧密关联的。现在我告诉大家，我虽然是学历史出身，但记不住中国历史上皇帝的完整称谓，一个也记不住，你们自己翻翻《宋史》《明史》，就可以发现皇帝的全称由一大串词语组成。尽管我自己家里还有很多其他的书可以看，但我们无疑是受这种"红色修辞学"哺育的一代，当时这个"红色修辞学"对我的熏陶很大。大家知道京剧里面的唱词吗？我为什么喜欢京剧，都是那时受到熏陶的结果，包括《红色娘子军》《海港》在内的所有样板戏我都能唱。在那个知识极度荒芜的时代，"红色修辞学"让我们有了一种学习方式，它不是正规的教育，但多多少少也让我们获得了一些知识。现在翻我当时的日记，就写了诸如"全国河山一片红"之类的许多小文章，多少锻炼了一点写作能力。

当时的生活体验，对日后学习历史不无裨益。其中之一，就是让我觉得学习历史不要轻易地相信什么东西。比如，有人说"文化大革命"时全国各地都在跳"忠"字舞，每天都要向毛主席像早请示晚汇报。其实情况并非完全如此。当时，在北京这些大城市里会这样，但在农村见不到这样的状况。当时农村经济落后，农民肚子都饿得咕咕叫，谁还有精力如此？况且农村都是单家独户，谁来监督？还有一种说法，说知青在农村生活很痛苦，这也是值得推敲的。的确，在好多地方，如在北大荒、内蒙古自治区和云南的知青的生活经历的确如此，但其他地区并不尽然。我插队的黔北地区，在1974年后，由于国家保证每月的粮食供应，很多知青不仅生活无忧，而且有时还比较逍遥。例如，农村大忙季节往往是知青的大闲季节。在改革开放之前，其实联产责任承包制已经悄悄流行，大忙季节会将生产队最强的劳动力组织起来抢收抢种，所以他们就排斥劳动力不强的知青，希望多得工分。当然，思想上的痛苦总是有的，比如我就因为属于"臭老九"的孩子，参军、招工都受到限制。之所以说这些，主要是想告诉大家，在学习和研究历史时，对以往的任何一种判断或结论，一定要保持怀疑精神，包括教科书上很多人研究出来的结论也有怀疑的必要。有了怀疑，才会去假设，去验证，去开拓创新。

二、大学：走上学术之路

宝贵的学习机会终于来临！粉碎"四人帮"后全国恢复高考，第一届是

1977年11月考试，没有公布分数，而且是各个省自己出题。第二次大约是1978年7月考的，11月入学。这两届的学生大多来自社会，他们中许多人都依靠自学，并且有丰富的社会经历，受过劳动磨炼，因此进入大学后进步很快，成绩显著。有的甚至直接跳过大学阶段考上研究生，比如朱正琳先生的例子在今天看来就是匪夷所思的。

朱正琳先生在"文化大革命"期间读了几天中学，他没有考大学，而是在大约1982年考的北京大学哲学系著名学者张世英先生的研究生。他考试成绩名列前茅，但在政审时不过关，因为他坐过3年牢，北京大学就不录取他。朱正琳就跑去新华社、《中国青年报》等新闻媒体求助。他原来是贵阳铸造厂的一个工人，因想读书，把贵州省图书馆的窗子破开，拖着一个大板车装了好多书运回家。经过媒体的督促，北京大学最终认定政审无问题，他终于考上了研究生，后来去了中央电视台的《读书时间》栏目做策划，后来又去了湖北大学当教授，是一个术业有专攻的学者。

77级、78级的学生不仅学历参差不齐，而且在年龄结构上反差很大。我们班的同学中，入学时最小的15岁，最大的34岁，一个后来当了县广播电视局局长，一个成为地区党校的老师，两个人好得很，像父子一样。同学中有工人、教师、知识青年、社会青年、转业军人，还有应届生，应届生大概占20%～30%。非应届生在当时显得更优秀。北京大学历史系阎步克教授也是初中毕业，是国内搞魏晋南北朝史的权威专家。据说他在部队里的炊事班当了6年兵，专门负责宰羊，现在他的学术成果十分凸显。这两届学生大多历经了磨难，对学习机会十分珍惜。当时在图书馆抢占位子成风，不过那是没有功利性的，就是一心想读好书。我数学不好，当时高考填的志愿是"任何学校"，包括中专我都愿意去，有很迫切的读书愿望。你们多幸福，你们经过多少强化和训练，多少一模、二模、三模，我们考试的时候没人管，连复习提纲都没有。我复习地理就是在书店买商务印书馆的小册子来复习，完全是盲目地学。我们的英语都没什么基础，不过当时不硬性要求考外语。由于底子不好，我考上的是贵州大学历史学系，一个地方高校，不久才升格为"211"，不像你们考到这么好的学校。不管怎样，考上大学使我告别了农村，获得了宝贵的学习机会。我当时考大学还有一个动机，那就是要逃离艰苦的体力劳动。在大学每天最重的活就是提两个热水瓶去打热水，才十多斤，我觉得太幸福了。

回顾这些，感觉这既是一段灰蒙蒙的历史，却又充满了青春的活力，有无知，有迷茫，有蒙昧，更有对远景的憧憬和展望。对于这段历史，我一点都不后悔。现在的孩子哪能有这样的体验，吃得好穿得好，社会经历和磨难严重缺失，这对后来的发展不是很好。

从1978年考上大学到1995年，我的角色是不断变换的。当学生、大学老师，再当学生，再去大学教书，这之间更多的还是苦读。当时不知道怎么读书，还是拼命去读，只要是历史的，我都找来读。我对中国古代史特别感兴趣，对太平天国运动也感兴趣。那时除了借书看书外，就是手抄学术大家的文章，这是要下功夫的。抄文章看起来没有多大用处，但却让人对那些著名学者的学风、描写风格和学术动态有一个了解，对当时学者聚焦的问题也随之熟悉起来。正因为如此，1982年我的大学毕业论文就写了关于维新派的人才思想。

当时，文、史、哲很受重视，历史学系是最好的系之一，法律、经管之类的系并不红火。就拿北京大学历史学系来说，很多国家领导人的子女都在那里学习，毛主席的女儿李讷、杨尚昆主席的儿子杨绍明、胡耀邦总书记的儿子胡德平、贺龙元帅的女儿贺捷生等，很多。历史学在中国古代其实扮演着政治学的角色，在传统社会里历史学培养的人才最适合从事政治。当时改革开放与经济建设还没有完全展开，所以学历史的人很多。国家领导人王岐山就是西北大学历史学系1975级的学生。只是随着改革开放与经济建设的拓展，历史学等基础学科才受到冷落。不过，经过这么多年的发展，现在提倡可持续发展与和谐社会建设，对历史学的发展又开始重视。当时学历史很热，学历史的人都不把学法律、财经的人放在眼里，最好的专业就是文、史、哲。1982年大学毕业的分配去向，最好的工作之一就是留校当专业教师。我们班当时属于扩招，一个班80个同学，80个只留一个，结果按照成绩留下了我。我当时的总成绩排第四，前面的人有的年纪大了不适合，有的去了政府等单位。我留下来当助教，按照系里的要求研究世界古代中世纪史。但自己还是不安分，总想继续学习。到了1985年，我考上了天津师范大学历史学系的研究生。这虽然是一所地方院校，但我的指导教师庞卓恒却是比较史学的名家，是曾经给江泽民总书记讲授历史课程的8位史学家之一。我在天津读了三年，收获不小，发表了好几篇论文。

毕业以后我回到贵州师范大学历史学系教书，一是因为我家在那里，孩子刚出生，再就是贵州师范大学的校长吴雁南教授欢迎我去任教。他是著名的中国近代史专家，对我特别热忱和信任。一去就让我给他的研究生开设了选修课。

那时，我从历史比较研究转到中国古代史，不久就成为学校中国古代史教研室主任，当时年纪很轻，在那工作了四年，发了一些文章。但自己仍想继续深造。到 1992 年决定考博。当时的目标是两个，一个是西北大学的中国古代思想文化史专业，另一个则是北京大学的世界史专业。1991 年我参加了全国首届中国史学青年工作者代表大会，每个省的历史学会只推荐两名代表。会议期间在西安遇到了两位先生，一位是西北大学的张岂之先生，另一位则是北京大学的马克垚先生。我向两位先生咨询了考博的事。张先生看了我的材料很高兴，叫我第二年 3 月不用来西北大学考，就在贵州师范大学考，他会写信给吴雁南先生让他组织人给我监考。马先生也欢迎我考。由于考虑到北京学术氛围好，我就选择了北京大学，通过努力考到马先生门下学习。1991 年秋准备，1992 年春考试。1992 年北京大学文理科共招 205 名博士生，当时的中国人民大学总共才招 46 名，不像现在这么多。当时北京大学历史学系只有 5 名博导，一个博导只能招 1 名博士研究生，而现在北京大学历史学系则有 30 多名博导。当时名额少，还是比较难考的。报考马先生的，专业考的是世界史和中国古代史两门，再就是全校统考的英语。那一年北京大学的一些博导都抱怨公共外语题太难，使他们招不到想要的学生。的确是难。我记得上午是 3 个小时的笔试，下午是 1 个小时的听力。考听力就是用老式的三洋牌录音机将一篇文章的音频放两遍，讲的是"鸟的繁殖"，文理科都考这道题，要求考生把这篇文章默写下来。这可不是客观题选择 A、B、C、D，还真有难度。还有，英语考试的时候外校的学生和北京大学本校推荐的硕士生是分开的，卷子不一样，对外校学生的题目肯定要难些。北京大学历史学系那年有 5 个博士生名额，后来只招了 3 个，其中本系的硕士生占了 2 个。当时我的外语总分折算下来是 58.5 分，还不错，据说牛津大学的毕业生才考了 70 分，而北京大学的录取线是 45~50 分。当时外校其实有两个人上线，都是考马先生的，但最后通过马先生和祝总斌先生等人的复试，我被录取。因为我的专业不错，另一位参加复试的是学俄国史的，专业稍逊色。

那时北京大学的博士生特别少。当然，当时似乎也有偏见，认为博士只能读书，其他一概不行。北京大学三角地的广告栏上曾经贴过一幅所谓的博士肖像画，画的是一只呆头呆脑的企鹅，头上戴着博士帽，颇带讽刺意味。当时，北京大学还有这样的风气，来北京大学读博士，人家总会问你硕士和本科在哪里读的，甚至问你高中在哪里读。其实我觉得无论在哪个地方学习，关键都在于自己。陈平原先生是文学名家，他就是在中山大学读的本科。社科院的陈祖武先生是明清史的名家，他其实是我本科的老校友。有几个院校的学习经历，实际上也有好处，在学术思想的培育上可以多吸收不同的资源。当时在北京大学历史学系攻读博士研究生学位压力很大，因为实行严格的淘汰制，即在次年的学科综合考试中导师常常将不合格的学生淘汰出局，通过者才获得"博士候选人"的资格，然后才能撰写博士论文。史学大家邓广铭先生有个弟子叫屈超立，据说他在学科综合考试前就把关于宋代盐政的博士论文初稿写出来了，但缺少与导师的沟通，在综合考试时被老先生一票反对而被淘汰。基于此，我在北京大学读博士的三年间，似乎整天都在查资料、借书和读书。有人跟我说，不要看马先生整天笑哈哈的，他其实很严厉，你可不能懈怠。经过三年的努力，我在1995年顺利毕业，获得博士研究生学位。由中国古代史转到世界中世纪史，并且在北京大学熏染三年，现在想起来也不容易。

三、教学相长

从北京大学毕业后，我就一直在中国人民大学历史学院任教，至今为止已经有16年。长期以来，人们都觉得这是一所带有浓厚政治色彩的文科学校，有的人甚至将之戏称为"第二党校"，其实并非如此。这些年来，中国人民大学越办越好，学术地位有相当大的提升，办公条件在北京高校中也算很好的。就拿文献资料来说，我刚来时，中国人民大学图书馆的外文书很少，可是今天去看，外文书很多，甚至有的在北京大学找不到的外文书，在中国人民大学能找到。历史学院的发展也是越来越好，最近引进了很多优秀的年轻教师，前景很光明。

在以往的治学特别是在中国人民大学的16年中，我在学术研究和教学工作上勤恳为之，取得了一点成绩，也有一些体会。研究历史尤其需要甘于寂寞，需要静下心来，心无旁骛地探讨。对历史的理解和认识，既来自书本上的理论，来自文献中的史料，同时也来自常识和生活体验。对某些历史叙述，对某些结论甚至是权威的学术结论，最初是可以通过自己来自现实生活的体验去认识的，有的一眼看上去就不符合常理，就值得怀疑。有了怀疑，就可以提出自己的"工作假设"，然后梳理有关的学术动态，搜集有关的史料来加以论证和分析。学术研究应有一种比较视野。我从中国古代史转到西欧中世纪史，觉得有中国史的参照，可以发现不少问题，得出一些新的认识。现在有个情况，研究世史的不理会中国史，其实这不好。有了中国史的参照，对世界史的一系列重大现象的认知和解读就会有新的发现，能做出西方史学界不能做出的诠释。我在研究世界史时，喜欢挑一些中国史的问题来思考，还发表过一些论文，其中有的发表在《中国史研究》上。

在世界史的研讨中，一方面要借鉴西方人的认识，另一方面又不能人云亦云、亦步亦趋。我对英国封建政治史做过一点研究。在对西方各种理论进行系统梳理的基础上，以马克思主义唯物史观为指导，力图构建出自己中国式的解读模式。我的《英国"宪政王权"论稿》一书出版后，得到史学界的好评，获得北京市"第八届哲学社会科学优秀成果"二等奖。这本书对政治学界、法学界等也有影响。同时，也是不少大学历史学系研究生课程的必读书或参考书。我的另一个研究领域是欧洲文艺复兴史，主要是从思想史的角度来探讨。2008年出版了《欧洲文艺复兴史（哲学卷）》，也获得好评。此外，撰写过一些教材，比如去年就由中国人民大学出版社出版了《世界中世纪史》。我还筹备召开了2003年由中国人民大学历史系举办的"中西历史比较学术论坛"，是全国性的大型学术会议，学者云集，讨论热烈，最后出版了由我主编的会议论文集《中西历史比较的新视野》。眼下，我和我的学生把研究领域扩展到了整个英国中世纪的议会政治史。

这些年来，我的教学始终本着"授人以渔"的理念而展开。我给学生上的课有本系的基础课、专业课和全校性的选修课。除了认真授课外，我都本着谦虚的态度勤于与学生讨论，并给予学生耐心的指导，对硕士生、博士生的指导也很严格。我要求他们不能跟着导师的尾巴走，而应该在导师的指导下，研究与导师方向相关的问题，最终在对这些问题的认识和解读上要比导师走得更远。我的硕士生、博士生都能顺利毕业，目前，三位博士生毕业后都被分配到大学教书。硕士生的前景似乎更好。我2006年的硕士毕业生常娜，毕业论文研究的是文艺复兴时期意大利宗教改革家萨伏那洛拉（Girolamo Savonarola, 1452—1498）的神权思想与实践，她外语很好，毕业后申请到了剑桥大学的博士生奖学金，去剑桥大学攻读博士研究生学位，现在快毕业了。这很难得，或许是国内历史学系第一位获得剑桥大学博士生奖学金的硕士生。我还有一位硕士生现在康奈尔大学读博士，明年毕业的一位硕士生将去英国的莱斯特大学攻读博士研究生学位，也获得了奖学金。因此，这些年外校学生前来报考我的不少。今年我们院的老师去武汉大学招推免生的时候，有个学生提出一个条件，就是要跟我读，已经被录取了。由此我想到，导师的敬业认真是学生日后发展的前提，同时也会有好的社会反响，扩大学院招生的生源。

这些年来，我还注重与欧美史学家交流。研究世界史不能闭门造车，必须与国际学术保持常态化的密切联系，因为中国的世界史是借鉴西方的史学而来。西方史学界在世界史的研究中有着深厚的学术积淀，形成了很多富有建设性的学理模式，值得中国学者借鉴。正因为如此，我积极利用学校、国家提供的机会，去国外进行学术交流。2006年1月到8月，我到英国的杜伦大学（Durham University）访学。大家可能不知道杜伦大学，因为中国人熟悉的是伯明翰大学和曼彻斯特大学等！其实相比较而言，杜伦大学在英国的排名大大靠前。英国现在有三所保有中世纪式college的大学：剑桥、牛津、杜伦。这三所大学几乎完全保持了中世纪的传统与风格。这些college不像我们的哲学院、历史学院。它们是学生聚居的地方，提供食宿，各专业的学生交叉起来居住、学习，然后每个大学配备有各个专业的老师，很不错。我在杜伦大学是与该校著名学者普里斯维奇进行合作研究，他曾为该校副校长，又是历史学系主任，与格雷学院和圣玛莉学院协商，给我提供了两个合作研究员（followship）的职位，分别给我提供了很好的免费食宿条件。我在教师餐厅（High Table）就餐，教师餐厅就像个大舞台，老师坐上面就餐。英国人特别传统，老师就餐后离去时，下面不管有多少学生在吃饭，学生们都要站起来对老师行注目礼。在杜伦大学期间，我给历史学系师生做了学术讲座。那是在2006年2月22日，我所做讲座的名称是《中英封建王权的比较考察》。我的口语虽然不怎么好，但因事先仔细准备，还比较顺利。最难的是最后的提问环节，不是讲不讲得出来的问题，而是能否抓住别人问题的"中心思想"（main idea）的问题，否则，连怎么回答都不知道。那次讲座的提问，我都做了很好的回答，效果还是很好的。在杜伦大学期间，我还应邀去牛津大学的埃克塞特学院和约克大学做短期访问，与之建立了学术联系。去年约克大学历史学系的阿莫诺教授，还应我的邀请来我们学院做了一次讲座。在2007年4月到8月，我应邀作为访问教授到美国罗彻斯特大学（Rochester University）历史学系交流。这所大学虽然比不上哈佛大学，但也相当不错。它在安大略湖的南边，著名的柯达胶卷的总部就在那里。它培养了很多名人，像大家熟悉的摩尔根、骆家辉等。5月19日，该校著名的中世纪史学家卡尤珀邀请我给该校的博士生做了学术讲座，题目是《中西封建君主制的异同》，很受欢迎。这些都使我感到，我们到外边去不能光讲世界史，我们差人家太远了。我们的世界史研究起步比较晚，底子薄。因此，我们应该利用本土的史学资源，用比较的眼光，用中国人的思维、方法去解读西方的历史，这样人家才能尊重我们。2009 年，我应邀去美国罗彻斯特参加了一次非常专业的学术讨论会，会议名称是"英国中世纪的宪政史研究的新趋势"。在这之前，我参加过台湾辅仁大学举行的国际学术讨论会，在《辅仁大学历史学报》上发表了有关"中西天人之分与神人合一"的论文。

我原来喜欢中国史，后来又从事世界史研究。这些年来我感到，其实世界史和中国史同样重要。一个民族，如果不知道自己的历史是没有发展前途的，不了解其他国家的历史也是没有前途的。今天的中国正在崛起，逐渐走向世界。我们在社会主义现代化建设过程中，在技术、思想、制度等层面，都要借鉴国外特别是西方大国的历史。同样，也要了解西方霸权主义、大国沙文主义的历史，中国必须作为一个负责任的大国而存在和崛起。中国现在是第二大经济体，中国正在崛起，这些都是不争的事实。在这个过程中，我们需要借鉴西方的政治、经济经验，而要了解西方的现实就必须了解西方的历史，所以世界史很重要。实际上，西方大国在崛起中也注重对其他国家历史的研究，比如美国、英国、法国，好多国家的历史学系至少有一半以上的老师是研究世界史的。中国从传统走到现在，有一个屈辱的"被现代化"的过程，但也打开了窗户，使我们能够睁眼看世界。鸦片战争以来，中国的先进知识分子就不断学习、借鉴国外的思想、器物、制度观念。世界史真的很重要。1998 年，江泽民总书记邀请了 8 位史学家为他讲解世界史，其中有几位是世界史史学家，像齐世荣教授是首都师范大学的、庞卓恒教授是天津师范大学的、钱乘旦教授当时是南京大学的。我国现在特别重视对世界史的认识，前不久国家有关部门正式批准世界史为一级学科，与中国史、考古学并列，这对世界史工作者是一个大的支持。此外，社会上各个方面、各个部门都对世界史的人才比较重视。

四、如何研究世界史

如何学习和研究世界史？中国人探讨世界史有很多局限性，在资料的占有、信息的了解、学术的动态跟踪上都存在严重不足。世界史研究必须做到以下两点：

一是掌握原始资料。这要求在语言上多下功夫。英语是工作语言，也是必备语言。此外，还要掌握其他语言。如研究中世纪史就需要熟悉拉丁文，因为拉丁文在中世纪是上流社会的语言与官方语言，中世纪很多教会、国王的档案等都是用拉丁文写的。只有语言学好了，才可以深入解读原始资料。另外，研究英国中世纪史还必须懂得中古英语。如果研究日本历史，就应该懂日语和中古日语，现在懂中古日语的人越来越少了。周一良先生是亚洲学的开拓者，在中古日语上造诣精深。学法国史就要学法语，学美洲史就要学西班牙语。

二是熟悉有关的学术动态。掌握语言后，就需要收集大量的史料，而在找史料之前需要找要研究的问题。找什么问题，怎样找？为此，需要读大量外国人的研究著作，梳理、分析他们的学术史。比如，研究中世纪英国的政治史，就需要翻阅大量这方面的研究著作，其中会有很多学派的研究，看看西方人做了什么工作，提出了什么解释模式，说了些什么，还有哪些地方需要做进一步的探讨。一定要有问题意识，然后带着问题进一步翻阅、解读史料。如果没有学术史料的梳理，如果没有问题意识，人家说什么自己就说什么，就是鹦鹉学舌，是没出息的。从学术发展的角度讲，研究工作还远远没有达到学术要求，只是别人劳动的重复。所以，要在梳理相关学术史料的基础上提出问题，然后根据唯物史观，根据对史料的分析，进行深入研究，提出和西方人不一样的观点，或者修正甚至驳斥他们的观点。说到底，世界史研究就是这样一个过程。现在世界史研究越来越细化，有人研究性别史、妇女史、儿童史、营养史、两性生活史。社会史研究值得提倡，但搞很细微的考证不是中国人的长处，要做出成果不是那么容易。如果以后读了研究生，在导师的指导下研究是可以的。总之，我们应该对别人的研究掌握得比较清楚，然后要有大胆的怀疑精神，要有求实的精神，最后要有从个别上升到一般的本领，要能通过个案得出规律性的认识。

有关世界中世纪的研究，大家不熟悉，所以就不系统讲述了。只是想谈谈对其中政治史和思想文化史研究的看法。原来我们传统的政治史研究是研究政治制度的变迁、典章制度的沿革、政府机构的设置等等。目前新政治史研究开始兴起。新政治史研究强调眼光要从上往下看，要研究下层民众的政治心态，要研究政治群体、政治生活，包括地方政治、公共政治，这是新政治史的范畴。研究政治史最需要注重的是，把制度规定的政治史和实际发生的政治史既要联系又要分开。研究政治机构的变迁和制度的沿革，要从政治文本中去解读，但要注意的是，制度规定的政治和文化传统所渲染的政治，与实际发生的政治常常是不一样的,千万不要把制度规定的历史和文化渲染的历史看成真实的历史。梁启超就谈过《中华民国约法》与实际状况相悖的问题,他还指出,中国历史上很多发生了的政治并没有在制度规定的政治中反映出来,比如外戚专政、宦官专政、朋党之争。有哪一朝的典章规定外戚和宦官可以专政?但在东汉、唐代等朝代就发生了这种情况。文化传统的渲染更是这样,政治文本宣传得多的东西,往往是现实社会中比较缺少的。同学们研究历史,千万不要被政治文本所蒙蔽。再比如,西方史学家常常认为欧洲中世纪盛行的思想是王在法下、法大于王,有一种法制观念。还有人说中世纪西欧盛行的是一种契约政治理念,国王和封建主通过土地分封订立契约,任何一方违背契约,另外一方可自行解除。也有人说中世纪西欧盛行的是日耳曼民主自由传统,对封建王权的发展形成了制约。在研究实际的政治时,我们却发现,所谓的法律、所谓的契约、所谓的日耳曼民主自由传统根本限制不了王权。比如,人们在谈到那个所谓的封建契约(feudal contract)时,常常认为在1066年,诺曼底公爵威廉征服了英格兰进行土地分封,与他的封臣缔结起这样的契约。可是,英国的史学家到现在还没发现一份真正的这样的"文本契约"(paper contract)。我在同牛津大学埃克塞特学院的教授、皇家历史学会院士马蒂科特讨论这一问题时,他就说至今还没有发现这样的文本契约,有的只是貌似"口头契约"(mouth contract)的情况。如果仅仅是口头约定,这管事吗?在现代法治社会,白纸黑字的合同都常常被翻脸不认账,何况是那个时代的口头约定。所以,"契约"论是值得推敲的。国王和封臣之间常常有冲突,但他们双方有共同的利益,那就是靠土地占有来剥削农奴;要维护自己的利益,双方就不能闹得太僵。所以,既有矛盾也有合作。在冲突发生后,结果就取决于政治实力。这就告诉我们,研究政治史要注意两个原则,即利益原则和实力对比原则。在历朝历代,政治群体之间的纷争、政治集团之间的较量,到底由什么决定?一个是利益原则,像君臣之间经常发生冲突,但最后还是能够联合,他们之间的联合是由利益的根本一致性决定的。除了利益原则之外,还有实力对比原则。国王什么时候让步,贵族什么时候忍气吞声,都由双方的实力对比决定,在近现代史上甚至在当下的国际关系上也是这样。

那么,思想文化史怎么研究?不好研究。假设两位同学讨论问题,他们双方会讲真话,还是要打折扣?作家作品里写的都是真心话吗?有可能是,也有可能不是。为什么研究思想史这么困难?那是由于这个领域的研究是不能计量、不能度测的。文本表达的与真实想到的不一致，不像研究经济史，可以用数字来计算、论证。思想史比较难研究，是因为人的想法是隐形的。一个人在表达想法的时候肯定是有所保留的。要研究思想史，首先是找一个权威的文本，其次是解读文本上写的东西，而最见功力的则是解读文本背后的东西。要解读文本背后的真实思想，需要了解思想家存在的社会发生了什么变化，还要进一步理解思想家的实际生活过程即思想家个人的"社会存在"。

今天的讲座到现在已经超时半个多小时，就到此结束。以后愿与大家多多交流。

灾荒史研究漫谈

夏明方

演讲者介绍：夏明方，安徽人，1982年毕业于安徽省庐江师范学校，曾从事多年农村中小学教育工作。后就读于中国人民大学历史系、清史研究所，获历史学硕士、博士学位，获教育部全国首届百篇优秀博士学位论文奖。现为中国人民大学历史学院清史研究所教授、博士生导师，兼任中国人民大学生态史研究中心主任。主要研究中国近代灾荒史、环境史以及社会经济史。著有《民国时期自然灾害与乡村社会》（中华书局，2000）、《近世棘途：生态变迁中的中国现代化进程》（中国人民大学出版社，2012），合作主编《中国荒政书集成》（天津古籍出版社，2010）、《民国时期社会调查丛编》（福建教育出版社，2014）等大型资料丛书。

一、走上治史的道路

历史学非常有意思，是很有意义的一门学问。但要想真正和它打交道，一定要做好充分的准备。这个世界上，不一定是想干什么就干什么。就像历史学，一开始并不是我想做的。我父亲是一名工人，我母亲是农民，我们家是一个工农结合体。我父亲参过军，参加过渡江战役和解放大西南，后来去沈阳航空学校学习，毕业后到上海虹桥机场当机械师。但没过多久，他就回老家了，那时安徽搞包产到户，很多人弃工从农。但他回家以后，也没种多长时间的地，因为有技术，就去搞水利了，所以我从小对电力比较感兴趣。

我小学和初中前半段都在"文化大革命"中度过。1977年恢复高考，大家都很兴奋。我是1979年参加的中考。那时有这么一说，学好数、理、化，走遍天下也不怕。在那种背景下，我就想读理科，读工科。我是农村的，家里穷，但初中时读书比较用功，中考成绩不错，很想上电力、科技、水利一类的技校。结果因为成绩太好，被县教育局招生的官员拦住了，和很多其他优秀考生一样，被安排到本县的中等师范学校就读。在那里读了3年书，变成一个小学老师。那时我们县里有县中学、县小学，也有区中学、区小学，还有公社一级的中学、小学。我被分到比公社还次一级的大队小学，不过教的不是小学生，而是初中生。小学里面办初中，就像戴着一个帽子，所以叫小学附中。这个时候，我初中同学中有人高中毕业了，考上了大学，可我还在小学待着，关键是他们在初中时成绩比我差，我就非常不服，就想尽各种各样的办法要挤上高考的这个独木桥。

第一次是以社会知青的身份参加考试，完败，因为有一门课上师范时根本就没学，就是地理。之后抓住一个偶然的机会考到合肥教育学院，读了两年书，学的历史。当年招生的时候，就两个专业，一个是英语，一个是历史。英语我不行，从来没学过，虽然在师范的时候有老师教过，我们也听英语广播，但基本上没用，所以只能走上历史这条路，可以说是逼上梁山。我是因为想跳出农村那个圈子才选择的历史，当然我也得感谢历史，要是没有历史这条路，我可能现在也不会有什么成就。但是如果有一天有机会的话，我还是要回到农村，因为我是属于那里的。那时我选择离开它，也是形势所迫。这么多年走过来，到了今天，说实话，一旦选中了这条路，就从没想过退出。如果想退出，也不是不可以，我同学中就有人退出了，有的经商，有的下海，有的当官，等等。

我选择留下来，因为我对这个学科比较感兴趣，我来到了中国人民大学历史系，所以说我就是你们的学长。如果真说我在这个领域里能有一些贡献的话，这也算是对自己的一些安慰，我就是这么走过来的。

如果抛开职业这个问题，纯粹来谈做学问，情况可能就不是这样了。在中国的所有学科里面，能拿得出去有资格和人家对话的只有历史。最近"神八"上天，当然很了不起，可是人家半个世纪前就已经完成了。仔细想一想，这么多年来，我们有什么真正可以拿得出手的东西，在我们的社会科学里面，有多少东西可以拿出来跟人家对话？

何况现在的社会科学研究也会受到各种各样的束缚，现在流行的说法是官、学、商"铁三角"，紧密地结合在一起了。只要科学家、专家一说话，老百姓就心惊肉跳。一开始出现三氯氰胺问题的时候，我们发现出来辩护的一些专家根本不是为人民服务的专家，而是为人民币服务的专家，是拿石头砸人家脑袋的

"砖家"。依靠这样的专家,能做出什么样的东西!在历史学这个领域,我们反而有这样一个话语权,这不是自吹自擂,别人也有评论。我们开过一个会,法学界的、人类学界的,政治、经济、社会学界的学者都有参加。一位学者直言,中国的所有社会人文科学都不成熟,除了历史。平时在学校里开会发言,各个专家都会说话,但有历史修养的人往往可能会说出一些有深度的话。

二、历史的解释:灾荒史的视角

我做的是灾荒史,现在就讨论灾荒史问题。今天是 2011 年 11 月 1 日,还有两个月就到 2012 年了。谈起 2012 年,大家可能会有一些紧张。这不禁让我回想到 1999 年的情况,那时有一个特别大的事件,就是"法轮功"。"法轮功"之所以能够猖獗,有一个重要原因,就是人们对"预言"中即将到来的"大灾难"充满恐惧。

同学们从中学开始学习中国历史、世界历史,中学历史课程里有谈过自然灾害吗?大家都不回答,看来历史课程里是没有这个内容了,地理课一般会涉及。这说明我们的历史学还没有把灾害作为其中的一部分来讨论,我们还有许多工作要做。

我是 1989 年读的研究生。大约是在 1991 年,我去上海高校拜访一位老先生,想去了解一下有关上海绅商办理义赈的档案文献情况。从他的相关研究中,可以了解到晚清有一位大企业家,做过很多慈善事业,规模也很大。他周围有一大批来自东南沿海地区包括福建、广东等地的商人给他提供援助。这些大商人,一旦听说某个地方发生了大旱灾或其他什么灾害,就会主动向社会募捐,募得善款以后,就直接去灾区救灾,不通过政府。这位老先生整理过相关档案,所以我就去请教他。没想到他告诉我,有两个领域不让他自己的学生做,一个是义和团运动,另一个是灾荒史。那时学界对洋务运动的评价比较高,更关注中国的工业化、近代化问题,自然看不上义和团。但是灾荒史为什么不去做?他给的理由是,灾害没什么规律,得不出有意思的结论。我听了心里不以为然,而且暗下决心,一定要通过自己的研究找出规律。后来我在灾荒史研究领域的确发现了不少规律,只不过真正的发现者不是我,而是在此前很长一段时间内一直从事这方面研究的自然科学工作者。这些人最初并不是搞历史的,也不是搞社会科学的,都是搞水利、搞地震、搞气象的真正的科学家。在新中国成立初期，特别是"文化大革命"时期，有很多这样的学者一直从事中国自然灾害的研究。我们现在会想，"文化大革命"不是动乱年代吗，能干什么啊？可就是那样一个时代，有一个好处，就是上面一声令下，全国的力量都可以动员起来，集中力量办大事。那时，治理淮河、治理黄河，得要了解水文变化的规律，得了解历史上这里发生过什么样的自然灾害，得了解最大的洪水是什么样子的？这样，你在修大坝的时候，总得超过历史时期最大洪水的标准吧。再说，那时接连发生比较大的地震，如果我们要在这些地方搞经济建设，这里建一个钢铁厂，那里建一个工业基地，一旦发生地震不是什么都完了吗！所以，在周恩来总理的指示下，在自然科学家的指导下，一大批自然、人文科学的学者被动员起来，从老祖宗留下来的浩如烟海的历史文献中搜集有关地震的资料，经过整理，编成地震年表，然后再分成等级，弄成地震区域分布图，我们就可以直观地看出来，这里地震多发，那里地震少发，国家的重工业建设应该放到什么样的地方。可以说，那时我们国家的重工业分布都是严格按照我国历史上自然灾害的分布格局进行严密规划的。要是不考虑自然条件，盲目建设，盲目扩张，会是什么样的结果？这样来看，历史就非常有用了。

这样的历史现在也有用。要想了解现在和未来中国的气候及其变化，也需要做到对中国历史上气候的变化心中有底。我们的气象台大约是在清代同治年间建立的，但是此前缺少这类现代观测资料，这就需要我们从文献中寻找相关信息，建立数据库，进而对这些信息反映的气候变化趋势进行探讨。这也是一种以史为鉴。我们还可以对不同灾害的信息进行处理，从而发现某种规律性的联系，看看有无可能对未来的灾害进行预测。比如把中国所有地震的资料、旱灾的资料都整理好，然后做一个地震分布图、旱灾分布图，再把两者相互对照，或许就能从中找出规律，从而对地震、旱灾进行预测。我国关于辽宁海城地震的预报成功，都和这样的研究有关联。

事实上，自然灾害，特别是重大自然灾害，有一个周期性发生的规律。1949年以后，中国灾害比较少，一直持续到20世纪五六十年代。1966年以后情况就不一样了，一直到1976年的唐山地震，这段时间就是中国灾害比较严重的时期。1976年唐山地震之后，改革开放，一直到20世纪80年代，甚至到90年代中期，基本上没有太大的灾害。到了90年代后期，一直到21世纪，经济条件看起来越来越好，可是自然的问题也逐渐爆发出来，这是大家都可以感觉到的。

这是一个约 30 年的大周期。此外还有十几年的小周期，一般都与太阳黑子的运动相互对应。还有 60 年的周期，170 年、180 年的周期。把这些周期和人类历史活动对应起来，就会有一些非常有意思的发现：明末清初是一个天崩地裂的时代，这个"天崩地裂"有两个意思：一个意思是，皇帝变了，原来的汉族统治变成了满族统治；还有一个意思是，真正是一个天崩地裂的时代，各种各样的自然灾害包括地震、旱灾、蝗灾、寒灾，全都不期而然地聚集在一起，科学家把这个时期叫明清宇宙期。这个时期，是我国有文字记载以来最严重的自然灾害集中爆发的时期，太阳黑子正好几乎是没有的，地球本身的自转活动也处于一个特别的阶段。这个灾害周期一直持续到康熙朝前期，而康熙朝中后期和雍正年间是一个非常好的时期。从历史上的记载来看，乾隆时期灾害比较多。为什么？因为当时整个经济比较繁荣，乾隆经常给国民优惠，比方说农民种的粮食，十成中毁掉六成，在康熙朝就叫灾，如果毁掉五成就不叫灾；但是到了乾隆朝初期，这个标准就被改了，农作物有五成损失，也被国家定为灾，成灾标准放宽，被记录下来的灾害自然就多了。所以，实际上不是灾害的面积扩大了，而是救灾的范围扩大了。

到嘉庆、道光的时候出现了农民起义、西方人入侵，所有的问题全都来了。后来还有太平天国，整个中华民族处在水深火热之中。这时的自然界也发生了比较大的变化，气候再一次变冷，可以说进入了明末清初以来第二个灾害比较严重的时期。按这个周期来算，我们在未来的某个时候也有可能进入这样一个寒冷的时期。

我们现在应对自然灾害的力度加大了，控制二氧化碳的排放，减少对气候的干扰，但不一定意味着可以改变自然界的规律。我们根据这些规律对它进行研究，把这些规律和相应的历史时期进行对照与关联，就可以对人类历史有一个新的解释，也可以为国家的经济建设提供有用的参考。

从灾害角度重写历史，这是我们所要做的工作，这里面有非常多的东西值得讨论。比如讨论我国早期国家的形成，通常都离不开大禹治水。这个水是从哪里来的？是从天上降下来的，还是海水入侵或其他什么原因导致的？学术界对这个问题有不少讨论。有人说，这就是大洪水，当时全世界各个地方基本上都有应对洪水的情况；也有人说，这也有可能是海水入侵，是天地间的一些巨大变动，导致社会组织形式的变化。另有一种解说，如北京大学一位搞地理的学者讲，这并非洪水之过，相反倒是和旱灾或缺水有关。因为大规模的干旱，积水变少，其他地方的民众迁移过来，排水垦田，久而久之，记忆倒错，弄成治理洪水了。还有一个最新的解释，说古时候有一块大陨石，掉落在华北平原，现在坐飞机从空中俯瞰，还会看到一个非常大的凹陷带，跟世界其他地方的陨石凹陷带非常相似。也就是说 4 000 多年前，一次非常大的陨石冲击引起了这场洪水灾害。但不管是什么原因导致的，也不管是什么类型的灾害，它与夏朝建立的关系都值得深入研究。

从夏朝往后走，到战国秦汉，又是什么样子？有学者认为，处于干旱半干旱地区的北方，需要大规模的水利灌溉，因而也就需要兴建大规模的水利工程，而在当时建造水利工程，必须要有大规模的人力动员，集中力量办大事，这样就会产生一个高度集中的权力中心，这个权力中心就是人们常说的专制政治。水利灌溉和专制政权到底是什么关系？我们可以讨论，也可以为我们的历史研究提供一个新的思路。

还有一个就是生产力水平的问题。我坚决支持这样的观点，即传统中国的农业生产虽然达到了很高水平，但到了后期还是处于一个相对停滞状态，尤其是近代粮食产量曾经处于相对下降的状况。但是很多学者不同意这样的认识，认为如果是这样的话，如何看待同一时期人口总量的维持甚至缓慢增长。这里的情况很复杂，但他们在论证过程中经常使用一个逻辑：只要人活着，就一定需要粮食；只要人口总量维持不减，就表明粮食生产足以支持人们的生存。

实际情况可能比这一逻辑复杂得多。我们在做灾荒史的时候，编了一套《中国荒政书集成》，搜集了 180 多种中国救荒的文献，总字数超过 1 000 万，其中有很多就是告诉人们饥荒的时候怎么采集野菜，并把这些知识编成歌谣，告诉人们怎么去辨别、怎么去吃。19 世纪 70 年代有个外国记者，去河北省（那时叫直隶）的农村采访，问农民什么最幸福。因为之前发生大饥荒，死了 1 000 多万人，灾后幸存的农民日子不好过，所以给他的回答是：像皇帝那样，躺在床上吃大饼。到了 20 世纪二三十年代，一些很有名的人搞乡村建设，也做了很多调查，也对当地农民问过类似的问题，当地农民的回答是：烧饼、油条不离口。多少年过去了，农民的幸福标准并没有变化，而他们之所以能生存下来，靠的是"糠菜半年粮"。也就是说，他们的能量补充，主要靠的是所谓"粮食"之外的动植物。仅用粮食做指标，可能会漏掉很多观察真正的中国经济的路径。

我们所里有些老师总是嘲笑我，说我要做"顶天立地"的学问。言下之意是，我做的学问全都是虚的，谈气候变化，谈环境变动，好像与人类社会并没有太大的关系。可我要说的是,谈环境对人的影响,不就是一门"顶天立地"的学问吗?我曾经跟同学们讨论过儒家文化跟灾荒之间的关系。处在一个资源奇缺的社会背景下,老百姓就会很暴躁,就会容易多发暴乱。这就是孟子说的"凶岁子弟多暴"。我就由此想到,儒家礼数的一些规定会不会与灾荒有关联?从有关的讨论中可以看到,礼仪就是一种资源再分配的体系,谁应该拿多少,谁应该享受多少,都是有比例的,超越界限就是越界,就是非礼。想要什么就要什么,这是不可能的。所以,可以重新理解中国几千年以来我们引以为骄傲的礼节。

做灾荒史的"乐趣"就在于可以以此为视野、为窗口,重新解释中国历史上的方方面面。当然,这样做真的非常辛苦。现在到图书馆查资料,很方便,甚至不用上图书馆,只要在网上点一下鼠标,该来的都来了。我们当时是去人民大学图书馆、国家图书馆,一页页地翻,找与之相关的内容,把里面有关灾荒的内容全都记录下来,再将各种各样的资料汇集起来,弄清它们之间的关联。当时做了很多这样的笔记,好在有付出也有收获,算是天道酬勤。

我与中国近代史研究

郭双林

演讲者介绍：郭双林，河南省林州人。1993年毕业于北京师范大学历史系，获历史学博士学位，同年进入中国人民大学历史系中国近现代史教研室担任教学工作，现为中国人民大学历史系教授、博士生导师。主要研究中国近现代思想文化史、中西文化交流史、中国近现代社会史，近年对史学理论亦颇感兴趣。著有《中华赌博史》（中国社会科学出版社，1995，合著）、《西潮激荡下的晚清地理学》（北京大学出版社，2000）等。

我看到这门课的教学目的是统一专业思想，培养学生的史学兴趣。我想了半天，经验确实没什么能讲，教训倒是不少，所以我就讲讲我的成长经历，或许对大家有用。我讲一个半小时左右，然后大家有什么想法或疑惑可以提出来一起讨论。我想从以下几个方面来讲：一是"误打误撞"，我怎么会研究历史；二是读书与思考，我怎样读书，怎样思考；三是努力与天分，我不主张大家全都研究历史，有的适合，有的不适合；四是成功与不足，谈谈对自己的评价，谈谈自己的成功与不足之处，也检讨自己这么多年来收获了什么，还欠缺什么，希望能供你们借鉴。人生就一次，白白浪费很可惜，尽管过去以后都是"浮云"。

一、"误打误撞"

我中学时代从来没学过历史，后来做历史研究纯粹是"误打误撞"。我最初的历史知识，一是靠课外阅读，二是靠口耳相传，三是考大学时在复习班学习，这是我第一次系统学习历史。

我先说第一个问题。在我的大学同学里面，我属于年龄偏大一点的，但中学时代我在同年级中是最小的。我是1960年出生的，1977年高中毕业，基本没读过一年级。我进校读书时已经是初冬，当时是春天招生，这一学年即将结束，所以我基本没读过一年级。

你们可能都记得自己是哪年上学的，但我现在完全算不清，因为中间断了。我本来在乡中学读过一年书，由于我们大队办了初中，后来又办了高中，所以我初中二年级和高中读的是队办中学。好在我在乡中学读初一那年赶上邓小平重新回到工作岗位，教育工作一度回到正轨，我的班主任是数学老师，抓得特别紧，这一年学习，把我对数学的兴趣激发出来了。后来几年，我最喜欢学的是数学，但物理、化学基础太薄。这种情况没办法学理科，最后我就学了文科。可是学文科也有欠缺，历史我一点也没学过。

我最初得到历史知识的方式，是读《毛泽东选集》里的注释。我家里当时有《卓娅和舒拉的故事》，是我父亲当年从部队复员时带回来的，还有后来买的《毛泽东选集》四卷。没事的时候我喜欢翻，许多历史知识是从《毛泽东选集》里的注释中得来的。我课外阅读的其他书，也多是"文化大革命"中指定的读物，现在能够记起的，除《卓娅和舒拉的故事》外，还有高尔基的《母亲》，以及《简·爱》《青春之歌》《红旗飘飘》《烈火金刚》《敌后武工队》《地道战》《战斗的青春》《铁道游击队》《林海雪原》《在烈火中永生》《志愿军英雄传》《西游记》《水浒传》等。这些书都是借别人的，有的有头无尾，有的有尾无头，大多首尾俱无。我有个毛病也是长处，拿到书从不过夜，不看完不睡觉。这对我后来有很大影响——读书不细。我的读书方式和阅读范围对我后来影响很大。我们是幸运的一代，也是悲剧性的一代，你们肯定比我们强。

我的历史知识的另一个来源是"口传"，即口述史。我和你们不一样，你们可能上大学了家长还不太舍得用你们。我从7岁开始干活，从没上过早自习、晚自习。我从15岁开始推车——北方农村的独轮车。从那以后，我好像没停过。整个中学时代，我们每天除上午上满课外，下午一般只有两节课，下课后没事就下地干活。

过去我们村有个老大爷记忆力奇好，《三国演义》背得滚瓜烂熟。晚上一有空闲就坐在那儿说三国，大家都围着，他就一遍遍说。有时我们村还会请外地人来说书。研究历史会涉及话本，说书人说的就是这些东西。在农村最常见的是盲人（"瞎先生"），他们双目失明，没有生活来源，就拿副竹板，装个针线包，背把胡琴，走街串巷，除了算卦、卖些零售小商品外，吃饭时间就来上一段，边拉边唱，结束后村里人给他们几碗饭吃。每逢此时，我就会和大人们聚在一起听盲人说唱。

我家在太行山东边,是老解放区,当兵的特别多。初中以后干活时经常听那些当过兵的讲故事。我们村有个老"知识分子",好像是小学毕业,中学时代我俩一起干过活,他犁地,我撑牲口,牲口休息时他就给我讲故事。因为他有文化,在解放区教过书,他的一些学生后来还成了高级别干部。他和我讲了好多解放区的情况。

我讲这些情况是说,我接受的历史知识主要是抗日战争、解放战争这段时间的。我获得的"口述史"知识不是通过采访这个、采访那个得来的,完全是在无意中接受的。

谈到世界历史,我就一点都不知道了。记得高中毕业时,谁都不知道还会有高考,突然有一天恢复了高考,大家报个名就去考,根本没复习。考完就没事了,考不上很正常。当然也不是所有人都能参加高考,参加高考必须经大队支书批准,不让考就不能考。因为我在大队中学里面是班长,还是大队团分支书记,毕业后回村又是民兵排长,所以支书没为难我。

1977年高考上了初选线,但没被录取。这既在预料之外又在预料之中,说预料之外是说竟然上了初选线,还做了体检,说预料之中是说没被录取很正常,当时基础太差。1978年因县肿瘤医院在前一年高考落榜生中选人,我是被选中的20人之一,因此放弃了高考。没想到事情最后泡汤了,否则我今天很可能是一名胸外科医生。1978年的高考错过了,1979年再试一次。高考前一周看书就又上考场了。我最喜欢数学,可这次偏偏栽在数学上。我发誓打死也不考了,可后来又动摇了,据说我的高考成绩和录取线相差不到一分。一天在乡里工作的叔叔捎信来,说他已和乡中学打过招呼,让我去那里复习一年。我去乡中学见我后来复习时的班主任,说我本来不打算再考了,既然家长和学校都说好了,就再考一次,前一次主要失败在数学上,我现在先回村里干活,等到明年春天暖和了,再来学校补习两个月数学,再试一次。不料这位老师劝我不如复习一年。想想也是,最后一次了,复习一年就一年,于是我就回学校复习了。这样一来可成了众矢之的,大队当时在修卫河,据说工地都给我分好了挖河的地段,我却回学校复习了,于是管事的大队会计在高音喇叭里吼我。当时我在学校没听见,是后来别人告诉我的。

我在乡中学复习了一年,系统的历史知识就是在这一年学的。1980年我考上了河南大学历史系。我说是我的中学老师把我推进大学的,这一点不假。是他鼓励我回乡中学复习一年,进校后他任我们复习班的班主任。我家离学校5里地,但他坚持让我住校。当时住校是打地铺,十几个人挤在一间屋子里,有时只能侧着身子睡,条件非常艰苦,但毕竟不用每天来回跑。我的大学志愿也是这位老师帮我填的。所以,我后来走的这条路,完全可以说是"误打误撞"。

二、读书与思考

在中学时代我根本不知道大学是什么。记得有一天我正在和其他社员一起往地里送肥,我们村的一位南下干部,当时回家养病的陕西商洛地区专员在旁边站着聊天,闲谈中他说他进过大学,我听见后下意识地问了一句:"你说你进过大学?"也许是我当时的表情太过了,以致这位专员颇为不满,他说这有什么值得大惊小怪的,大学不就是一所学校吗?他是专员,他可以这么说,可我是个小农民,我怎敢那么想呢,上大学对我来说简直就是天方夜谭!进大学之初,我总是担心基础太差毕不了业。有段时间我压力特别大,时常失眠。后来想想大不了回家,这下倒没事了。等到毕业时,我们年级101个人,我的四年总成绩排名第六,平均90多分。所以,有时真的放下了就好了。

我还是喜欢读书。后来形成了一个习惯,在哪所大学读书,就一定要摸清这所大学有什么书。我在河南大学待了10年,我对学校图书馆的书比图书管理员还熟悉,他们找不到的我能找到。读书一定要进库,进多了自然就熟悉了。我到北京师范大学读博士,管理员不让进库,但想办法也要进去。在河南开封的10年,我基本上就是在书库里泡出来的。写硕士论文的时候,我坐在地上,把图书馆的卡片柜一个一个查了个遍。1986年到西北访学,又把陕西师范大学和兰州大学图书馆的藏书摸了个差不多。这一点文献学课会教,目录学的功夫要有。那次访学停在西安8天、兰州8天、敦煌1天、内蒙古自治区1天,又到北京住了1个月。在北京我把北图的图书卡片翻了个够,并曾去北京师范大学图书馆查找相关资料。钱花完回不去了,老师从开封把钱汇过来,我才打道回府。

大学课学得很多,其中让我最受益的并且能够继续传给学生的,是北京师范大学张守常先生讲的"中国近代史料学"。张先生1983年到河南大学讲了几个月的"中国近代史料学",我那时已经打算考近代史的研究生了,所以就跟着81级的同学一起把那门课听了下来。老先生是北京大学毕业的,在中国近代史料学方面绝对是一流,而且能说会唱。他在河南大学艺术系讲京剧,一边讲一边唱,加上舞台动作,惟妙惟肖,听的学生人山人海。后来我到中国人民大学工作后,曾专门请张先生来人民大学做学术报告。我现在所讲的史料学课程在框架体系上就很受他的影响。

我硕士考的专业是中国近代史,导师有三位:毛健予先生、胡思庸先生和荣铁生先生。胡思庸先生具体指导我的论文写作。胡先生人极聪明,能诗能文,中学时代就发表过许多作品,据说到晚年还能七步成诗。听毛健予先生讲,嵇文甫先生做学术报告,胡思庸先生做笔记,记完直接发表,不用修改。后来我发现胡先生写文章不打草稿,一遍就成,我没这个本事。他由讲师直接升为教授,没经过副教授,又由教授直接到河南省社科院当院长。当时他每个周末从郑州河南社科院回到开封河南大学,晚上给我们上课。那时上课不像现在这样,还要排教室,我们是到老师家里上课,老师给我们泡上茶,然后给我们讲课。他其实只给我们讲了两讲,鸦片战争和太平天国。两讲不是两次。每讲第一次都是介绍研究状况和布置阅读书目,下次老师就不讲了,由学生提问,老师回答。所以,每次上课前我们不仅要拼命读书,还得绞尽脑汁想问题。因为上课时不仅要向老师汇报自己读了哪些书,还要提出问题请老师回答,提不出问题这课就没法上了。这种讲课方式给我们的压力非常大,但收获也特别大。现在很多学生不喜欢读书,我开选修课,第一次来了16个,第二次跑了5个,都怕读书。

关于鸦片战争,道光朝的《筹办夷务始末》、姚薇元先生的《鸦片战争史实考》、广东省文史研究馆翻译的《鸦片战争史料选译》、英国人宾汉的《英军在华作战记》,以及日本人佐佐木正哉编的《鸦片战争前之中英交涉文书》《鸦片战争之研究》《鸦片战争后中英抗争》都是必读书。其中佐佐木正哉的三本书是从大英博物馆抄出来的中英来往照会等文件,鸦片战争时期的许多问题,如《穿鼻草约》问题,英国人是怎么要求的,琦善是怎么答应的,琦善后来为什么改变主意,找的托词是什么,上面都写得明明白白。这三本书我是点读的,每条史料都做过笔记和批注,我最初发表的两篇文章都是从这些资料中读出来的。我讲这个是说,因为我觉得我们应该读原始史料,读档案,读报纸。除此之外,我们得读文集,读日记,读书信。专著要读,但不能太多。现在历史教学有很多新走向,但学生一到写论文的时候就问:"老师,我写啥?"如果不看史料,就找不到问题,也就没有资格评价别人。写文章、做报告要做到自圆其说,除非思维不连贯，脑子不正常。所以，评价别人的研究成果，就需要自己先看史料，做出分析，然后才能做出判断。读史料不能只看中方史料，还必须和外国史料对读。鸦片战争期间，我们的记载有时张口就是打死几万人，而英方的记载则很具体。所以，对任何一方的记载都不能轻信。

太平天国部分，我读的主要是南京太平天国历史博物馆编著的《太平天国印书》、张德坚的《贼情汇纂》、罗尔纲的《李秀成自述原稿注》、呤唎的《太平天国革命亲历记》等。其中《太平天国印书》系第一手资料，我第一次读《圣经》，读的就是太平天国印的本子。张德坚的《贼情汇纂》，是当年曾国藩为镇压太平天国而命张德坚编写的，内容涉及太平天国的军事、政治、经济等方方面面，非常重要。

如果真不喜欢历史倒也罢了，如果还有那么一点兴趣，就认认真真读几本书。历史可能远离市场，但智慧离市场不远。培根说过，史鉴使人明智，诗歌使人巧慧，数学和逻辑使人缜密，学问变化气质。所以，我劝大家，无论喜不喜欢历史学专业，都要尽可能多读一些书。

读书不要乱读，既然在大学里面，就要让老师领着读，可以事半功倍。开卷有益，但时间就这么多，问题是怎么用最短的时间获得最大的收益。我说胡思庸先生教我读书，不是说我以前没读书，也不是说其他人没教过我读书，而是说胡先生在读书方面给了我一个支点，以后我在做学术研究的时候、在教学的时候，知道怎样读书，知道怎样指导学生读书。

我就是这样教学生的。一些人可能会对我的做法有看法，我从 1997 年到 2002 年是主管教学的系副主任，我了解这一点。老师总想培养几个好苗子，但哪可能都是，一届能培养出几个就不错了。这里有一个问题比较难办：是培养专才还是培养通才，怎么为学科定位？同样一种教学方法，喜欢历史的可能吃不饱，不喜欢的可能消化不了。我主张走专才路线，尤其是中国人民大学的学生，适应能力极强，当不成专才的都是通才。

咱们的学生都很聪明，工作基本不用考虑，关键是这辈子想做什么。我觉得我们的学生定位还是要高一点，别就想找份工作。进了中国人民大学，是让动脑子的，所以要长点智慧。

刚才我讲了胡思庸先生教我怎么读书，现在我讲讲龚书铎先生教我怎么思考。我不是说我原来不会思考，也不是说我的其他老师没教过我思考，而是说我在做博士论文的时候，经龚先生指导，突然发现原来博士论文是这么写的。

我在北京师范大学做博士论文的时候，想躲开晚清地理学这个领域，于是就另找题目。熊月之先生写过一本《中国近代民主思想史》，有民主思想史也应该有科学思想史，于是我打算写一本《中国近代科学思想史》。为此我到处找资料，找《科学》杂志，找胡适、杨杏佛、任鸿隽等人的著作，并曾请清华大学胡维希先生帮我修改提纲。后来发现涉及的领域太广，化学、物理学、地质学全出来了，远远超出了自己的知识储备，无奈只得放弃。郑大华师兄是个热心人，他曾建议我研究张君劢。我把北京师范大学图书馆所藏的相关资料大致翻了一下，感觉张君劢的思想多少有点肤浅，所以也就没再做下去。一次和龚先生谈论文选题，先生知道我写过一篇关于戊戌时期"排荀运动"的文章，就问我做诸子学怎么样。我说三年恐怕难以完成。先生又问我做张君劢怎么样。我说张君劢的思想有点浅。这话多少让先生有点不高兴，先生说："我虽然不研究张君劢，但知道他的思想不会浅。"先生又问晚清地理学？我说可以做，但不知该怎么写，如果以人物和著作为主线，内容将会显得支离破碎，一些人物和著作甚至不得不放弃。因为在我的印象中，大多哲学史著作，从冯友兰的《中国哲学史》到罗素的《西方哲学史》，基本上都是以人物为中心来撰写的。这话让先生真的动了火，他颇为生气地说："写论文不是编教材也不是写专著，它是围绕问题展开的。你难道就不能围绕问题来写吗？"这一席话使我如梦初醒，从此以后我就围绕问题来思考了。论文不是教材也不是专著，论文是论，不是述。我说龚书铎先生教我思考，主要讲的就是如何构思论文，这一点直到现在我还在受益。

除了以上三个老师，张守常先生、胡思庸先生、龚书铎先生，我还得到了许多其他老师的帮助。郑永福先生是我的大师兄，我的硕士论文他给我通看过。河南社科院的王天奖先生是我的硕士论文答辩组的老师，毕业时他曾同意我到河南省社科院历史所工作。郑州大学的戴可来教授本来教世界史，也曾就我的硕士论文提出过修改意见。还有陕西师范大学的张鸣铎先生，兰州大学的王劲先生，西北师范大学的吴廷桢先生，社科院近代史研究所的吕一燃先生，在我1986年到西北访学时都给过我帮助。来到中国人民大学工作后，戴逸先生、李文海先生、马金科教授，社科院近代史研究所的张海鹏老所长、耿云志先生，北京大学的陈平原先生，清华大学的刘桂生先生、汪晖先生，美国哥伦比亚大学的刘禾教授，都给过我很大的帮助。

我想说的是，一个人要想做点事，可能会得到许多人的帮助，而且是不求回报的帮助。比如耿云志先生，他说他从来没把我当外人，时时都在提携我。社科院近代史研究所的吕一燃先生，我1986年第一次见到他，他便主动帮我联系工作单位，虽然事情未成，但我很感激他。北京大学中文系陈平原先生的做法，更是可敬可佩。我到人民大学工作后，一天和几位青年教师聊天，其中一位说："北京大学最近办了一个《学人》杂志，发的文章比较长。"我有同学在北京大学哲学系读博士，于是我便在他的指引下，将博士论文中的一节复印，既未加头也未加尾，投到《学人》杂志主编之一——北京大学哲学系王守常先生的信箱里了。出乎意料的是，《学人》杂志竟将这3万多字全部刊登了。后来，该杂志另一主编陈平原先生向我要博士论文，说是想看看，于是我就送给他一本。一天陈先生把我叫到他家，对我说："你这文章不错，本来想介绍给北京大学出版社出版，但出版社希望出版后能获奖。我能保证这书稿不错，但无法保证将来出版后一定获奖。你把它送到人民大学出版社，人民大学出版社应该要；如果不要，你再来找我。"面对这种情况，除了感谢，还能说什么？书稿送到人民大学出版社后，一点反应都没有。虽然陈先生说过，人大出版社不出可以再去找他，可非亲非故，怎么好意思再去麻烦人家？后来东方出版社一位编辑看到书稿，曾表示可以出版，但不给稿费。我当时就拒绝了。以后又与吉林文史出版社联系过，吉林文史出版社同意出版，但希望找个编委推荐一下。谁是编委？据说袁行霈先生是。袁行霈先生在哪里？据说在北京大学中文系。北京大学中文系的老师，我除了因投稿认识陈平原先生外，其他一个都不熟悉。无奈之下，只得求助陈平原先生。电话中陈先生听说我要找袁行霈先生，就问我什么事，我说是推荐书稿出版的事。他说："怎么还没出，你拿过来吧。"结果两个月之后就由北京大学出版社出版了。这件事让我知道什么叫真正的学者。我特别感谢这些人，他们都是很纯粹的学者。

美国哥伦比亚大学的刘禾教授，也曾给我很大的帮助。2008年我想到美国去，于是就给她写信，很快就收到她的回信，表示愿做我的担保人。其实我与刘禾教授从未见面，也从未联系过，我们只是在《学人》第七辑上同时刊登过文章，应该知道彼此。赴美之前我专门买了个好相机，等暑期一放假，我就钻进了哥大珍本和手稿图书馆。该图书馆收藏有大量民国口述史档案资料，我用几个月时间把这些资料基本照完了。一位旅日华人学者说我能开个图书馆了，想想也是，凡是能照的我都照了。我后来在西部讲学时专门到斯坦福大学胡佛档案馆抄《蒋介石日记》。后来有人说我是内行，这话不假。这是老师当年教我读书的时候我学到的东西，因为我们是研究历史的，材料最重要。

一个人的成长需要帮助，许多人都帮助过我。我也愿意帮助你们，同学们如果有什么需要帮助的，只管说，老师们会无私地提供帮助，不会讲条件。

三、努力与天分

学习历史需要努力，同时也得有点天分。对此我讲三点。

第一点，我依然是农民。为什么说我依然是农民？这就关涉到努力不努力的问题。因为我考大学很艰难，所以在我们家乡传得很邪，好像我天天不吃饭不睡觉，只看书。其实我很正常。我就像农民种地一样在读书，在写作，在教书，没有比别人付出更多。当然这也不能片面理解，我只是想说，只要正常工作就够了，不必要熬夜，经常熬夜往往年龄大了身体就垮了。包括大家读书，尽管我说大学期间要疯狂读书，但也不是讲要不睡觉去读书。该吃饭时吃饭，该打球时打球，该玩就玩，玩完了，咱们就读书。学生的天职就是读书。我的研究生有读书课，一周读一本书。读书课可不是读完就完事，下次课要让自己来讲。这不是故意难为大家，而是帮大家打基础。

有一点我们要明白，在我们来之前，人民大学历史系就存在，将来我们老了死了之后，人民大学历史系依然存在，但我们在这几年内是不是应该做点有意义的事？我愿意把我的知识全部传授给大家。其实我们一生就三件事：养孩子、写文章出书、培养学生。培养学生占到我们生命的三分之一。我们这三分之一的生命过得是否有意义，就看我们的学生成才不成才。如果不成才，那我们这一生有三分之一就白白浪费掉了！我们生命的意义就要大打折扣！老师是培养人才的，如果培养出人才，活得才更有价值！总之，我就像农民种庄稼一样做学问，培养我的学生。

第二点，史家的直觉。有人说一个老兵通过刻苦训练可以成为好枪手，但成不了神枪手，因为他缺少那一点点天分，就那么一点点。我不知道大家认不认可，我是认可的。有天分的不见得能做到最好，但没天分的肯定做不到最好。学历史需要一种直觉，史家的直觉，这是一种天分。听课的时候，有些人听得昏昏欲睡，而有的人则能做到举一反三。学历史需要这种灵感。我觉得这在章学诚所说的"德""才""学""识"四方面修养中应该属于"史识"的内容。我上周在课堂上跟研究生谈起这件事的时候，一个学生说老师你说的那种现象是因为读书多，书读多了，自然有感觉。我说对！不读书肯定没有这种感觉。但是有人同样读了很多书就没有这种感觉。每个人都有自己的长处，都有自己的天分，能不能在读书或工作中发现你的这点长处，并把它充分地发挥出来，这才是最重要的。

我觉得我在理论素养上有欠缺，不会长篇大论，我的许多判断不是靠逻辑推理，而是靠直觉。黑格尔有一个很重要的命题，就是思维逻辑与历史逻辑的关系问题。我在研究晚清地理的时候把这个命题悟出来了。孟德斯鸠曾在《论法的精神》里面说，亚洲是没有温带的。北京就在北温带，怎么能说亚洲没有温带？我于是得出了结论：孟德斯鸠以自己的思维逻辑取代了历史逻辑。后来才发现黑格尔早就说过。还有，前段时间写了一篇文章，讨论梁启超与严复的关系，题目总也想不好。后来在美国哥伦比亚大学图书馆翻张学良的档案时，发现一部《默默有言》的中文译稿，浏览着其中的内容，我突然明白了张学良和赵一荻为什么能够缄默四十年，他们应该从这本书里得到过某种启示或精神力量。与此同时，我文章的题目也从脑子里蹦了出来：《沉默也是一种言说》。文章发表后，才发现"沉默也是一种言说"是维特根斯坦的一个很重要的哲学命题。法国年鉴学派的创始人布洛赫，在他的《历史学家的技艺》中有一个很重要的观点：由古知今，由今知古。我在看到这本书之前其实已经这样思考问题了。我经常教同学们，要用历史的眼光关注现实，用现实的眼光反思历史。这是一种思维方式，是我们观察问题的一个角度。我这些年研究的许多问题都是从这个角度思考得来的。比如刚刚参加纪念辛亥革命100周年国际学术讨论会提交的那篇文章《论辛亥革命时期知识界的平民意识》，是我近几年一直在研究的一个课题"平民主义与现代中国的转型研究"的内容之一。我之所以留意平民主义问题，是因为有文章说毛泽东是极端平民主义者。持这种观点的人在思想上仍停留于"文化大革命"后那段时间。实际上改革开放以来，中国社会的基本结构和基本价值观念已经发生了深刻的变化。2003年在首都师范大学召开的一次近代思想文化史会议上，我以"现代中国的平民主义和反平民主义"为题做了一个发言。以后我一直没有停止对这个问题的思考。我有一个基本看法，即从西周到东周，特别是战国时期，中国社会有一个权力下移过程，社会逐渐平民化。从戊戌变法到现代，中国社会又出现一次权力下移过程，到"文化大革命"走到极端。现在的情况是反平民主义的贵族主义盛行，前几年有人提议在大学建高尔夫球场以培养贵族。我对此颇不以为然。中国有贵族吗？自周朝贵族制崩解后,中国就已经没有贵族了。大家不要小看这个问题,它跟现代中国社会的走向有直接关系。

现在中国社会有好多问题都需要我们去反思,所以我们要用历史的眼光来关注现实。"史鉴使人明智"这句话不是空的。我们学历史,最大的长处是什么?不学历史的人或许只能看到一百年内的东西,而我们能看到几百年,这相当于我们比他们多活了几百年。我认为历史有一种理性,它使我们避免走极端,我觉得我们要研究这个历史理性,这是我自己的体会。

关于史家的直觉,我主张大家自己去试试,看看自己哪里有长处,努力去发现它,擦拭它,发扬它。

第三点,在工作中学习。我 40 岁之前很少关注理论,40 岁之后才开始读理论著作。以前我觉得历史学是一门经验学科,特别不重视理论。我甚至认为有时陈寅恪的几句话可能比一些专家厚厚的理论著作更有价值,它是智慧的结晶。可是后来发现不行,不学理论认识高度就上不去,视角也很受限制。没有相应的理论视角,就发现不了问题,一些问题就会从你的眼皮底下溜走。这几年我开始读理论著作,而且读得挺苦,当然其中也有乐趣。博士生研究指导课主要是领着学生一块读理论著作,读世界上最优秀的理论著作,目的是督促学生,同时提高自己。我知道有人不理解,说你这么大年纪了还读这些东西。也有人说你少读点理论书,多写两篇文章得了。我想我还是少写点多读点,否则怎么提高自己?我觉得做学问有三个层次:第一是求职的,第二是保饭碗的,第三是养心的。我觉得我现在基本能够达到养心这个层次了。喜欢的我做,不喜欢的我不做。喜欢读理论我就读,读点书自己感觉舒服。所以,现在我也还在学,不断地学,不断地丰富自己、提高自己。

四、成功与不足

以我个人的条件来说,我觉得我是成功的。我读中学时从来没想过考大学,上大学之初从来没想过考研究生,读硕士研究生时从来没想过考博士研究生,所以我很知足!可是与其他人比较起来我觉得自己与他们还有很大差距,包括我们院的老师们,他们都各有长处。我可能因为早年受条件限制,读书偏,也太杂。有人说,聪明人从来不读完任何一本书,因为读半本就明白意思了,赶紧扔了读别的书。也有人说,聪明人不读完一本书绝不拿起另一本书。我基本上属于读得快的，很少把一本书从头到尾地反复琢磨。我现在正试图改变读书方式，我想和博士生一起，指定几本书，好好琢磨琢磨。我年轻时没有养成良好的治学习惯，包括理论兴趣。这两年我对历史美学、历史理性、历史选择论、历史语言学等问题都想做，但是做不了，时间就这么多，精力也有限。

最后送大家一句话：当你面对一座高山时，你可能会觉得它很高、很陡、很险；当你一步一个脚印爬上去后再回头看时，你会觉得不过如此而已！不信你们试试。

我讲完了，谢谢！大家有兴趣可以提问。

【问答】

贾文青：您刚才说人生有三件事：第一件事是养孩子，第二件事是写几篇文章，出几本书；第三件事是培养几个学生。您说到培养学生的时候，说希望他们能够成才。您认为怎样的学生是成才的学生？

郭老师：肯定不是以挣钱的多少来看，也不是以官职的高低来看。我希望能培养几位学者。因为我们是历史系，就是干这个行当的，如果中国人民大学历史系办学几十年，但在学术界根本没人的话，不惭愧吗？

史学研究的学术人生

刘后滨

演讲者介绍：刘后滨，江西吉水人。毕业于北京大学历史学系，时任中国人民大学历史学院党委书记、学术委员会委员、历史系主任。主要研究中国古代政治制度史、隋唐五代史。在《历史研究》《中国史研究》《文史》等刊物发表论文多篇，著有《唐代中书门下体制研究》（齐鲁书社，2004）、《大唐开国》（中华书局，2007，合著）、《唐代选官政务研究》（社会科学文献出版社，2016）等。

同学们好，先做自我介绍，我叫刘后滨，在历史学院分管本科教学工作，对本科教学非常关心，若干年来我有很多想法，包括这门课的设计，也是我和皮老师在商量，要有这么一个入门训练。今天讲座的题目叫《史学研究的学术人生》。学术是一种人生状态，在国外读博士的人经常有一个感慨，PHD是一种生存状态，跟一般的生存状态不一样。做学术也确实是一种生存状态，尤其史学研究的学术人生是很有特点的。我今天共讲三个题目：第一个题目是"学术大师及相关阅读书目"，第二个题目是"历史学的学术志业与人文修养"，第三个题目是"历史学的基础训练与本科阶段的学习方法"。

我是第一志愿报考的历史学。我1984年上大学时，历史学在北京大学分中国史、世界史和考古学三个专业招生，我的第一志愿是北京大学历史学系中国史专业。在我上下级的同学中，北京大学历史学系招收了一些省状元，除此之外，还有很多同学是地区、市一级的文科状元。所以，我的同学非常厉害。大一第一学期坐在教室里的时候，我非常紧张。我是从江西农村来的，上大学之前没读过多少书，而北京大学的老师一讲课就涉及很多书、很多人名，都是大师，我基本上不认识。我只知道翦伯赞，因为在中学语文课学过一篇散文《内蒙访古》。我上课一拿到的教材，就是翦伯赞主编的《中国史纲要》，那时特别兴奋。各位现在用的教材还是翦伯赞主编的。给我们上课的老师都是名家。我们那时的中国通史课（古代史部分）是 16 个学分，一个学期 4 个学分，分 4 个学期上，孙淼先生讲先秦，吴荣曾先生讲两汉魏晋南北朝，吴宗国先生讲隋唐五代宋辽金，许大龄和王天有先生讲元明清，这几位老师都是《中国史纲要》的作者。《中国史纲要》最年轻的作者叫吴宗国，隋唐五代部分是汪篯、吴宗国两位先生写的。吴宗国先生在 20 世纪 60 年代还是一位年轻教师。正因为吴先生上课很吸引我，所以我在大学二年级就决定跟吴先生做论文，二年级的论文、三年级的论文、四年级的毕业论文，都是跟吴先生做的，后来考硕士我就报考吴先生，工作之后读博士还是跟随吴先生。回头想来，我学史入门的时候，跟各位今天的环境完全不一样。那时进了历史系不是彷徨不安，而是很兴奋，就觉得自己知识不够。一听老师讲这个也不懂，讲那个也不懂，课堂讨论根本不敢发言。吴先生就鼓励我不要自卑，说学习历史学，只要坐得住冷板凳，哪怕只是中等之才，也能做出一些成绩。当然，20 年以后他才告诉我那只是鼓励的话，研究历史还是需要一定的才情和想象力的。

我上大学时，文、史、哲的地位不必那么神圣化，但确实很高。在那个背景下，我们怎么入门？我觉得可以用一句话概括：被大师引领进门。那时我们身边有很多大师，我们也特别喜欢谈论学术大师。我们在北京大学的燕南园走，碰到一位老人，那位老人早上在三棵松树面前转圈，你知道那位老人是谁？三松堂老人冯友兰先生。住在冯友兰先生家旁边的是宗白华先生，他是美学大师；住在冯友兰先生家后边的是王力先生，他就是《古代汉语》的主编。北京大学校园里还传说这样一个故事：一个新生报到，看到一位老大爷样子的人，就对老大爷说您给我看一下行李，我先去那边办个手续，那位老大爷替这位新生看了半天行李，这个新生报到回来后才知道那位老大爷叫季羡林，当时是北京大学副校长。所以，那时的北大校园是一个大师云集的校园，那时是一个大师云集的年代，给我们特别多的激励。来自乡村的我时常觉得，原来做学问可以成为这样的人。你们现在见不到大师了，你们见过谁是大师？这既是你们的幸运，也是你们的不幸。见不到大师有好处，可以不迷信，因为见到大师就会产生崇拜，而崇拜就会有一种迷信心理。在见不到大师的现在，在这堂课的开始我就要给大家介绍几位大师和推荐阅读书目，这是我今天要讲的第一个题目，叫"学术大师及相关阅读书目"。

一、学术大师及相关阅读书目

虽然见不着大师,但可以从书里认识大师。我要推荐的第一位大师是陈寅恪先生。我们圈子里面读"陈寅恪(音'què')",不读"陈寅恪(音'kè')",但在电脑上打拼音打不出来,"恪"就念"kè",恪守的恪。为什么念陈寅恪("què")?其实陈寅恪先生在欧洲留学时注册用的是"ko"。有很多人考证这个,陈寅恪的"恪"到底念"kè"还是念"què"。我觉得自己是了解内情的,因为我和寅恪先生有渊源。

汪篯先生是陈寅恪先生最得意的助手,汪篯是吴宗国老师的老师。陈寅恪的三个女儿出了一本书叫《也同欢乐也同愁》,书名是陈寅恪的一句诗。在陈寅恪先生和其夫人结婚纪念日,夫人给他备了一桌好酒,请客吃饭,晚上寅恪先生写了一首诗来酬谢夫人,诗里面有这一句。先生的三个女儿以这句诗为书名写了一本书,三联书店出版,全名叫《也同欢乐也同愁——忆父亲陈寅恪母亲唐篔》。这本书里面有陈寅恪先生在清华大学住所的示意图——抗战胜利以后回到清华大学的住所,寅恪先生在那里开课,他那时眼睛不好了,不去教室上课。寅恪先生家是个院子,院子里面就有一间教室,教室后边那间房就是汪篯先生的住所。汪篯先生住在陈先生家里,是陈先生的科研助手。因为这个渊源,我从老师们那里知道一些情况。给我上过课的老师中也有一位是陈寅恪先生的助手,在清华大学当教学助手。寅恪先生每次上课,因为视力不好,就叫这位先生板书,学生在下面听课。这位先生叫王永兴,北京大学历史学系故去的教授。我上过王永兴先生三个学期的课。王先生说,寅恪先生这个名字一定要念"què",为什么?王先生说他问过寅恪先生的夫人(王先生称师母),夫人说寅恪先生自己就念"què",所以我们这些崇拜寅恪先生的人都念"què"。

寅恪先生的夫人叫唐篔,唐篔的祖父叫唐景嵩,台湾巡抚,寅恪先生的祖父叫陈宝箴,湖南巡抚,就是在湖南搞维新运动的陈宝箴。关于寅恪先生的学问,我不展开讲。因为现在谈陈寅恪先生,就显得有点"攀附",自己没多少学问,而言必称陈寅恪,有点不太好,大家可以看书。除了刚才那本,即陈家三个女儿写的《也同欢乐也同愁》,还推荐另外一本书,即陆键东写的《陈寅恪的最后二十年》。这本书不太好买,1995年、1996年多次上榜,我不知道现在还能不能买到。陈寅恪的最后二十年是哪二十年?1949年到1969年。寅恪先生

1949年从北京南下，没有去香港，没有去台湾，留在了内地（大陆），1969年去世，先生的最后二十年即留在内地（大陆）的最后二十年。大家看看这本书，可以了解那一代知识分子的学术追求与人生操守，也了解中国现代学术史的一个很重要的侧面。还推荐一本书，即蔡鸿生先生写的《仰望陈寅恪》。蔡鸿生先生是中山大学教授，寅恪先生最后到了广州的中山大学，蔡鸿生先生在广州听过寅恪先生的课。读这些书，可以满足对大师的好奇心：到底大师是怎么造就的，大师为什么能成为大师，何以被称为大师？陈寅恪是史学入门必须先了解的一位学术大师。

我要推荐的第二位大师是严耕望先生。严耕望先生有一本书叫《治史经验谈》，里面讲了很多学术方法。我觉得严耕望先生有很多治学体会，其中最触动我的是："读书一定要取名家精品，仔细阅读，用心揣摩，方能体会，若都只匆匆翻阅，一目十行，只能认识作者论点，至于研究技巧，曲折入微处，将恐毫无收获。"这句话有很大的警醒作用。好多人好像很忙，在读书，经常去图书馆，但有时比较盲目。取名家精品，哪些是名家？这就要求在学习过程中锻炼自己的评判能力。能在学术史上被称为名家的人并不多，要记住一些人名，然后要有读书破一卷的毅力。人一辈子，做学问也好，不做学问也好，一定要有那么一两本书是读烂了的，然后才会有自信，才会有自己的领地。有一种流行病，即谈到某个话题，好像什么都知道，能说出大概，连在什么地方、什么时候出版过相关书籍都能说出，可是却经不起第二问、第三问，这是很忌讳的。浅尝辄止，不求甚解，耳熟但不能详，说明书根本就没读进去。严耕望先生以他的治学经验提醒我们，要取名家精品，要仔细阅读、用心揣摩。这一点很重要。

我要推荐的第三位大师是邓广铭先生，中国宋史研究的开创者。要了解邓广铭先生，可以读一本纪念文集《仰止集》，副标题就是《纪念邓广铭先生》。可以说，新中国成立以来，中国在宋辽金史领域有成就的学者，绝大部分都出自邓先生门下，或者受过邓先生的影响。世界其他国家研究宋史的学者，也有很多受过邓广铭先生的影响。包伟民老师就是邓广铭先生的学生，他于1985年到1988年在北京大学历史学系跟随邓广铭先生读博士。包伟民老师在《仰止集》里写了一篇文章叫《邓门从师杂忆》，一听就很有学问，人家是名门高足啊。我念一段包伟民老师在书中写的话，你们就可以知道邓广铭先生对他的影响有多大。包伟民老师说："我在北京大学读了三年，先生三年的耳提面命，使我从一个对史学只有一知半解的年轻学生，成了真正走进史学大门、基本能够从事独立研究的史学工作者。"也就是说，在北京大学读博士三年，他入门了，是邓先生帮助他入门的，他已经成长为中国宋史研究会副会长。中国宋史研究会会长叫邓小南，是邓广铭先生的女儿。邓先生早年有一个学生叫漆侠，河北大学历史系的，是中国宋史研究会第二任会长，第一任会长就是邓广铭先生。看这本《仰止集》，就会发现宋辽金史研究领域的成名人物都受过邓先生的影响。

我要推荐的第四位大师是周一良先生。周一良先生出身名门，他的叔祖父叫周学熙，他的曾祖父叫周馥，当过清朝的两江总督和两广总督。周先生家是藏书之家，故宫博物院和国家图书馆有很多藏品是周家捐赠的。一良先生的父亲周叔弢是天津最有名的藏书家。一良先生在哈佛大学获得博士学位，二战期间在哈佛大学教书，所以曾经在美国研究日本史的那代骨干学者都是周一良先生在哈佛大学的学生。周先生是位传奇人物，他特地写了一本书，叫《毕竟是书生》。书的原名叫《我的前半生》，大家知道溥仪有一本《我的前半生》，周一良先生也有一本，后来在大陆出版时改成《毕竟是书生》。关于《毕竟是书生》的故事有很多，愿意去旧书摊淘书的人会看到很多周一良先生的藏书章，有的比较有时代特点。还要介绍一本书，就是纪念周一良先生的文集，叫《载物集》，副标题叫《周一良先生的学术与人生》。周一良先生在清华大学教过书，清华大学的校训叫"厚德载物"。周一良先生横贯中西，写了很多关于中外文化交流史、魏晋南北朝史的文章。如果看看20世纪40年代周一良先生和其夫人在哈佛校园的照片，就会觉得那才叫书生意气。周先生特别英俊，他夫人特别漂亮。他夫人叫邓懿。我刚上大学的时候，班上同学特别好奇，组织一个兴趣小组，去采访北京大学历史学系的老先生，我们去了周先生家。周先生在楼上看见我们来了，就赶紧叫他夫人放下浇花的洒水壶来迎接，先生和夫人变换着说不同的外语，当时我们感觉他们的外语太好了。

一良先生的堂弟叫周绍良，已经去世，生前是中国佛教协会副会长。赵朴初做佛教协会会长，副会长是周绍良先生，绍良先生也是学术界的大人物。他们周家家教很严，小孩不能杂七杂八乱玩，上完学没事干就抄书，据北京大学的学长们说，周绍良先生把一整部《册府元龟》用蝇头小楷给抄完了。周家"良"字辈的人太厉害了，例如周珏良是最有名的翻译家，是北京外国语大学的已故教授。

绍良先生在一良先生去世后写了一首悼诗，诗曰："粹然学者史林英，痛绝令原折翼情；八十年间家国事，回头毕竟是书生。""粹然学者史林英"，说的是一良先生在史学界的地位。一良先生在史学界的地位很高，和吴于廑一起主编过世界通史。中国史方面，在魏晋南北朝史学界有四大名旦之说，指的是周一良、唐长孺、王仲荦、何兹全四位先生。"痛绝令原折翼情"，"令原"是什么意思？这是《诗经》中的典故，"鹡鸰在原"，指鸟不愿单飞。"令原"和"翼"都是讲兄弟有难。"八十年间家国事，回头毕竟是书生"，指的是一良先生的一生与中国的学术、政治史有密切关系，由此生发出的感慨。

我要推荐的第五位大师是唐长孺先生。唐长孺先生是中国唐史学会第一任会长，武汉大学的已故教授。唐长孺先生在魏晋南北朝史、隋唐史这两个断代史领域的成就，是东亚史学界无人可比的，包括日本，甚至欧洲和美国学者中也无人企及。学界公认唐先生是魏晋隋唐史学界的第一人，现在的很多研究成果都达不到他那个高度。1994年唐先生去世，周一良先生和田余庆先生联合送了一副挽联，上联是："论魏晋隋唐，义宁而下，我公当仁称祭酒。""魏晋隋唐"这两个领域，陈寅恪先生以下唐先生是第一人，陈寅恪先生是义宁州即江西修水人。"祭酒"是什么？"祭酒"是中国古代国子监的长官，是最有学问的人，学术界的头把交椅。下联是："想音容笑貌，珞珈在远，侪辈抆泪痛伤神。"周、田二位先生对唐先生的评价不是一般的评价，因为他们本身就是大师。

最后给大家推荐一位大师——何炳棣先生。何炳棣先生清华大学毕业，留学美国哥伦比亚大学，获博士学位，长期在美国执教，当过美国历史学会会长，是担任过美国历史学会会长的唯一华人。何炳棣先生研究社会的流动，研究明清的经济史、社会史，成就卓著。他的老师就是陈寅恪、冯友兰这一辈。何炳棣先生后来出版了一部书，叫《读史阅世六十年》。《读史阅世六十年》里面有很多回忆何先生从清华大学到留学美国的学术成长经历。有些给我留下了深刻的印象，例如他年轻时有一次在老师家里碰到一位数学家，那位数学家就跟他说了一句话：不管做哪一行，千万不要做第二等的题目；无论做什么学问，一定不要选第二等的题目。后来何炳棣先生在美国哥伦比亚大学读博士，又从哥伦比亚大学去哈佛大学访学，哈佛大学有一位有名的中国通，叫费正清。费正清也跟何炳棣先生说过，第一等大课题如果能做到八分成功，总比第二等课题做到九分成功好。最初的课题就是自己的立足点、起点、眼界，不要放得太低。

当然，人家自负是自负，但从年轻时起就有这种志向，做学问就不做第二等的题目。要回答什么是第一等的题目，今后还要慢慢思考，不断修炼。很多人一辈子也做不到第一等的题目，做来做去还是第三等的题目。学术界有各种各样的学者。比如，有的学者出了很多书——著作等身在现在不是一个神话，但说来说去好像还是那点事，就是把本来丰富多彩的历史世界规整为他关心的那点事。这样一来，气局就会做得越来越小。有的学者一辈子没有出过几本书，甚至没有出过一本书，只写过几篇文章，但跟他一聊天就会发现他的气局很大、视野很开阔、学术境界很高，与表面看来大不一样。要做学术，大概要做第一等的题目，这句话很警醒人。

在学术界有一个关于何炳棣先生的传闻，我还没有找到出处，我的学界朋友如在美国任教的陈怀宇教授多次跟我说过这个故事。说有一天何炳棣被学生邀请做讲座，有很多教授在场，何炳棣有三句话给大家留下了很深的印象：第一句是"没有办法，我天生就这么聪明"，第二句是"我的书你一定要读"，第三句是"今天你没有白来"。这三句话都很震撼人，很有学术自信。我很希望在成长过程中碰到这样的人，刚开始可能会把你吓倒，但多几位让你没有白来的老师，多几堂让你没有白来的课堂，你的人生可能会不太一样。教育的关键就是要使人在某个关键时刻开窍，有所领悟。

学史入门的参考书目，我列了这么十来本，回头你们去整理整理，看能读多少，哪怕作为休闲读物读，也很有意义。这些书读起来不枯燥，因为里面的故事很精彩，也很真实，而且离我们很近。这些人都是我们经常要与之打交道的人，有的已经作古，有的还健在，但也是很高龄了。这些人的书值得放在手边。所以，要在历史系学有所得，不管今后干什么，刚开始都要接触一些大师。在一个没有大师的时代，要通过书本了解大师，这是学术生活的一个氛围。

二、历史学的学术志业与人文修养

现在讲第二个题目："历史学的学术志业与人文修养"。历史学这门学科的人才培养有多重任务。首先，历史学这门学科要培养学生思维清晰且富有逻辑性的表达能力。成为一个思维清晰且表达富有逻辑性的人，这个要求很高。其次，历史学这门学科要培养学生发现真问题，并用真材料解决问题的能力。什么叫真问题，什么叫假问题？现实中有很多时候我们面对的是假问题，而严格学术意义上的历史学科面对的问题是真问题，用的是真材料，这些问题不是想出来的，而且问题还在文字的背后。简单地说，历史学这门学科的人才培养目标就是，培养学生发现问题、分析问题、解决问题的能力。学历史的最高境界就是，敏感地发现问题、深入地分析问题、圆满地解决问题。"在看似毫不相关的材料中发现内在联系，本身就是一种捕捉问题的敏感性。"这是历史学这门学科可以训练学生达到的。

我们的学生能不能达到这个境界？有没有训练出来这种能力？关于此，我想到了历史学科作为学术志业或者作为人文修养这个话题。这个部分我分四个话题来讲。

第一个话题是"历史的趣味性在于对未知真实世界的探求"，就是说历史学是有意思的、好玩的。"历史学是一个古老而具有恒久魅力的学科，具有无可比拟的多样性的研究对象和充分发挥个性的广阔空间。中国人民大学历史学院是全国著名的历史学人才培养与科学研究基地，培养学生掌握马克思主义和当代最新的史学理论与方法，了解人类的既往生活、增长知识、扩展视野，并以历史自身鲜活的风貌带给学生强烈的激情和满足好奇心的快乐体验。以此为基础，培养学生较强的理论思维和发现问题、分析问题、解决问题的能力，成为适应策划、咨询、管理和教学、研究等方面工作的高层次人才。"这段中国人民大学历史学专业招生简章上的话，是我想了很长时间，同时参考过国外一些大学历史系的介绍而写下的。

历史到底是不是有趣的？答案是肯定的。谁要是把历史学讲得无趣，那应该怪老师。不过这种有趣不是地摊书上的东西，不仅仅是解密揭谜那样的有趣，而是在探求一个真实世界的过程中体会到的乐趣。学习历史要变得有趣，一方面老师要努力地把历史讲得有趣，另一方面师生之间要互动，学生要配合老师。这是另外一个话题，我不过多发挥。如果不好学深思，很多学科都很无聊。可是历史学真的很有趣。

历史学是有趣的，它的趣味，我觉得是背后有个真实世界。这里面有个哲学问题：历史真的能还原为真实世界吗？我们现在接触历史只能读史料。什么是史料？这是我们另外一门课"史料学"的大问题。到底什么是史料，这是一个高难度的问题。《资治通鉴》、二十四史是不是史料，是什么性质的史料？什么东西能够被历史记载下来？不是说凡是发生过的事情都会成为历史，不见得，每天发生那么多事，我们能记住多少事啊？能够被记载到史籍中的历史事件，一定是由于各种原因、经过各种机制的筛选和淘汰而留下来的东西。它们足以让我们顺着一些线索去寻找一些真实世界的东西，至少对真实的追求是永恒的，而且没有止境。我觉得这个本身就很有趣，对未知世界的探求是最有意思的。所以，年轻时爱看科幻，从《科幻世界》看起，长大了就应该探求历史，不论是否以历史学为志业。

第二个话题是"经世之学与养闲之学"，就是说历史学到底是经世的学问还是养闲的学问。经世或者养闲，应该都可以。立志要做经世学问，历史学就可以是经世的。其实最成功的史学著作就是以"关国家盛衰，系生民休戚"为宗旨而编纂的《资治通鉴》。历史学也可以是养闲的。历史学考证一个名物，演绎一段故事，看起来是养闲的东西，其实也关系到经世的问题。历史学一方面好玩，无聊时可以读历史书，它里面有很多好玩的内容；另一方面，当以家国天下为念时，历史学也可以满足我们这个志愿。历史学的空间很大，一定不会让人觉得屈才。招生咨询的时候，我跟很多家长说过：在现在的竞争环境下，如果只想让孩子有一个饭碗，当然可以学很实用的东西；如果不仅仅是为了给孩子一个饭碗，而是在尊重孩子意愿的前提下给孩子充分的发展空间，那就不妨本科先学历史，等孩子成熟一点后再做选择。我觉得孩子的志趣很重要，不仅仅是个饭碗的问题。关键看家长对孩子是怎么样的定位。历史学进可攻退可守，既可以丰富人生，也可以寄托家国天下之情怀。

真正有成就的学者不会把历史学当成养闲的学问。陈寅恪先生为什么研究中古史？他不研究先秦两汉，因为他觉得先秦两汉的史料太少，许多问题史料证明不了。他也不愿意研究清史，一是因为他的家族与清史关系太密切，这里面有感情不好研究；二是因为他看不上清朝的学术，陈寅恪先生最推崇的是宋贤史学，认为"千古罕及"。他认为，欧阳修、司马光的史学是中国传统史学发展史上的最高成就。为什么清朝史学不行？对于那些考据之学，他说是"文儒老病消愁送日之具"。不过，这也恰恰说明，历史学是可以消愁送日的。因为人有时是需要消愁送日的。"不为无益之事，何遣有涯之生"？这是我讲的第二个话题，就是历史学兼具经世之学与养闲之学两种功用。

第三个话题是"人体解剖对于猴体解剖是一把钥匙"。恩格斯的这句话有助于理解历史学的意义和历史学对能力培养的作用。恩格斯这句话的意思是什么，为什么人体解剖对于猴体解剖是一把钥匙？我们对于过去的事情，其实没有多少线索可以了解，但历史与现实有内在的联系，有相通的地方，那么了解现在就有利于理解历史。反过来，对历史理解得越深刻，理解现在时就会站得更高、看得更远。在我看来，这句话的意思是，越是关怀现实、调查了解现实的人，对历史的理解越深刻。研究历史到一定阶段都应该从关心现实入手，然后反观历史。研究久远的历史，有时需要从研究晚近的历史入手。历史研究者绝不是钻在故纸堆里的人，而是关心现实的人。

我主要研究中国古代政治制度史，尤其是唐宋政治制度史。其实有时很困惑，我们对现在的政治制度都不是很了解，那怎么理解历史上的政治制度？历史上皇帝和宰相们如何开会、如何决策，我们怎么能够进入其情境？我有时就会布置学生查资料，确定一个角色，然后想一想，假如回到唐朝，是否懂得如何办事。我想，要在关心现实中得到许多启发，才能读懂古代制度的一些记载和一些规定。这是我讲的第三个话题。

第四个话题是"知人论世是史学追求的一种崇高境界"。历史学无论如何发展，还是要有一些传统价值的依托。从中国传统史学来讲，我觉得，一方面是《资治通鉴》的传统，就是鉴戒史学，另一方面是一个知人论世的传统。中国传统史学的叙事中就有很多知人论世的东西。什么叫知人论世？往高一点说，知人就是要了解人性。人性是相通的。古人和今人有相通之处吗？当然有，不能说古人跟今人没法沟通。在谈论古人时，其实也在谈论今人。世是世道人心，是一个时代，要了解人物，了解人性，需要把握一个时代。

在我们的个人成长中，所谓知人论世是需要特别深切地加以体会的。有很多事情，不是自己想怎样就能怎样，各种错综复杂的因素制约着个人的成长、个人的发展。在有一定的岗位、一定的职位时，会有更深的感触。例如读范仲淹的《岳阳楼记》，什么叫"进亦忧退亦忧"，为什么"处江湖之远则忧其君，居庙堂之高则忧其民"？这些内容，在高中学的是一段古文，一段漂亮的文字，等到经历了许多事有所理解再去读，会发现恨不得抱着范仲淹跳起来，说"哥们儿，你说的真是那么回事"！就是那么难受，就是进亦忧退亦忧啊！体会了这些话的意思，就叫知人论世，就是你真的去了解一个人，他的处境、他的时代，同时也反观我们自己的处境、我们的时代。其实无论什么时候，做人的问题到最后都是世界观、人生观、价值观的问题。历史上的人也是人，也只能活几十年。跟历史上的人打交道还比较好办，因为他们死掉了，可以盖棺论定。总之，可以琢磨他们。跟活人打交道很麻烦，沟通是很难的事情。好在我们是学历史的，会认识很多人，而且有很多是伟人。我觉得从知人论世的角度读历史，是在帮助我们提高人文修养。比如说，我就很佩服唐太宗有一种常人不太具备的能力，化解人际冲突死结的能力。在现实中有些人际关系可能就走向了一个死胡同，最后就要崩溃了。可是唐太宗能从一个个人际冲突的死结中走出来。最简单的一个例子，玄武门政变以后，他和李渊怎么见面？那是他父亲，他发动政变，把哥哥和弟弟都杀了，把父亲的权力给夺了。玄武门政变的时候，他叫尉迟恭把李渊包围起来了。后来怎么见面？父子之间怎么协调？具体的经过，下学期再给你们讲。

总之，我们读历史，可以也应该体悟到一些智慧，我们在日常生活中，遇到不知道怎么办的事情的时候，那些历史上走过来的人、发生过的事就会给我们知人论世的启示。这是我讲的第四个话题。

不管作为一种学术志业还是作为一种人文修养，学历史都能给我们帮助。上面讲到的这几点，境界都非常高，我们不一定能达到，但我们要知道，要争取达到。

三、历史学的基础训练与本科阶段的学习方法

最后讲第三个问题，历史学的基础训练与本科阶段的学习方法。我愿意和大家分享我学习历史学 27 年的一些体会和经历。我是 1984 年上的大学，迄今已有四分之一个世纪。关于基础训练与本科阶段的学习方法，我分四个环节讲：第一个环节讲如何记笔记，这个问题我想讲得具体一些；第二个环节讲如何安排课外阅读；第三个环节讲如何提问、参与课堂讨论和写作业；第四个环节讲如何复习、考试。

第一个环节讲如何记笔记。我概括大学的笔记有两种类型，一种是授课内容实录型，另一种是听课灵感札记型。授课内容实录型笔记，是考试时最紧要、最有用的。如果授课老师讲得有趣一点，授课内容实录型笔记还有点意思；如果授课老师照本宣科、念教科书，每句话念三遍，做实录型笔记就会把人闷死。我的课堂不要求做实录型笔记，因为实录型笔记其实对老师来说很可怕，这个年级"实录"完了，下个年级借来看，一看连笑话讲得都一样，老师多没长进啊。我的课堂也没法做实录型笔记，学生都说我的思维太跳跃，东拉西扯，这是我的缺陷，很难改变。

在我看来，如果把老师讲的内容都记下来、背熟，考试的时候也只能得六

七十分，只证明有很好的记忆力。我比较喜欢听课灵感札记型笔记，就是听老师在课上讲了很多东西，突然触动了自己的某根神经，在某天晚上思考这个问题，有个呼应，就会冒出很多思想火花。在课堂上把自己的火花、灵感记下来，但一定不要用碎纸片，因为碎纸片记完以后有可能再也找不到了。还是要有一个完整的笔记本，但记录的内容主要是自己个人的想法、灵感，让自己开窍的东西。在课堂笔记中，要注意记住史料线索，因为很难记全老师念的一段话、一段史料。要记住的是史料的线索，比如某句话出自《贞观政要·政体》，另一句话出自《资治通鉴》某卷某年，等等。有了线索以后，补充史料是很容易的。记下史料线索不仅有利于完善、补充史料，更重要的是有利于扩充阅读领域。关于某件事的记载，史料出自何处，初入门的人可能根本不知道或者不全知道，记录线索后，顺藤摸瓜，才会真正进入学术研究的体系，才知道找什么书、去哪里找书。

知道找什么书、去哪里找书，什么内容在什么书里有记载，这其实是很好的要求。学问好的老师不是什么都记得住，他们也是人脑不是电脑，但他们知道读书的门径。我的很多老师都属于这种特别厉害的，可能记不住某件事情，但知道到某某书里去找有关这件事情的记载，一找真的有，就在那本书里。为什么会如此准确？因为人家读过此书，对书很了解，然后长期积累印象很深。记下有些线索，比自己盲目地找要好，现在有电子检索也解决不了所有问题。记笔记要记住史料线索，留下继续扩大阅读的门径。

还要记老师讲课的逻辑框架和思维方式，尽管是灵感札记型的，但大的框架需要记，而且要记得完整。课后要琢磨：老师列这个大框架，背后有什么逻辑？有一次我在课堂上偶尔翻看一位同学的笔记，真是灵感札记型的，乱七八糟，还在笔记上画小人，他对我说老师您这个神态蛮好玩的。他记的就一点框架都没有，大、小标题都没有。我想大、小标题还是要有，然后在框架下写自己的灵感。此外，还要记在课堂上引起自己思考的问题。不要小看这些问题，没有任何问题是愚蠢的，入门的初学者问的基础问题或许就是引领自己一步步走向深入的开始。我在全校选修课的试卷上一定会设置一个题目，而且分数还占得不低，就是在学习过程中你所思考过的10个问题。你在若干年后回忆时，翻开自己的大学笔记本，看到当时记了n个问题，心里真会觉得自己的成长历历在目，而且真会觉得没有白过：我当时就想过这么好的问题啊！当年可能回答不了这些问题，但以后再思考时就会有别样的体悟。可能过很多年以后再拿起来，就有了另外的收获。

有很多人的成名文章或者代表作，往往是在大学本科阶段产生的灵感。举个例子，田余庆先生一篇有名的文章是论孙吴建国道路的，他是因为什么写这篇文章，是怎么论述这个问题的？我记得田先生说过，他年轻时读《历史纪年表》，看到曹丕称帝在公元220年，刘备称帝在221年，孙权称帝在229年。一般人也许觉得这不是问题，但孙权称帝为什么要晚七八年？你说七八年不算事，可同时代的竞争者，要当皇帝，晚七八年怎么能不算事？我们年轻时想这个问题好像很傻，可是因为这个问题，田先生写出来好几篇重要文章。在年轻时把问题攒在那里，随着阅历的丰富和对人生、社会理解的加深，就会把问题想明白。以上是关于如何记笔记的几点体会。

第二个环节讲如何安排课外阅读。我觉得学生阶段是最好的读书时期，要学会将心思放在读书上。我当年毕业时写赠言，一个女同学（现在是有名的学者）跟我说她的爱好就是"四书"：买书、读书、藏书、荐书。她说的这个"四书"，我觉得是对大学校园生活很到位的概括。我们那时上大学很穷，都拿助学金，一个月十几块钱，可是买书可能花掉10块钱，然后就没钱吃饭，有时一个月的后半个月到处蹭饭。但买到一本书会特别高兴，有一次我有一个同学到劳动人民文化宫的书展上看到陈寅恪的书，5角钱1本，他买了10本，花了5块钱，伙食费一个月才12块钱，那这个月他怎么办？他把书送给同学，互相推荐，大家给他方便面交换。

读书不完全等同于查书，尤其是通过电子检索可以查到自己需要的一些材料，但如果没有完整地读过几本书，学术境界就不会很高。所以，无论如何，一开始就要强迫自己完整地读几本书，养成坐冷板凳的习惯。少儿阶段需要养成良好的人格基础，本科阶段则要养成良好的学术习惯。什么样的本科教学称得上一流？关键看这所学校师生的读书品位和学术习惯。在一所大学里，老师和学生从来不进图书馆，老师只知道通过检索材料拼凑论文，学生只在考试时看八股式的教材，这样的大学肯定建设不了一流的本科。

图书馆藏书的质和量，是衡量一所大学办学水准的重要标志。本科阶段一定要多进图书馆，要去书架边多走几圈，让自己身上充满书香和书卷气。有条件的话，还可以适当购买一些图书。我以前参加宿舍卫生检查的时候，发现历史系同学的宿舍藏书最多，大部分到四年级时，床上堆了两排书，都没地方睡觉。我上课喜欢开列书单，记得给94级同学上课时，有个男同学听我讲这些，就跟我斗嘴，突然站起来说：老师，按您的要求这么读，会读成书呆子。我情急之下回应说：你没有资格跟我说这个话，你即使成为呆子，也不是因为读书呆的，你连翻书皮的功夫都没有做到，什么书放哪里、长什么样，你翻过吗，更不要说了解里面的内容了。那句话给他印象特别深，他后来死活要读硕士、读博士。以后每次见我就感慨地说：老师你说的也对，可那时听了你的话真的很烦，逆反心理重。

学生肯定要读书，那如何安排课外阅读？首先要掌握目录学的知识和各种检索手段，目录学是学史的基本功。历史系著名唐史专家沙教授（也是我的前辈）每次见到我就说：我没有机会给本科生讲课了，你一定要把"四把钥匙"教给学生。"四把钥匙"是邓广铭先生提出来的，指目录学、地理学、年代学、职官学，读历史书没有这些基本知识是读不懂的。

课外阅读方面的第一点是掌握一点目录学知识，要学历史文献学，要读《四库全书总目提要》，不然《四库全书简明目录》总得翻一翻。后人也编了很多可供检索的目录书，还有各种检索手段，包括电子文献和数据库的检索。

课外阅读方面的第二点是培养学术鉴别力。在读书时，包括在用电子手段检索期刊和图书时，有的文章需要仔细读，有的文章过过眼、看看标题就可以了。怎么才有这样一种能力，如何鉴别，怎样在阅读中提高学术鉴别力？这个操作起来很难，既要有引导，还要有讨论。读书需要沟通和交流，读书是要有圈子的，有机会跟老师沟通就更好了，另外还有师兄师姐。在学术鉴别方面，有人批评一种眼高手低现象，我认为眼高手低总比眼低手低好，尤其对刚入大学的人来说，是应该眼高手低的。眼界在一开始时就要高，要知道什么是大师，什么能让人高山仰止，如果一开始就眼低手低，那眼界就很难高起来。眼界要高，要有学术批判力，要在以后的学习过程中慢慢培养。

课外阅读方面的第三点是要善于阅读经典、善于做札记。研读经典之作，要注意论著里的经典结论和经典史料。好的书不要只看结论，更要看人家怎么用史料，怎么展开论证。刚开始阅读学术著作时，最怕看那些大段引用史料，然后半天才推出一个结论来的书。其实，史料的征引范围和排列方法、逻辑结构，都需要在读书过程中加以体会，甚至不妨从模仿开始。以上讲的是如何安排课外阅读，关键是静下心来读书。

第三个环节讲如何提问、参与课堂讨论和写作业。课堂提问是一种积极参与的形式，没有任何问题是愚蠢的、不该问的。但我也提醒同学们，不是什么问题都拿出来提,一定要在努力查阅资料、查阅工具书、独立思考之后提问。提问体现了一个人的学习态度是否积极,体现了一个人的学术品位。例如可以问老师能否告诉某个领域有哪些重要学者、哪些重要著作,但不能接着问这些书到哪里去找,更不应接着问在图书馆哪个地方、哪个架子去找。我希望同学们提问是经过一番思考和努力的。譬如,大学生一般不应问老师某个字怎么念,可以自己查工具书,《辞源》《辞海》放在手上还是要翻一翻,至少一本《古汉语常用字字典》还是必备的。读历史的人,问老师某个繁体字怎么念,这是不行的。等从历史系毕业的时候,就要习惯读竖排繁体的书,不要一看就头疼。事实上这更符合我们的阅读习惯,躺着看书竖排版更好看。以上说的是提问要做好准备,要思考,要动脑筋。

积极参与课堂讨论是一种很好的融入方式,教师也要学会引导。有的同学课堂讨论总是不发言,不发言的原因一方面是害羞、不自信,另一方面是根本没兴趣。我觉得课堂讨论要积极参与,要在学习中找到自信。读书一方面要谦虚,同时也不要被所谓的大师吓倒,学术没有那么高不可攀。本科阶段要做成一两件让自己得意的事情,哪怕做一篇作业,在某个课堂讨论上做个发言,自己很得意,老师、同学都很满意很肯定,那就是一件长自信的事。要在自信的基础上有意识地训练自己的口语表达能力和文字表达能力。提问和参与课堂讨论的时候,不要说语无伦次的话,例如"因为所以但是不过你明白了吗"。在提问、课堂讨论和写作业的过程中,还要注意学术规范意识的养成。什么叫学术规范意识?比如看到一本特别有启发的书或一篇文章,当时就记在笔记本上,或者脑子里已经记住,可是根本没有记是谁说的和它的出处,等以后写博士论文的时候,已经10年过去了,你会觉得那是自己的思想、自己的观点,自然就写进去了,而没有出注。可是人家通过专门软件进行检索,发现你抄袭。所以,一定要养成一种意识,做札记时一定要注页码,这样会省很多功夫。注明在哪本书哪一页看到这个,否则等想找到这个材料出处而忘了页码的时候,就痛苦死了,翻来覆去似曾相识,就是找不到具体在什么地方见过。如果从本科阶段就养成习惯,看到重要的话都把页码记下来,再回去找时就省事多了。有很多人吃过这方面的亏。我再强调一次,遇到新资料、新观点要有随手记笔记的习惯,注到页码,这些都是经验之谈。

第四个(也是今天最后一个)环节讲如何复习、考试。进入大学以后,对考试的理解要改变,考试之前要复习,而不是复印笔记。复印笔记没有用,复习是为了梳理课程内容的大线索。尤其是一年级、二年级的课，学生未必能通过课堂讲授现场理出清晰的线索。老师讲得断断续续，每个人的知识结构和强调的重心都不同。通过复习，梳理整个课程的大线索，复习时更需要记笔记，复习过程是不断地重新思考、重新写作的过程。

如果结合教材进行复习，"中国史纲要"课程就不是按照断代来复习，而是按照专题来复习。例如，从汉代的社会结构和阶级关系直接跳到魏晋南北朝的社会结构和阶级关系，再跳到隋唐五代的社会结构和阶级关系。教材是按照断代分章的，但它有些相同的专题，按专题复习，就会拉出一些历史发展的线索。复习完以后，不管怎么考，脑袋里都有一套对中国通史的基本看法，就能用自己的话写出来，而不是背教材和背笔记。

复习过程中除了要对大的课程线索进行梳理，还要寻找和填补知识的缺漏。在复习过程中，有的内容老师讲了，有的老师没讲，比如过去记笔记时，有些史料没补全，尤其是某一段特别有价值的核心史料，想去追究它，就可以在复习时查找，进而填补知识的缺漏。要通过复习把阅读所得和课堂所学变为自己的知识。我想在考前要做的工作就是这样的，把所学转化为自己的知识，不管是读书读来的还是课堂上听来的，要学会用自己的话把所学内容说完整。例如专制主义中央集权的发展，中国古代社会结构和阶级关系的变化，一些重大问题和线索要用自己的话说完整。同时在复习和考试阶段，要提出进一步思考的问题，因为在梳理大线索和补知识缺漏时，一定会有思考。包括在考试时，历史学的考试没有标准答案，能够提出一些有创见的问题，得分就不会低。我认为问题的积累重于知识的积累，当然也不能不读书就胡思乱想。现在有一种情况，就是想得很多，读书太少。

读书与治学

李学勤

演讲者介绍： 李学勤，清华大学历史系教授、博士生导师、国际汉学研究所所长、出土文献研究与保护中心主任、国务院学位委员会委员、历史学科评议组组长，夏商周断代工程专家组组长、首席科学家，中国先秦史学会理事长，国际欧亚科学院院士。李学勤教授以文字学为基础，透过对甲骨文、金文、简帛文献的整理、释读，"取地下之实物与纸上之遗文互相释证"，探讨中国早期文明之起源、变迁，在许多领域都做出了令人瞩目的贡献。从1975年起，李先生先后主持和参加过马王堆汉墓帛书、银雀山汉简、定县汉简、云梦秦简、张家山汉简、清华简等的整理与注释，并利用郭店楚简、上海博物馆藏楚简等新材料，对战国以至汉初的学术史、文化史进行探索，倡导"走出疑古时代"，引起了学术界的广泛注意，是国内外学界公认的简帛研究、古文字研究、古史研究的权威。

各位同学，大家好！我今天打算讲四点，提出我的个人看法与大家商榷，我讲得不一定对，供大家参考。

先给大家介绍一下我的经历。我原籍是江南的，我不是北方人，可是我生在北京，是在北京读的书。我们那时读书的环境、各方面的条件都和在座的各位不太一样。我从中学时代开始说。我是北京汇文中学的。汇文中学是北京最早的近代中学之一，到今年为止已有大概152年的历史，不过它不是北京最早的中学。当初成立时，它不是一所单纯的中学，其实是一个书院。它非常著名，包括了小学部、中学部乃至大学部。汇文中学的大学部就是后来的燕京大学。我父亲就是汇文中学的学生，所以我也读汇文中学。我是1945年入学，1951年毕业。

中学毕业后我考到了清华大学，因为那时我自己希望学数理逻辑，所以就找了北京最好也是全国最好的数理逻辑大师金岳霖先生。很多人都以为他是湖南长沙人，包括有些文献都这么说。他确实在湖南长大，可实际上不是湖南人，应该是浙江绍兴人。1951年我跟着金岳霖先生学数理逻辑。我入学后的第二年，也就是1952年，全国有一个高等学校院系调整运动。这次院系调整非常大，清华大学变成了一所多学科的工科大学，所以清华大学不但没有了文学院，连理学院也没有了。清华大学当时有六个学院，其中有一个后来变成了航空学院，就是现在的北京航空航天大学，它就是从清华大学航空学院分出去的。所以，按照当时的调整，我应该到北京大学。可是我没有去北京大学，因为那时我自己学了甲骨文，学甲骨文后我自己做了一些工作。

当时中国科学院院长将一项特殊工作交给了中国科学院的考古研究所，就是做殷墟甲骨的缀合。原来上海的郭若愚先生编了一部殷墟甲骨缀合的书，把稿子送给了当时中国科学院院长郭沫若先生，郭沫若先生又将稿子交给了考古研究所。那时考古研究所刚成立不久（是1950年成立的），考古研究所所长郑振铎先生问陈梦家先生："你看看这稿子。"陈梦家先生一看完稿子就向郑所长报告，说这项工作可以继续做，里面有些还不全面，有些需要纠正，说他知道有一老一少可以做这项工作。郑所长就对陈梦家先生说："好啊，那你就帮我把这两个人请来吧！"老的这位是曾毅公先生，少的就是我。所以，他们就把我调到了考古研究所，这就是我参加学术研究的开始，那时我19岁，也就是1952年我开始工作。

我在考古研究所工作了两年，到1953年完成《殷墟文字缀合》。正好那时科学院决定成立历史研究所，我就被转到了历史研究所。我在历史研究所一直工作到2003年，然后调回我的母校清华大学。我从1952年开始工作，今年是2012年，一共工作了60年。清华校长蒋南翔先生提出"要为祖国健康地工作50年"，这个任务我完成了，而且现在我还健康地活着。

一、夯实基础、视野开阔

我想说的第一点是，我希望你们在学术道路刚刚开始的时候一定要有坚实而广阔的基础。

我对当前的教育有个看法，就是我不赞成在中学文理分科。此外，我特别不赞成一件事，就是把数、理、化合编成一个科学课程。当时有人征求我的意见，我就认为这个特别不好。因为任何现代的科学，包括物理、化学、生物学等，它们最基本的特点其实就是两条：一条是逻辑的严密性，一条是实验性。这两条就是现代科学的基础。如果学了物理、化学却没有了解它们原本的逻辑结构，那就不能体会到科学的真理。

文理分科会缩小基础教育的知识面，是非常不利于学术发展的。这恰好与现在国际教育的方向相反。国际教育的学科越分越细，所谓细化。那么越细化，就越需要一个坚实而广阔的基础，而这个基础形成的最好时间，在我看来，应该是高中时期。如果高中这个基础还没开始形成，那么至少也应该在大一开始，就是知识面不能那么窄。

以我自己为例，汇文中学本来是一所教会学校，但在1945年后它已经很少有洋人了。可是这所学校的英语还是很好，培养的老师包括中国老师都是一流的。其中有一个教过我父亲的老师叫陈福田，他在中国的历史上应该大书特书，因为他居然发现了标准英文字母E在标准英文音中的一个音，这个音在韦氏音标系统里居然没有，他因此一举成名。他把这个告诉了《韦伯斯特大词典》，后来在英国出版了一本小册子说这个事，所以他的英语是很好的。在那个反饥饿、参加学生运动的年代，虽然我没有太多时间研究英语，但我的英语还是过关的。后来我在清华大学考试的时候英语考了98分，因此英语免修。后来我到了哲学系，我要求学德语，因为学哲学需要读德文书籍。可是我学德文没几天又被迫学俄文。所以，英语要学好，要有个比较好的基础。我曾经有一个机会出国，到英国参加青年汉学家会议，当时已经准备好了，可是这个计划后来被撤销了，没有出去。我的第一次出国是在1979年，那是在改革开放之后，是跟着中国社会科学院代表团，当时我说我自己不会英语。到了澳洲之后，我虽然一时说不上来，但我听是没问题的。按我的经历说，好像在中学时期学英语没什么用，可实际上非常有用，因为我底子好，发音比较准确，听力也比较好。

其实学其他东西也是如此。汇文中学的物理、生物等理科都很不错，都是由著名老师来教，虽然当时我认为自己学得马马虎虎，可是基本常识我还是知道，因为我从小就特别喜欢科普类刊物。看起来科学知识好像对学历史没什么用，但实际上很有用。1996年国家办了一个夏商周断代工程，这是自然科学与人文科学相结合的，涉及10个左右的学科，有200多位专家参加，我是专家组组长。我依靠中学所学的科学知识来做，如数学、函数等都懂一些。虽然我不是全方面的专家，但我都懂一点，要不然工作无法开展。

所以，结合我的经历，我给你们的建议是：一开始在走上学习道路的时候，不管将来要做什么工作，基本常识都应该懂一点，而不是说只学自己想学的那么一点东西，那是远远不够的。因为在一生中你不知道要碰到什么，人的一生是很复杂的，所以大家一定要在走上学术道路的时候有一个坚实而广阔的基础。不能只知道一点点，要不然不足以应付。

二、专业学习：读最必要的书与泛读

具体来说，我们可以从这里引申出第二点。因为大家都是学历史的，这个讲座也标明是学史入门，那么我从广义的历史学科来谈。大家知道，历史学本来在国务院的学科分类表里面是一个门类，是一个一级学科。过去是一个一级学科下面有八个二级学科，经过我们多年的呼吁，现在历史学门类下的一级学科变成了三个——中国史、世界史、考古学。三个一级学科，可是门类还是历史学。所以，在座的所有同学都在历史学门类里面，在这里开始自己的学术生涯。

上大学了，我想这个至少应该算读书的开始，就应该读书了，要不然怎么念大学？不管今后走不走这样的道路，你们的学术道路、读书生活都已经开始了。所以，我劝大家，在读书的时候，一定要在专业阅读方面使自己有一个坚实而广阔的基础。

我不知道我跟大家谈了这么几分钟大家对我印象如何，我必须告诉大家，我在小时候是非常狂妄无知的，真是非常自信、非常狂妄，这是真心话。但这也可能有一个好处，就是有闯劲，就是什么都不在乎，初生犊儿什么都不在乎。比如我在很小的时候就有一个想法，我说我要把我能见到的书都读了。当时觉得什么书都可以读，所以就不选择，碰到什么书就读什么书。可能我有一点经历是跟大家不同的，我除了买书还卖书。经常卖书，为什么？那时虽然家里有饭吃，家境还是很困难。那时要买一部书是很不容易的，没有能力随便买书，最简单的一个办法是买旧书，到旧书摊上买。那时的北京不像现在，现在几乎就没有什么旧书店，现在旧书店都变成珍本书店了。

我从八九岁以后就经常买书了，就是到旧书摊上买，买几本回来看。看完后或者我不要看了，就再卖给旧书摊，卖回去，旧书摊贩给我一点钱，所以我内心对他们常常有一点仇恨。我跟那些旧书摊贩关系都很好，可内心就是有点仇恨，因为他们给我的钱太少了，没有一次给我的钱使我满意的。有一次我真是发了大火，我买一本书，这本书我到现在都记得很清楚，是一本世界名著，日本学者、经济学家河上肇的《资本论解说》，这本书在那个时期非常有名。我买了一本，是三面开金的，就是书缝上都是金色的，假皮革的面，非常漂亮。旧书摊贩跟我要的价格非常高，我就非常生气，说："我还不知道，你这书都是论斤称来的，你卖我这么多钱！"真急了，结果旧书摊贩就以对半价卖给我了。那时买书看是很难的。

可是我有一个野心——想把所有书都看了。当然我怎么能把所有书都看了？那时又小，所以我又给自己立了一个标准——把商务印书馆出版的书全看了。这就是一个小孩子的想法。我有一个发现，所有那个时期商务印书馆出版的书，从清朝末年它建馆开始，书的版权页边上都有一个很神秘的编号，这个编号很复杂。我就想，我可以经常买商务印书馆的书来破译这个符号。这个符号到底是怎么编的，怎么回事，我没有弄明白，但可以想见一个小孩子对读书有怎样的幻想。

我说的这些事情差不多都是70年前的事了，从小就有这个想法，都六七十年了。六七十年以后的我如实跟大家说，一个人，即使最爱读书的人，一生能读的书也很有限，读不了多少。特别是在离开学校踏入社会工作之后，哪有那么多时间读书啊。社会上的、家庭内的，有多少事啊，即使最勤勉的人也读不了多少书。

其实，我有一个习惯，就是希望每个星期能读一本书，但也常常做不到、完不成。每当一个星期开始，有时在星期天的时候我心里就想着我这个星期读本什么书，但常常读不了。我选的书有时候是那些很薄的、很小的，可还是读不了，没有时间，根本没有时间来做这个事。所以，到这个时候后悔就来不及了，好多很需要的东西没读过，想读没读过，再想读却没时间了，真做不到了。你的工作、你的生活压在你身上，你就没有那么多时间读书了。特别是真正读书，很细致地读书，做不到了。所以，趁着风华正茂，大学时最好的时候，我们读书啊。

我劝大家一定要有所选择地读，不能像我小时候那么狂妄。那时什么书我都读，很奇怪的。大家知不知道有一个诗人叫邵燕祥，他恐怕是最有名的诗人之一了，曾经当过《诗刊》的总编辑，跟我在小学是同桌，至少有一个学期我俩坐一个课桌。他的父亲是一位留德的医生，我父亲的工作也跟医学有关，两家有点来往。小时候我们就一起到市场买书，有件事我早就忘了，是他在他回忆录里提到的，他买的书跟他后来的学习、工作非常对口，你猜我买的是什么？我买了一本养兔子的书。不知道那时我为什么要买这样一本书，那时就觉得什么都看。实际上这样做很没有意义，还是应该按部就班，读一些最必要的书。

对学中国历史的人来说，学世界史的人也一样，最糟糕的是需要读的书太多。过去有一个很流行的传说，说清华大学的张荫麟通读过二十四史，说实话到今天我也不相信，因为张荫麟死时才37岁，而且他的著作很多，整天讲课、整天演讲，哪有时间通读二十四史，这不可能。

我们可以把书分成两类，一类是那些最基本的书，过去说是经史，经史是最基本的。当然经史也要做区分，不是说二十四史要求全读。对于研究历史学，最基本的书一定要精读。这个精读，不是简单地从头翻到尾。当然从头翻到尾已经不容易了，但不能从头翻到尾就算完，而是要反复精读。很多书都要反复精读，《史记》一百三十卷从头读到尾读一遍需要多长时间？这是很不容易的事。前些时候我问过我的一些研究生，我要求他们读《左传》，他们把《左传》读一遍，就是杨伯峻的《春秋左传注》，把它从头到尾读一遍也要3个月。可是学历史要看的东西太多，有很多东西就没有时间读，那怎么办？所以一定要有所区分，给大家最重要的一个劝告就是，把精读的书和浏览的书区别开来。有些书就浏览而已、翻翻而已。翻一翻的目的是什么？以后需要时会用即可。需要时会用，我觉得这一点很重要。比如清朝人做了很多经学的工作，可是《礼记》没有一个好的注本，现在一般还用朱彬的《礼记训纂》，这部书并不行。但还是要翻翻，要学会用。

前人做的工作给我们提供了很多方便，可是只翻翻还不够，你要想研究什么问题，首先要读常见书。常见书是那些基本的书，而不是发现什么珍本秘籍。有些人喜欢走偏锋，偶然发现一本书，就觉得不得了，然后就拿这本书做文章。可是为了研究这本书，那些最常见的书没读，那怎么行呢？很重要的一个例子是我们现在做的出土文献，比如我们正在做的简竹帛书，这里面有许多古书。可整理是一回事，研究是另外一回事，把它做深入的研究，在今天看来是相当困难的。比方说，清华简，这是2008年我们收藏的一批战国时期的竹简，它们的书写时间在公元前300多年的样子。这批简里最重要的一部分是《尚书》，有很多篇，今年我们要发表的有《说命》三篇。怎么研究？要深入研究像《说命》这样的内容，必须通晓《尚书》学的一些最基本的著作，这样才知道《说命》

这篇古文《尚书》会牵涉什么问题，会涉及哪些内容。所以，没有一些基本的阅读基础，对于前人最基本的著作不能运用，就不能研究新的东西，学科就没法发展。

我常常去外面宣传我的一个说法，我说很多人喜欢学甲骨文，为什么喜欢学甲骨文，因为觉得甲骨文没有多少文献需要参考。西周就不行了，学西周金文必须精通《诗》《书》，《诗》《书》不精通。金文就研究不好。甲骨文好像很简单。完全不是这么回事，甲骨文比西周金文更古，更难学，更需要文献知识。过去著名的古文字学家唐兰先生曾说："学古文字的人，功夫不在古文字，而在古文献。"所以，必须把那些最基本的书、常见的书先读完，不要说"哎呀，这书谁都读"。《史记》谁没读过，中国古代读书人都读前四史，至少前三史都读过，可是你没读就不行。别人读不能代替你读，经常用第二手材料的人一定会吃亏，不可能有什么成果，这是我给大家的一个建议。

这里附带说说我最近的一个想法，我今天在这里给大家大胆地提一个建议：将来能不能下个决心，读一个著名学者的全集。这对大家非常有帮助。大家讲中国传统学问，就说经、史、子、集四部。经、史、子的用处很容易解释，谁都会解释，集的用处一般人都是从文学角度看的。其实不是这样，因为很多内容是经、史、子、集四部共有的，不能分开，很多东西都是这样。大家有兴趣的话可以看一下《清代文集篇目分类索引》，很多讲经、史、子的重要内容都在集部。不过，我说这话的意思还不是建议大家读过去的集部，我说的是现代一些真正好的学者的全集。为什么？真正把某个大家的全集仔细读一遍，特别是连书信、日记等都读了，可以看清这个人的一生，他的整个学术生命道路都看见了，他的长短都看见了，这样对做学术工作的人特别有益。我曾经做过类似的事，当然我看的那个集子不算大，比如说考古学方面的，我读过李济的全集，就是现有的我都读了，连一些不常见的我也都找到了，我觉得非常有益。你可以看一看一个学者漫长的道路是怎么走过来的，这比看传记强。因为传记总是别人写的，即使自传有时也因有种种顾忌而说得不是很清楚。再说人有时常常没有自知之明，这是常有的事。可是读全集就不同了，无从掩盖，一个人的优劣长短都可以看出来。当然这不是你们新同学的事，我建议你们在一生中找几位大家公认的好学者，读一下他们的全集，尽量翻一遍，也不是要求每个字都读，一定有益。这是我给大家的一个建议。

三、超越功利的兴趣

下面讲第三点。前面我说不太赞成过早地文理分科，可是今天从教育制度上看没办法，我们就不讨论了。前两年《中国教育报》的人来找我，一定要我给当前的教育提一下意见。我说当前教育最大的问题就是功利化，这个最不好。我不知道同学们怎么想，我常常说这样的话。

我们念书的时候社会上很动荡，是很困难的时期，就是抗日战争胜利以后，解放战争时期是相当困难的一个时期。不过我家里有饭吃，可真是很难，而我周围的一些同学就更难，特别是一些从外地来的同学。因为汇文中学是北京最有名的学校之一，有很多外地来的同学，他们住校，很难，常常没饭吃。那时在食堂吃饭，在膳厅吃饭都有膳团，学生自己组织，自己包伙，为什么？怕别人赚钱。公家不贴钱，那时自己出钱，还得交学费。你们知道新中国成立前我们在汇文中学的学费是多高吗？你们猜不着，因为是拿面粉计算的，念高中的学费是每个学期三袋半面粉。三袋半面粉是很高的，那时一袋面粉是50磅，相当于40多斤，所以很困难。刚才我说到买书，我要怎么攒钱买书？一个最简单的办法就是不吃早饭，把家里给的早饭钱藏起来，到星期天就可以去买书了。我记得非常清楚，我买的最贵的一本书是李书华等人著的《科学概论》。李书华是当时北平研究院院长，这本《科学概论》于1945年由商务印书馆出版，388页。这本书我在书店里看见后实在想读，实在想看，而那时这样一本新书在图书馆里要上架后再借出来是很难的，时间很长。怎么办？就下决心连午饭都不吃了。午饭不吃要饿着，可怎么能饿着呢？可以告诉大家，我有一个同学从膳堂里给我偷了几个窝头吃，就是这样，生活就是如此。

可就是在这样困难的条件下，我们同学里面，虽然有时为了生活要考某个学校，比如这个学校可以免费，没有一个人跟我说过"我学哪门东西可以生活"，没有这个思想。我们那时的人太"笨"，没有这种想法，我们没有讨论过这个问题，比如说学医、学工就可以多挣钱。我们选择专业，比如说我学数理逻辑完全是因为我喜欢符号，我就是喜欢这个东西，我学甲骨文也是因为我喜欢符号。

今天的教育跟应试的功利思想是分不开的，这是很糟的，这是很大的、很不好的一件事情。当然我是一个乐观主义者，我说这种事情、这种思想会在社会进步几十年之后逐渐消除，到那时大家更富裕了，这种事情、这种思想就会消除。这就跟污染一样，污染过一段时间就会消除。如果大家不相信，我给大家讲讲我的历史。

我在1979年的夏天第一次去美国，是由美国的ICA（美国国际交流总署，今废）邀请去的，由美国官方出钱，我可以提一个访问计划，我要去哪里。我就找一本日本人编的国际汉学调查目录，根据这个目录我提了一个计划，这个计划提得很成功，可是我不谈这个问题。美方说你到我们美国来不能光看我们的大学，你总得看看我们的工业、农业、新闻。看新闻，我去了《洛杉矶时报》，美国第三大报。看农业，我在美国的一个小农场里参加了一天的农业劳动，跟着拖拉机收玉米。看工业，就把我调到美国匹兹堡的一个卡内基钢铁厂，当时世界的钢铁大王，那是美国最早的也是世界最有规模的一个钢铁厂。我过去看，一看就感觉跟在国内看到的钢铁厂完全不一样，没有污染。它中间有一个控制室，那时还没有现在这么好的视频网络设备，可是它有一个设备室，用电视探头做的，里面有好多人站着，都穿着警服，整个屋子里没有座位，你的工作就是在这里站着，站着干什么？看着前面的几个屏幕，屏幕上就几个烟囱，哪个烟囱如果冒烟了你就立刻鸣警，当时的规定就是这样。一进钢铁厂的大门，它旁边有个小的人工湖，湖里养鱼，写着所有鱼都可以吃。所以，到了一定情况下，那些最污染的东西都会消除，这就好像我们社会上的一些不良现象，社会进步发展之后也会消除。我想大家会相信我这个乐观主义的想法。

研究学术，我觉得一定不能功利化，功利化应该说是科学发展的大敌。我也不太赞成西方人常说的一个说法，即科学产生于兴趣，没有兴趣就没有科学，科学的唯一动力就是兴趣。这个说法也对也不对。西方人还有一套理论，说所有的科学都起源于哲学，哲学的英文表达为philosophy，意思就是爱智慧，这个爱就是一种兴趣，对智慧的爱推动了整个哲学和科学的发展。这话也对也不对。问题是：什么叫兴趣？兴趣不是随便得来的，不是想干什么就干什么，不是想搞什么就搞什么，因为整部学术史都证明，所有成功的学术或者科学上重要的成就都和整个历史背景分不开。

过去大家都要读理论著作，读马克思主义理论著作，马克思主义理论著作在新中国刚成立时有一套书叫《干部必读》，这里面有恩格斯写的几封信，其中有一封恩格斯给扎苏里奇的信，这封信在当时是所有人都要学的。其中讲了很重要的一点,即任何一种思想都有它的思想资料。认识一种新的东西,新的东西必须要反对一种东西,对不对?可是反对的那个东西不是你能决定的,那是客观存在的,是历史的存在,我想大家都能明白这个道理。要不然怎么创新,怎么出来新的东西?所以,一个人的兴趣不可能脱离这个人所处的历史环境。可是,兴趣非常重要,因为一个真正做科学工作、做学问的人,在工作里面必然有所投入、有所牺牲,而且这个牺牲可能非常之大,我想读任何学者、科学家传记的人都能看得见。

为什么要讲兴趣能使学术发展,而不是功利?因为只有真正带有一定超越性的兴趣,人才能真正做到全身心投入,这一点是学术工作、科学工作取得成就所必需的。即使一个很小的问题,也需要全身心投入。功利正好相反,功利必然包含计较,干或者不干,都会有所盘算,功利会使人脱离这个真理标准,使人不能真正做到全身心投入。这绝不是说做研究不要为了什么,做学术工作需要有远大的、高尚的目标,而不是为了功利,功利跟这种远大的、高尚的目标一定是相反的。

选择一个研究题目,一个很小的问题,我觉得应该选择那些真正有意义的、比较重要的问题。像搞古文字,过去常常用胡适先生的一句话:"认识一个字,就好像发现了一颗行星。"其实胡适先生的话不像后来大家理解的那样,他讲这句话的时候还有很多线索,不是随随便便说的,他只是说任何的学术工作都会给人带来很大的精神满足。从这个方面看,这句话当然是对的,可是不等于说,在发现、认识文字时把什么字都平等对待。我在20世纪70年代就说过,研究古文字一定要找那些最关键的字。比方说甲骨文,不到5 000个字,里头真正认出来的字也就1 000多个,这1 000多个字里还包括那些简直不需要认的字,如一、二、三、四之类,所以甲骨文还有很多不认识的字。可甲骨文里很多不认识的字是人名、地名之类的,认不出来了也没有多大影响。当然认出来也好,但那不能算是发现了一颗行星。如果能解决一些比较关键的问题,那就很好了。所以,一定要慎于选择,但在选择时,那些功利观点会给人带来很大的障碍,要摒除这些观点。

四、学贵创新

最后讲第四点,研究史学和研究其他学问一样,一定要有创新。创新(innovation）听起来容易，实际上非常难。很多人写文章费了很大劲，但讲的几乎都是前人说过的，这实际上不能叫创新，我也不是说这是抄袭。过去北京师范大学的校长陈垣（字援庵）说过一段话：清朝的笔记都可以当奶粉用，那些笔记一条没几个字，但拿开水一冲，就冲成了一篇论文。实际上很多大家觉得很新的见解前人都已经说过，这不能称为创新，创新是需要花费很大力气的。

爱因斯坦曾说：科学上任何新的东西都天然地与过去对立。新？怎么才叫新？它一定要否定旧的，因此创新一定会遇到阻碍。以前有个德国人说过，一个新的东西出现每每都要经过三部曲。第一步是大家群起反对，说这个新的东西不对，是胡说八道。第二步是折中，因为新的东西终究是正确的，所以大家都反对肯定不行，就折中一下，说新的东西一部分是正确的，但还不能完全接受。第三步是大家都说："不用说了，我们之前就是这么认为的。"

创新是很不容易的，接下来我给大家举两个很熟悉的例子。一个是郭沫若先生，第二个就是侯外庐先生，我曾经担任过他的助手。郭沫若先生大家很熟悉，既是文学家又是政治家。他本来是写新诗的，是创造社的领导人之一，那他是怎么研究甲骨文的？在1927年国共合作破裂之后，在白色恐怖之下，他逃到了日本，在那种情况下当然不能公开地做革命活动，于是他开始研究甲骨文、金文。郭沫若先生虽然研究古代的东西，但并没有脱离当时的学术背景。这个我给大家解释一下。在大革命时期有一个关于中国的社会性质和中国社会史性质的论战，这个论战开始于一个匈牙利人，他被第三国际送到广州，在农村做了一个调查，写了一本书叫《中国农村经济研究》。这本书在当时产生了很大的影响，因为他提出了一个主张：中国从来都是一个亚细亚生产方式的社会。所谓亚细亚生产方式，就是一种以公社为基础的生产方式。如果中国是这样一个社会，那么它应该进行怎样的革命，应该走一条怎样的道路？这个问题在当时影响深远。随后1931年苏联召开的亚细亚生产方式的讨论会得出一个结论：亚细亚生产方式就是一种特殊的封建主义。在此之后，这次讨论在苏联就基本结束了，但在中国还没有。郭沫若先生在1929年写了一本书叫《中国古代史研究》。这本书1930年在上海出版，不仅在中国引起了轩然大波，在日本也引发了一群学者的讨论。这本书奠定了郭沫若先生在中国学术史上的地位。所以，大家看到创新多么难，郭沫若先生是怎样将学术界和理论界的观点联系起来从而产生强烈的影响，有关的问题非常复杂，这里不细讲。

然而，在抗日战争之后情况发生了变化，社会史性质的论战已经基本结束。

侯外庐先生是留法学生，在法国他翻译了《资本论》第一卷，他也是第一个将整个第一卷翻译成中文的人，而且他对苏联当时的一些评论加以论述，出版了《苏联历史学界诸论争解答》一书。不仅如此，他还根据新发现的马克思手稿重新解释了亚细亚生产方式，与其他人的方式不一样。从此之后，他就开始了一条新的道路：不仅研究社会史，也要研究学术思想史。他说思想和社会是分不开的。

其他学者也是一样，他们要做一些工作来开创新局面，这就需要克服种种困难，经历种种论战。还有一点我想说，郭沫若、侯外庐两位先生的成就都是有传承的。他们并没有弃前人于不顾。郭沫若先生主要受王国维等先生的影响，侯外庐先生也曾多次对我说，他的观点大多来自章太炎先生。好了，这就是我今天想要贡献给大家的。

【问答】

学生：李老师您好，我有两个问题想请教您。第一个问题是：您是夏商周断代工程的负责人，这个工程还获得了科学进步奖，我想请问这个工程您个人有没有什么收获或者遗憾？第二个问题是：接下来又会有一个中华文明探源工程，您有没有参加这个工程，您觉得夏商周断代工程对中华文明探源工程有什么影响？

李老师：收获是两方面的。第一个方面的收获是这个工程本身的成果。最重要的是这个年表，这是多种方法、多学科综合得到的成果。我给大家讲一件事，1997年我向领导汇报工作的时候，领导问我有什么困难。我当时什么都没要，但我个人有一个担心，我们当时专案组有44个专题9个大课题，我担心将来这么多学科的成果拼凑不起来怎么办。最后幸运的是在1999年我们最终把它们拼凑到了一起，这个成果可能在不同的学科来看都存在着一定的缺陷和不足，但把这么多学科综合起来做出一个有科学根据的年表，我想我们目前只能做到这样了。这是一个阶段性的成果，而不是最终的结果。现在这个工作还在继续，最终的稿子还没定下来。第二个方面的收获是为多学科或者文理科交叉的、大工程的研究提供了一些经验和教训。中华文明探源工程也是由我们专家组负责的，但我本人不太适合研究这个，因为我学习的是夏商周的历史，在这之前的历史不在我的研究范围内，可能要交给学史前史的专家负责。

学生：李老师您好，我是一名研究生，我从小练习书法，认识许多种字体。我感觉现在中国书法就是书法，古文字学就是古文字学，但我个人觉得能从各种书法中看出与历史有关的东西。我现在的专业是世界史，我想请问您我是应该把书法当作业余爱好还是做一些研究？

李老师：这个问题其实我不太适合回答，你个人兴趣爱好的方向是你个人的事，说实在的谁也不会给你出什么主意，不过从你刚才的谈话中我知道，无论如何你是不会舍弃书法的。我觉得你想把它作为业余爱好或者做一些研究都是可以的，因为书法是一门艺术，人都应该有一定的艺术修养，过去说要德、智、体全面发展，后来蔡元培先生说一定要有美育，我觉得蔡元培先生说得很有道理，对你今后的人生发展是有好处的。我所能给你的建议就只能是这样了。

学生：老师您好，刚刚听到您说您当初学习历史纯粹是因为喜欢历史，您也对当下教育的功利性表达了您的一些看法，可是您又说在经济的发展下这种现象会得到改善，那多年以后您会不会感到惋惜我们选择历史掺杂了太多的功利性色彩，换句话说，您觉得为什么很多人在那种艰难的条件下会有一种很纯粹的坚持？

李老师：就这个问题来说，我是一个乐观主义者，我总觉得我们现在所看到的一些不利因素人类总会克服，因为人是非常主动的。"人为天地立心"是非常重要的，为什么人要为天地立心？因为人本身就是天地之心，所以从这一点来看，我们会有一种正确的乐观。从宇宙的发展来看，人是发展的最高点，最高点是有精神的，我们人不仅有物质世界还有精神世界，如果我们只有物质世界，那我们就没有希望了。人为天地立心是我们需要树立的远大志向。

学生：李先生您好！很高兴今天能听到您的讲座。我想请李先生帮我解决两个困惑。我的第一个困惑是，我感觉现在的历史学研究在逐渐推进的过程中越来越专门化和细致化，然而在这个过程中历史学的社会受众在逐渐减少，历史学在社会中发挥的作用似乎也在缩减。那么我想请教李先生：您认为怎样让历史学更多地为社会服务？这不是一个孤立的想法，只是我感觉一个学科要有自己的社会担当，我现在就是因为找不到这样的社会担当而感觉很痛苦、很困惑。

我的第二个困惑是：您认为这一二十年来历史学取得了巨大进步，但主要是在不断丰富一些已有的知识，好像在重大问题的重大推进方面做得不是很够。当然这一方面是因为材料的限制，就如我们看不到清华简。但在既有材料的条件下，在重大问题的重大推进方面，您认为还有多少空间？谢谢您！

李老师：历史学怎样为社会服务？首先是加强与社会的联系。这个问题牵涉到大家多年以来常说的历史危机。20世纪80年代我在南开大学讲课，看见大字报上写的历史危机，我觉得很奇怪，历史有什么危机？或者就是你问这个话的意思。其实历史和其他学科有共通点，就比如说数学。你说的细化，这是所有学科的共同方向。随着社会的发展，各种学科必然会细化、专业化，可是学科的发展也一定不能完全脱离社会。所以，学科的另一方面应该有一个普及化和公共化的过程，而这一点我们做得每每不够。比如说考古，现在报纸大都谈公众考古。其实我这里有一个贡献最大的例子，就是英国剑桥大学的格林·丹尼尔。其实我没见到他，我在剑桥的时候他也在。他是1986年过世的，我是1981年、1982年在剑桥。可是那时他活动很多，好多人来约，我们就没见到面。他是电视考古学的创始人，还会写侦探小说，但我个人觉得他的侦探小说没有考古类作品好。我们更多的历史学工作者都会根据需要进行一些普及工作，我觉得有一个单位特别值得我们学习，就是中科院的古脊椎与古人类研究所。从它的创始人裴文中到现在的吴新智，我都很熟。这些著名学者大多工作繁重，但每个人都写过好多小册子，都写普及文章和通俗作品。书写得很好，在他们的著作中占了很重要的部分，我觉得这些方面值得历史学院和考古学界好好学习。这是我关于你第一个问题的想法，不过你要注意到不只有细化、专门化的问题，还有另外一些问题。现在有一个词叫碎片化，就是随便抓一个题目，题目很小但被弄得很复杂，看了不知道怎么回事，所以要尽量避免，否则，不但脱离社会而且脱离学术界。

关于第二个问题，我认为在重大问题的重大推进方面空间还很大。当然新材料，像你刚才提到的清华简，我们正在努力每年出一本报告，第三本报告会在11月底出来。一方面是新材料的发现，一方面是研究的深入，所以还大有拓展的余地，这是没有问题的。中国有这么悠久的历史、这么大的疆域，怎么会没有研究空间？这是不可能的事。

皮庆生老师：今天李先生给我们做了一个十分精彩的报告，我也有很多体会，也想趁这个机会跟大家分享一下自己的学习感受。李先生透过自己求学、治学的经历和体会，从四个方面讲了治学、治史、读书的重要见解，都是经验之谈。我的第一个体会就是机遇是给有准备的人提供的。李先生能够认识曾毅公先生，后又在20世纪70年代末期出国留学熟练地和人沟通，我在清华大学曾亲眼见到李先生和国外学者自如交流，这都是因为过去有很好的准备，然后一下就派上用场了。第二个体会是要少一点功利，多一点超越性的兴趣，要有创新意识。创新意识不仅是待在书斋里面对学术脉络的把握，也有对当下的关怀。无论在国外还是在国内，学术研究的创新都是学术和当下的良好结合。第三个体会是要赶紧读书。李先生说要将泛读和精读结合起来，尤其说如果不读前四史，都不好意思说自己是学历史的，所以我想我们回去还是先好好读书。谢谢！

兴趣、阅读与研究

黄爱平

演讲者介绍：黄爱平，中国人民大学历史学院清史研究所教授、博士生导师，兼任中国历史文献研究会副会长、国家清史编纂委员会典志组专家。主要从事思想史、学术文化史、文献学史，特别是清代学术文化、历史文献学的教学与研究。所撰《四库全书纂修研究》先后获北京市第二届哲学社会科学优秀成果奖、全国首届古籍整理图书奖、全国高等院校出版社首届优秀著作奖、全国高等学校首届人文社会科学研究优秀成果等多种奖项，《18世纪的中国与世界·思想文化卷》先后获北京市第六届哲学社会科学优秀成果奖、吴玉章人文社会科学优秀著作奖，《朴学与清代社会》获北京市第八届哲学社会科学优秀成果奖。

今天有机会在这里跟大家做交流，对我来说是件很高兴的事。我今天就和大家谈谈自己的经历，谈谈我是怎样走上学术道路、怎样做研究的。

一、为兴趣而读书

我觉得对个人的成长和未来的发展来说，兴趣非常重要，兴趣是最好的老师。我小时候特别喜欢读书，凡是能找到的书、能看到的东西都喜欢拿来读。那是20世纪60年代初，不像现在，那时没有互联网等各种途径，能够提供读书的场所很少。那我找哪些东西来读？就是家里所有能找到的书，旧的、新的、大的、小的，看得懂的、看不懂的，不管什么书，反正都拿来看一看，有兴趣的、读得下去的就接着往下读，读不下去的、实在弄不懂的就先放在一边，等什么时候想起来了、碰到了，再拿来翻一翻。那时我刚上小学，就把高年级同学的课本拿来读，甚至把初中课本拿来读。我的父母工作很忙，就把我送到小城镇的爷爷奶奶家,在那里上小学一、二年级。那种小城镇中能找到的书确实很少,怎么办?只能到处找书读。那时也没有人教,只是自己读到特别喜欢的地方,或者是一段文字,或者是一首诗歌,也不知道精彩不精彩,就找个小本子抄下来。后来我才知道,很多老学者也有过这样一个阶段,就是把自己喜欢的东西记下来。但我那时完全是自发的,就是觉得自己喜欢,书又不是自己的,又想把它留下来,就用小本子抄下来。这个习惯一直跟随我到现在,可以说是我对这些典籍、文献、书本的一种热爱。

后来到了"文化大革命"时期,就更没书可读了。可能大家不太了解"文化大革命"时期是什么样的状况,那时破"四旧",几乎所有的图书都被当作"封、资、修"毁掉,很多书成了"禁书"。无书可读,怎么办?我就偷偷找那些"禁书"。大家可能看到一些学者回忆"文化大革命"期间,打着手电筒,关在蚊帐里读书,怕被别人发现,我倒还没有这种情况。我不知道我读的书大家有没有读过,比如《青春之歌》《红岩》《林海雪原》《钢铁是怎样炼成的》《牛虻》等,当时我读的正是这些对我们那代人影响特别大的书。是在什么时候读的?就是在"文化大革命"期间被禁以后。读这些书在当时是不被允许的,而且它们当时有个共同的名字叫"毒草",是毒害人的心灵的,不许年轻人碰。当时我偷偷找这些书来读,读了一遍不过瘾就读两遍。有时拿到一本书,没头没尾,没封皮没封底,因为那时书都被大家翻烂了,都不知道是什么书了。

除了这些书以外还读什么?有时读当时报刊上的"大批判"文章。"文化大革命"期间有两个写作班子特别有名,其中北京的一个班子也许大家都知道,它叫"梁效"。"梁效"实际上就是两校,哪两校?北京大学、清华大学。当时这两所高校中一些特别能写的,就是脑子特别快、思想特别敏锐,文笔很好、文字特别漂亮的学者,被中宣部抽调出来组成了一个写作班子,当时号称"御用"写作班子。中央有什么精神,有什么重要文件,他们就为这些精神、文件找一些根据,写一些文章。现在看来这些文章有非常强的政治烙印,立场和文风并不可取,但这些文章的文笔非常漂亮。我不知道大家是否了解"文化大革命"期间报刊上的文章,当时全国上下基本全是"大批判"的口气,全是那种空的东西。开篇是毛主席语录,毛主席教导我们如何如何,然后全国一片红,形势一片大好,几乎全是喊口号。那个"梁效"的文章也不可避免,但是它们的文字表达真的非常好,特别顺畅,连这个弊端也带有感情。所以这种阅读,我自己感觉是无目的的,就是能找到、能看到的书都读。我后来才知道,这给我带来的益处是相当大的，它会在无意识中影响到我的日常学习和生活。

还有就是我刚才提到，我小时候跟爷爷奶奶一起生活。我的爷爷奶奶做过中学教师，这是我家里为什么有中学课本的原因。那时他们就拿着一些书来辅导我。因为我的爷爷奶奶有一些旧学根底，对传统文化比较了解，所以他们辅导我的都是在学校读不到的东西，比如《三字经》《论语》之类比较浅显的古文。他们教我背诵，告诉我是什么意思。这些阅读对我的益处，是我后来才意识到、体会到的，而在当时却不自觉地带到了学习和生活中。比如说，我印象很深的就有这样一件事。爷爷奶奶教我读《论语》，里面有"子曰：学而时习之""子曰：有朋自远方来"等，我当时不知道"曰"是什么意思，就问奶奶，奶奶说是"说"的意思，"子曰"就是"孔子说"。后来我给父母写信，告诉他们奶奶叫我做什么事情，就用"奶奶曰"这样一种写法。当时父母看后就觉得要乐出来了，六七岁的孩子就会用"奶奶曰"这种表达方式，真是挺有意思的。或许这就是一种潜移默化的影响。

在学校的学习也是如此，当时我的作文是全班写得最好的。因为书读得比较多，写作的时候自然就会体现出来，文字就会比别人的更顺畅，表达就会比别人的更精彩。大家可能都有印象，小学时让写作文、周记，要是写得漂亮、文句写得精彩，老师会用红笔在下面打上波浪线，或者圈上。每次我的作文一发下来，上面就画着满满的波浪线，看得我自己特别高兴。然后这个作文本还会被拿到班上展览，老师就拿着在班上朗读。那时我还是小孩子，老师一表扬，就特别自豪，就觉得要再阅读，一定要做得更好。用现在的话说，这就叫一种正能量。

还值得一提的就是，那时没有书读，读什么？我记得还有一个就是读字典。那时只有《新华字典》，就那么小小的一本。大家可能知道，"文化大革命"期间周总理还曾把它作为礼物送给外国友人。我们那里小学生上学，人手一册字典。没东西读怎么办？翻字典，真的是瞎翻，一页一页翻，一字一字读，一本字典我几乎翻遍了，所以对字典非常熟悉。这给我带来的好处也是后来才显现出来。我上师范班的时候，学校为了训练我们的基本功，就组织查字典比赛，每段话中的生僻字，甚至是每个字，让查字典给标音，还要注明在字典的第几页。别的同学都忙着翻字典找拼音，特别是那些生僻字，只能通过偏旁部首来查找，我根本不用找，因为我知道在多少页，直接翻开就标上。结果我不仅第一个交卷，而且标注全部正确，拿了第一名，学校奖励我一个当时看来很漂亮的红封皮笔记本。

所以，我想，阅读真的使人增长知识，潜移默化地影响人的品位、精神面貌，有很多意想不到的益处。那时，我那么小，也不知道自己将来干什么、会怎么样，就是想多读书。我后来回想，自己对典籍、文学书籍的那份热爱，对我人生道路的选择以及之后的成长真的起到了相当重要的作用。

对我来说，人生道路上有三个选择非常重要。第一个选择是在高中毕业以后。那时还在"文化大革命"期间，根本没有考大学的机会。当时都是通过推荐上大学，而且还有一种口号叫"上大学、管大学"，根本没有正常的上学途径。高中毕业时老师都替我们惋惜。但当时却有这样一个机会，我们当地有一个师范学校，为培养中学教师，要招收师范生。按理说师范学校应该从初中毕业生里招收学生，因为它是中等师范学校，类似现在的职高。可是"文化大革命"期间大家都不读书，不学习，所以学生的文化水平整体下降。初中生当时什么都不学，没有什么文化知识，怎么办？为了招收合格的学生，只有从高中毕业生里招。因为要培养的是老师，老师如果自己都学不好，将来怎么教学生？所以师范学校就格外注重生源，重视学生的学习水平。当时我是班里成绩最好的学生，班主任就把我推荐上去了。师范学校当时只有两个专业，一个语文、一个数学。报志愿时，80％以上的人选择的都是数学。就像现在的高考一样，每个时代都有它的社会风气，这个风气又受当时社会大环境的影响。为什么当时这么多人选择数学？因为它没有风险。"文化大革命"期间，文字会给人带来祸患。可能日记里写的东西，文章里写的话，就会给人带来牢狱之灾，甚至让人付出生命的代价。所以，那时人人都心有余悸，不愿意学文科，认为学文科不知道什么时候就会出事。

当时填报师范学校志愿时，我毫不犹豫地选择了语文。在绝大多数同学选择数学的时候，我选择了语文。为什么？因为我喜欢。其实我并没意识到有风险，但我父母很清楚，尤其是我父亲，他自己就深受其害。他本来想阻止我，不让我学语文，说最好学数学，那时有这样一个说法："学好数、理、化，走遍天下都不怕。"我很感谢我的父母，他们并没阻止我，而是说既然你愿意学，那你就学吧。于是我就在那所师范学校读了两年语文班，刚才我说的那个查字典比赛就是在这个师范班上。这是第一个选择，就是学文。

第二个选择就是考大学。刚才我说了我们高中毕业时没有考大学的机会，但那时已经是"文化大革命"后期。我从师范学校毕业后，被分到中学当了语文老师。那时语文老师既教语文又教历史。干了几年以后，终于迎来了"文化大革命"的阴霾散去，改革开放的春天到来。国家开始恢复中断了10年的高等学校考试。1977年9月，教育部召开全国高等学校招生工作会议，邓小平决定恢复高考。但那时已经是下半年，有的领导说来不及了，要等第二年再恢复。邓小平说不行，当年就得恢复，所以我们的高考是在当年12月进行的。当时高考通知一发布，我们这些人简直全都沸腾了。真是不敢相信，那时连老师都为我们惋惜，以为我们再也没有上大学的机会了，可是这个机会突然间降临了！那种高兴劲真的难以用言语来形容。大家可能看过一些反映知青生活的电视剧，有的知青正挥着锄头刨地，突然听到这个大好消息，就把手里的东西一扔，立刻跑回去准备材料报名。

这时我又面临一个选择，就是究竟选哪个学科、哪个专业。"文化大革命"刚刚结束，人们心中的阴影还没完全退去，所以我周围的很多人还是选择数、理、化，我自己刚开始也想过转到数、理、化去，所以最早复习的时候是以数、理、化为重点的。但看了一段时间的书以后，觉得自己的兴趣不在这儿，终于下决心还是考文科，不考理科。当时只知道全国最好的高校是北京大学，那北京大学最好的文科专业是什么？中文系。所以，当时抱定这样一个理念，第一是要学文科，第二是要上最好的大学，所以报了北京大学中文系。当时能报三个志愿，我报的三个志愿都是文科，第一是北京大学中文系，第二是复旦大学新闻系，第三是武汉大学图书馆系，全都是与典籍文献有关的文科专业。

在高考的准备过程中，我也感觉到，从小打下的基础，从小学到中学再到师范学校这段时间的训练，以及当教师那几年自己对典籍的热爱、阅读和工作经验的积累，这些长期积淀下来的收获在这时发挥了重要作用。报考了文科，是自己喜欢的领域，目标又是全国最好的高校，是自己最向往的专业，那就会尽全力准备。之前的基础和积累在这时就体现出来了，所以又回到刚才的话题，阅读一定会给自己带来好处。当时文科的考试分为两部分，一部分是作文，一部分是基础知识。我至今还记得我的基础知识部分只扣了0.5分，几乎拿了满分。当时高考成绩一出来就传出有个地方的考生考了第一，基础知识部分只扣了0.5分，总之就是考得最好，成绩最高，后来才知道那个考生就是我。所以，我觉得正是从小打下的基础发挥了重要作用。这就是我人生中的第二次重大选择——考上大学并选择了文科。

第三次选择，是大学毕业以后，由文入史。我从北京大学毕业后到了中国人民大学清史研究所。大家都知道，文、史不分家，所以我考到人大清史所是顺理成章的事情。

二、研究型学习：夯实基础与勤于思考

下面要给大家讲的是大学期间的学习。第一个方面就是兴趣问题。其实刚才主要讲的正是兴趣影响到我人生道路的选择，而这三次选择对我的人生起到了重要作用。说到这里，有的同学可能会心里发凉，就会想：我不是自己选择的这个专业而是被调剂过来的，并不喜欢现在这个专业，这怎么办？那以后是不是就没有前途了？在这里我想告诉大家的是，兴趣有两种：第一种是与生俱来的，从小就喜欢；第二种是慢慢培养的。开始不喜欢、不了解，没关系，可以慢慢地接触它、了解它、深入它，培养兴趣。所以，如果大家不是像我当年那样直接选择了语文然后学的文科，而是被转过来的，还可以通过这几年的学习慢慢培养兴趣。

给大家举个例子。大家可能都知道，郎朗是世界著名的钢琴家，可是他小时候真的喜欢学钢琴吗？一点也不，他是被他父亲逼着学钢琴的。后来郎朗回忆他小时候一点也不快乐，为什么？因为他父亲老在后面督促他，如果他学不好，就有各种各样的惩罚。所以他不得不学，在钢琴旁边一坐就是十几个小时，就是这样练出来的。可是后来他在这个过程中真心喜欢上了钢琴，用自己的整个身心去理解、去弹，这个曲子不是用手在弹，而是用心理解，然后通过手表现出来。通过这件事情可以看出，兴趣是可以培养的。

第二个方面就是广泛涉猎，打好基础。大学四年的学习对大家来说还是打基础的阶段，也就是说大学四年并不能决定，或者说不能完全决定你们今后的人生道路，你们还有很多选择机会。所以，在大学本科阶段要努力拓宽视野，夯实基础。大家要切记，大学四年还是打基础的阶段，把这个基础打得牢牢实实，以后不论做什么都会有很好的发展，都会做得很好，这是我自己的一个体会。

至于广泛涉猎，还是要求多读书。就我个人而言，小时候和中学阶段看不到太多书，可是一旦上了大学，到了北京大学，北京大学的藏书非常丰富。我们刚入学的时候，老师领着新生参观图书馆，我瞬间就目瞪口呆，竟然有这么多书，架子上密密麻麻放的都是书！我随手翻翻，结果这本也喜欢，那本也喜

欢,就好像进入了书的海洋,目不暇接,眼花缭乱。由于有了这么好的条件,而且我大学四年也真的是好好读了一些书,读自己感兴趣的书,广泛涉猎,在图书馆里尽可能地去读、去翻、去找,找来看找来读。

  读书时,第一个是根据自己的兴趣所在,第二个就是重视课程学习及参考书。我不知道大家现在课程学习怎么样,我有时去听年轻老师给本科生上课,发现认真听课的学生并不多,我真的很替他们惋惜,因为他们放弃了很好的学习机会。我记得我们当年上课的时候,每节课我们的眼睛都不会离开老师,看着老师的眼睛听课,看着老师在上面板书,恨不得把老师讲的所有东西都记下来。那时没有现在这么先进的手段方法,可以用电脑记笔记,甚至直接拷贝课件,我们那时只能用笔记笔记。我们的笔记都记得尽可能详细,有时上课有记不清楚或者落下的地方,下课后我们还互相之间对笔记、抄笔记。那种对知识的渴求可以用"如饥似渴"来形容。而且,那时给我们上课的老师大多都是在"文化大革命"期间被发配到五七干校、牛棚中的,不能上讲台,也无法做学问,积压了十年的能量,这时刚被释放,刚刚投入教学中,因此,他们的那种干劲和我们对知识的渴求是一种非常好的契合。他们教得非常认真,学生也很积极,与老师交流得很好。在那种学习氛围下,我在课堂上学到的东西使我的一生都非常受益。我们还会到图书馆借出老师开的课程参考书目,来翻阅,来查找,这样学习真的对我帮助很大。

  再者,除了专业课程的学习,还有很重要的一部分,就是选修课。那时的选修课没有学分,也没有人管,全凭兴趣。当时我上的中文系,所谓文、史、哲不分家,我就去听哲学系的、历史系的选修课,包括哲学原著选读、断代史比如明清史,还有世界史等课程,这样给自己打开了一个广阔的知识世界。

  另外,我们自己那时就已经有意识地搜集一些与自己专业、兴趣相关的书。"文化大革命"期间很多书都被定为"禁书",不用说出版,很多都已经被毁掉了。"文化大革命"结束后开始重印世界名著,当时我们只要知道新华书店什么时候销售新书,就全班总动员,前一天晚上就去书店排队。男生晚上去,女生就第二天一早去接替男生。我现在的藏书,像那些世界名著,很多都是20世纪80年代的,比如《安娜·卡列尼娜》《巴黎圣母院》《悲惨世界》《高老头》《欧也妮·葛朗台》《战争与和平》等。真可以说是节衣缩食,把家里给的零花钱全都用到买书上,回来就自己读。那时,我们有的同学还专门用木头刻一个印章,刻上谁的藏书,购于什么地方,生怕别人拿走了不还回来。这样的阅读使自己在原来的基础上了解得更多，基础也更加扎实。

还有一点，就是当时我在北京大学读的是古典文献学专业，这个专业是为中华书局培养古籍整理出版的专门人才的。古籍涉及的知识范围非常广泛，文、史、哲都包罗在里面。所以，为了这样一个需求，古典文献学专业开课的范围比较广，从文字、音韵、训诂、考据这些基本功开始，到写作训练，再到文学、历史、哲学的相关课程。这些课程的开设打开了我们的眼界，使我们有了更加广阔的知识系统。

所以，我说大学四年真的是一个很好的打基础阶段，如果现在还不知道自己的兴趣在哪里，将来要做什么，那就不妨先在这些基础方面多下点功夫。那时不像现在，外语占了这么大的比重，需要花这么多的时间来学习。当然我们也有外语，但我们是根据专业需要学习外语。所以，当时我们的主要时间就集中用在文、史、哲及古汉语方面的训练上。总之，广泛阅读，夯实基础，这对大家将来的发展是很重要的。因为有了厚实的基础才能建造高楼大厦，才能长成参天大树。这是第二个重要方面。

第三个方面是勤于思考、发现问题。首先，大学及其后的研究生阶段与中学阶段是不同的。虽然都是读书，但大学及其后的研究生阶段不是盲目地读，读书要有自己的选择和判断，哪些是好书，值得精读，哪些书一般，翻一翻即可。其次，读书时不要完全被书所左右，不要盲目跟着作者的结论、认识、成果走，而应有自己的思考。一是要好好想一想，书给自己带来了什么，有没有知识或思想上的启发，它对自己究竟有什么帮助。二是在读书过程中，自己有没有发现书中没有讲到或者讲错的问题，这些都要动脑筋思考。发现问题是从事研究的第一步，发现不了问题，别人说什么就认为什么是对的，就没有办法做研究，也没有研究的意义。一定要在读的过程中勤于思考、发现问题，这一点对于做学问极为重要。

我可以给大家举个例子。清初有位著名学者阎若璩，他是一名辨伪学家，以一本书奠定了自己在学术界的地位，那就是《尚书古文疏证》。他积三十年之功考证古文《尚书》是后世的伪作，这个结论得到了当时和后世学者的认同，尽管有质疑、有反对，但终不能以强词夺正理，这就奠定了他在清代学术界的地位。为什么阎若璩能做到这一点，为什么他就能发现？据史书记载，他也经历过一个从苦读到开悟的阶段。他小时候很笨，记忆力也不好，背书背不下来，读书也读不顺，和他一起上私塾的小孩都背完出去玩了，他还在教室里和书较劲。但是这个孩子有一股傻劲，越是读不下来、背不下来，他就越要读、越要背。拿过一本书背完一页撕掉一页，就是告诉自己这一页自己已经背熟，已经在脑子里，不需要文本了，就是一直做这样的训练。忽然有一天他就开窍了，可以说是聪颖异常，比别的孩子聪明得多。那他有多聪明？据史书记载，别人看书只能看到正面，但他看书正反两面都能看到。其实就是说，他不但善于读书，还能发现问题。所以，读书要多加思考，哪怕是平时和老师、同学交流，也要做到这一点。

在这里，我还想举一个例子。当年上大学时，我们有文字学这门课。有一次，我和几个同学一起与老师探讨有关古文字的问题，老师就告诉我们"玉"在古代指的是漂亮的石头，所以几乎所有斜玉旁的字都和石头有关，比如"珏""珩""球"等。每个人都说了说，好像真的是这样。这时我猛然想到一个问题，就问老师："发现的'现'字与石头有没有关系？"老师当时就愣了一下，说好像没发现"现"与石头有关。回去一查，好像也没有什么关系。至于这个问题老师后来是怎么解答的，我现在已经记不清了，但我却清楚地记得，当我提出这个问题时，老师立马就表扬说这个同学善于思考，大家都提出了与石头有关的字，但这个字好像与石头没有关系。所以，在课堂上学习与交流时就要善于发现和提出问题，这样就可以促使思考。

三、问题探究：竭泽而渔与实事求是

说到勤于思考、发现问题这方面，我这里还有一个例子，就是《明史》纂修的问题，是我在读书过程中发现的。梁启超的《中国近三百年学术史》是清代学术文化史研究的入门书，是那时大家都要读的书。我来人民大学上研究生的时候，老师给我开的第一个书目上就有这本书，当然也包括钱穆的同名书，以及梁启超的《清代学术概论》等。在读这本书的时候，我觉得梁启超在关于清修《明史》的问题上没有说清楚。大家都知道，在清修《明史》过程中，有一个人备受推崇，那就是黄宗羲的学生万斯同，一个大史学家。他是以一个布衣的身份，不食清廷俸禄，不领清朝官衔，帮助清廷修《明史》，实际上却起到总裁的作用。他之所以这么做，是因为当时明代遗民在抗清斗争失败以后，把自己的思想理念寄托在文字著述上。一代王朝已经灭亡了，这是不能挽救的事实，但一代之史不能泯灭，一定要把它记下来。于是，万斯同受黄宗羲的委托，从他的家乡宁波北上来到京城，默默地参加修《明史》的工作。除了万斯同这个大学者，在修史过程中还有一位叫作王鸿绪，是当时明史馆总裁之一，他在《明史》纂修的后期阶段起到了非常重要的作用。这个人是朝廷高官，做过尚书，但名声非常不好，因为他参与了党争。尤其是康熙晚年，皇子争夺皇位，王鸿绪就是其中一派，但后来他这一派失败了，并且因为这个问题他被削职回乡，后来还有人专门翻出这个事情来批评他是小人。也正因为他不招人待见，就有人说他将万斯同的修史成果及已基本编成的《明史稿》占为己有，因为王鸿绪后来以他个人的名义，经他之手，向朝廷进献《明史稿》。他去世之后，他的儿子又把他存在家中的《明史稿》刊刻出来。所以，学术界历来认为王鸿绪在修史过程中并没有出多大力，但却冒名顶替万斯同的功劳，用一个学术界的专业用语来说，就是攘窃，窃取他人的成果。从清代以来许多学者到梁启超都持这种观点。

我读到这里的时候，产生了一系列疑问：万斯同到底修了多少《明史》？王鸿绪到底是怎么攘窃的？到底是不是攘窃？这整个事情的前因后果到底是怎样的？梁启超的这本书只是对清代学术史做了概括的阐述，并没有对每一个问题都深入分析，同时他也是沿袭清代一些学者的观点，所以梁启超的书没有办法给我更多的答案。于是，我就围绕这个问题自己想办法解决。这就涉及下面要讲到的问题了，就是要穷尽材料，竭泽而渔。也就是说，在发现问题时怎么办，是放在一边不管还是自己解决。如果要自己解决，就一定要有文献材料的支撑。

历史上也有这样的例子，就像我们刚才讲到的阎若璩考辨古文《尚书》之伪，有些问题并不是他发现的，在他之前就有人发现了，早在宋代就有学者觉得这本书有问题。其中有一位著名的大学者，就是朱熹，他在对比今文和古文《尚书》时就有疑问。今文《尚书》读起来非常拗口，难以理解。但恰恰相反，号称古文的《尚书》文本读起来却比较顺畅，易于理解。当时朱熹就觉得非常奇怪，因为今文距离当时的时代比较近，按理说应该更好理解，而古文距离当时的时代比较远，按理说应该比较难懂，就像我们现在读清代人写的东西要比读先秦人写的东西更好理解一样。朱熹发现了这个问题，就有所怀疑。但偏偏这个大理学家轻易地把这个问题放过去了，认为《尚书》就是如此，所谓"书有二体，有极分晓者，有极难晓者"。他没有进一步怀疑、深究，而是放下了，这一放就放了多长时间？直到清代。虽然元代、明代也有人怀疑，也有人做了一些考辨的文章，但都没能引起学者的重视，或得到学术界的认同，直到清代的阎若璩。阎若璩考辨《尚书》的证据之一,正是今文、古文的文体,号称今文者,"屈曲聱牙,至有不可读者",标为古文者,却"文从字顺",易读易晓,显然有悖文体发展的一般规律,这是他判断古文《尚书》为后人伪造所列举的一百多条证据之一。所以,发现问题以后,是轻易放过,还是继续深究,这也是很重要的。

如果去深究,那就得查找文献资料,要证明自己的怀疑到底有没有根据,是对的还是错的,这就要穷尽材料。唐代以前的材料我们几乎都能穷尽。当然随着考古发掘而新出土的文献是另一回事,可能现在我们看不到,也许以后还会有新的东西出来。就传世文献而言,唐代以前的东西我们基本都能看完。但是唐代以后,宋、元、明特别是清代的东西是无法穷尽的。就整体来说无法穷尽,但对某一个具体问题来说,完全可以穷尽,而且应该穷尽。就是围绕这个问题的材料,要想方设法地都找来,做到竭泽而渔。

我自己有了这样一个疑问以后,就去请教我的研究生导师戴逸先生和副导师王俊义先生,把我的疑问告诉他们,老师没有给我答案,当然可能他们对这个问题也并不了解,但老师鼓励我说,既然你觉得这里有问题,那你就自己把它弄清楚。怎么弄清楚?就要从最基本的文献资料做起。所以,围绕这样一个问题,我想方设法去找我们今天能够看到的,当时参与《明史》纂修的纂修官所留下的东西。50 个当时通过博学鸿儒考试,进入翰林院,被任命为纂修官的学者,还有当时翰林院的 16 个翰林官员,总共 66 个参与纂修的学者,再加上当时担任监修总裁的学者,他们留下来的文集、他们的各种著述,我几乎全部翻了一遍。还有就是能看到的各种《明史》稿本,那些纂修官的,包括出自万斯同、王鸿绪等的,还有雍正以后一直到乾隆时期的,所有这些稿本,跟这个问题有关的材料都找来看,几乎穷尽了人民大学图书馆、北京图书馆(今国家图书馆),还有当时的中国科学院图书馆(今中国科学院文献情报中心)等收藏的有关资料。总之,能利用的、能看到的,就想方设法找来看。那时不像现在,可以上网查,当时都是一大早挤公共汽车,去位于柏林寺的北京图书馆古籍分馆,或者去东厂胡同的中国科学院图书馆查阅资料。为了看万斯同的稿本,我还利用学术实践和社会调查的机会,专程到宁波天一阁博物馆,去看收藏在那里的一个 12 册的稿本。就这样想尽一切办法、利用一切机会去寻找一切材料,直到把这些材料找齐以后,才能进入下一个环节。

以上所说的就是要穷尽材料。等文献材料基本上都收集起来后,进入什么阶段？分析问题的阶段。我自己感觉，一个最重要的原则就是实事求是。就是脑子里不要有偏见，也不要有框框，不要有预设的东西。胡适曾讲过"大胆假设，小心求证"，要先有一个想法，然后再求证自己的想法正不正确。我对这个问题有了疑问，现在材料也找来了，那我这个疑问到底能不能成立，就要通过对材料的分析来证明，我认为分析问题的过程就是从材料出发，做到实事求是。

还是回到刚才的例子。材料都找来以后，我就根据这些材料来分析，在修史过程中，万斯同起到了什么作用，他做了哪些工作，留下了哪些成果。然后再看王鸿绪起了什么作用，他做了哪些工作，又留下了什么成果，哪些东西能够证实他确确实实做了《明史》纂修或史稿修改这样一些工作。通过他的传记资料，我可以知道他这一生中什么时候参与了《明史》纂修，什么时候因为什么被皇帝责罚，什么时候被削职回乡，同时把《明史稿》带回家修改，然后他修改的情况怎么样。通过20世纪30年代一个学者的文章，我找到了收藏在北京大学图书馆的一个稿本，是王鸿绪当年修改留下来的，从笔迹可以证实是他的。怎么证实？因为现在我们能够看到的清人的那些手札，里面有王鸿绪写的信，还有王鸿绪的密札，拿去跟那个稿本一比对，出自谁就完全可以判定。那上面《明史稿》的修改，有五种颜色的字迹，黑的、红的、绿的、黄的，还有青色的，五种字迹同出一人，那就可以判定王鸿绪对《明史稿》的修改确实下了不少功夫。通过材料还可以知道他为修改做了哪些工作，他改得好还是不好。最后又把万斯同的《明史稿》和王鸿绪的《明史稿》加以比对，这当中有哪些区别，这些区别是超出了原来的万稿，还是不如万稿，等等。对这些情况进行分析，最后得出来的结论就是王鸿绪并没有攘窃万斯同的成果，他确实下了很大功夫，费了很多心力，在《明史》纂修中也取得了相当的成效，是《明史》成书过程中必不可少的一个环节。换句话说，《明史》纂修从万斯同到王鸿绪，再到后来的雍正朝，最后到乾隆初年刊刻，经历了这样几个阶段的发展和完善。所有的这些分析研究，都是从材料出发，从而得出这样一个结论。

得出这个结论之后，我们还要思考，这个事实可以证明王鸿绪没有攘窃他人成果，但为什么会有这种说法？梁启超的书也不是凭空而来，并不是他第一个给王鸿绪戴的帽子，他之前就有人这样说了，那在这之前又有哪些人说过这样的话？所以，我又把清代的人一个一个都找出来，谁在前谁在后，是怎么说的，这当中有什么变化，为什么这样说，为什么有这样一个误解，分析背后的原因。之后就写了一篇文章——《王鸿绪与明史纂修》，副标题就是《王鸿绪

'篡改''攘窃'说质疑》，这篇文章后来发表在《史学史研究》上。发表以后，还是挺有影响的。

我这里稍带要说一下，其实研究一个问题，最后所得到的成果往往不限于这个问题。我对《明史》纂修的研究实际上是从疑问开始的，但到后来，除了写王鸿绪这篇文章，还写了《万斯同与明史纂修》，探讨万斯同在《明史》纂修过程中究竟做了什么工作，取得了什么成果，起了多大作用，这就是一篇文章。再有，我看了那么多的《明史》稿本，有纂修官的，有万斯同的，还有王鸿绪的等，于是又写了一篇文章《明史稿本考略》，逐一考辨、厘清今存各部《明史》稿本的具体情形。实际上，这些都是相关的问题，这些文章发表之后得到了学术界的认同。过去，历史文献学的著述或者相关的教材，在讲到辨伪学时，往往会说到古人作伪的各种情形，其中有剽窃他人成果而据为己有这样一种作伪方式，即本来不是你的，你把它拿来，署上自己的名字，这是一种很恶劣的做法，举例都举王鸿绪这个例子，说他就是攘窃的一个典型。但我的文章发表之后，又有一些学者做研究，也都接受这样一个看法，认同并且肯定王鸿绪在《明史》纂修过程中所起的作用。到后来我们可以看到，王鸿绪不再被当作攘窃的典型，扣在他头上的帽子被拿下来了，他身上的污水也被冲刷了。所以，直到 21 世纪之后，南开大学一位学者总结 20 世纪以来《明史》研究的整体状况，其中评述有关《明史》研究的成果，就专门讲到王鸿绪在《明史》纂修过程中的所谓攘窃问题，特别提到谁谁谁的文章，基本上解决了这样一个问题，谁谁谁的文章也同意这样一个看法。所以，我觉得做研究，就是从发现问题开始，然后找材料来支撑、证明自己的观点。如果自己的观点是错误的，就放弃；如果证明自己的观点有道理，通过自己实事求是的分析把它说清楚，基于文献资料而得出的观点，哪怕是反驳前人的，也能得到学术界的认可，得到大家的承认。所以，分析问题一定要从材料出发，实事求是。

在这里我特别要提到的是，有些青年学者特别喜欢盲从。比如说过去我们极为强调历史唯物主义，一切从阶级斗争的观点出发分析问题，以致把马克思主义的理论指导教条化、机械化，使之成为束缚思想的条条框框。后来又出现了另一种倾向，什么倾向？就是国外学者提出来的理论就是好东西，拿来就套中国的历史，拿来就套中国历史上的人、事件或者某种现象。大概 20 世纪 80 年代，系统论特别盛行，所谓"三论"的中一种，就是把中国古代社会看成一个大的系统，从上到下一层一层的系统，把所有问题都纳入这个系统来分析。

现在一些学者也把西方的一些观点或者理论拿来套中国的东西，我觉得这就像是刚跳出一个藩篱又进入另外一个坑中。所以，理论的东西我们要有，但理论的东西不是现成的，不是像程朱理学讲的那样有一个天理在那儿，可以拿来解决所有问题，不是那样。我觉得还是要从实际出发，从文献资料出发，然后通过分析得出自己的观点、看法和结论。

我感觉自己的学术道路，经过这么一些阶段，就像上台阶一样，一步一步走到今天，所以包括我后来的研究，从硕士研究生就开始的对《明史》纂修问题的研究，到对乾嘉学者的研究，博士研究生期间对《四库全书》纂修的研究，一直就坚持这一点——实事求是。我觉得确实是这一点，使自己的研究基本上能立得住。也就是说，研究得出来的结论能够得到学界认同，就是大家认为比较平实，比较客观可信。

其实在20世纪80年代，想实事求是地下结论，还不像现在这么平常，因为那时"文化大革命"结束不久，很多思想上的束缚还在。我记得后来有一次我在学校的博士毕业典礼上作为导师代表发言，就专门讲到"实事求是"这个问题。比如我研究的乾嘉学派，大家都知道乾嘉学者的治学态度，尤其是以戴震为首的皖派学者，他们特别强调一点，就是实事求是。汉学是清代占据主导地位的学术流派。汉学经过了一定的发展，到皖派学者崛起之时，已不再一味迷信古人，而是主张实事求是，一代学术因此而得以发展到高峰。当时我研究乾嘉学者时却遇到这样一个问题，即对他们这种实事求是的治学态度，该怎么分析、怎么评价。当时很多文章说，乾嘉汉学家的实事求是跟共产党的实事求是是两回事，即共产党的实事求是是真的实事求是，乾嘉汉学家的实事求是是假的实事求是，两者有本质的区别。我的研究就涉及这个问题，觉得都是实事求是，说两者有本质的区别，那本质的区别到底在哪里？为什么一个是进步的，另一个就是落后的，就是要批判的？这个问题真是让我特别纠结，百思不得其解，同样都是实事求是，怎么就有本质的区别？后来我想，不用管那么多，实事求是就是实事求是，乾嘉学者能做到这一点，他们在做研究时确实用这样一种治学态度去考证，去得出结论，确实是立于不败之地的。

最典型的例子就是乾嘉学者王念孙对《老子》一处文字的考证："夫佳兵者不祥之器"。"佳"就是单立人加两个土那个佳，就是好的意思；"兵"是兵器的兵；"祥"就是吉祥的祥。这句话也被简称为"佳兵不祥"。显然，读这句话就觉得有问题，"佳兵"，"佳"是好的东西，可是后面又说它"不祥"，到底怎么回事？很多人牵强附会地解释。王念孙读到这个地方，怎么都觉得不对，怎么都觉得太牵强，不是那么回事，就找文字方面的、文本方面的各种证据，他的结论是什么？通过各种各样的证据，旁证、他证等以及他的推理分析，考证出来这个"佳"字是一个错字，本来应该是"隹"字。"隹，古'唯'字也"，就是"唯有""唯一"的那个"唯"字。王念孙这个考证出来以后，大家都非常赞同，都认为他解决了一个大问题。实际上这句话原文应该是怎样的？应该是"夫唯兵者不祥之器"。这个"兵"指兵器，引申为兵革，就是战争。古代一打仗，肯定会带来流血、灾难，导致生灵涂炭，所以"兵"被视作"不祥之器"，故而说"唯兵不祥"，本来应该是这样的。这是王念孙考证出来的结论，因为古"隹"字的字形与"佳"字相近，在流传过程中就讹变成了"佳"。但也有人质疑，为什么说它是个"隹"字，我不相信，因为没有文本的直接证据，只是旁证、他证还有推理。后来是怎么证实王念孙的考证是正确的？就是我们的考古发掘。在《老子》帛书的甲本乙本中，这一章的这个字正好就作"隹"。所以，出土文献证实了王念孙也就是清代学者的考证是正确的，是真正立于不败之地的！

所以，这样的考证就是实事求是。没有这样的治学态度，怎能得出这种推不翻的，而且被考古发现证实是正确的结论？这种实事求是的治学态度是不是值得肯定？为什么又说它跟共产党提出的实事求是有本质的区别？其实本质是一样的。基于这样一种朴素的想法，我在我的学位论文中对乾嘉汉学家这样一种实事求是的治学态度给予了充分肯定，而我自己做研究时也本着这样一种态度。正是实事求是使我们的研究和探讨得出来的一些结论、一些观点是可信的、有根据的、得到学界认同的东西。所以，我认为在学术研究过程中，这一点非常重要。特别是不要脱离了一种束缚、一种藩篱，又钻进另外一个圈套，还是应该从实际出发，从文献资料出发，从而得出自己的观点和看法。

四、体会与感悟

以上大体给大家介绍了我个人的一些经历以及学习和研究的情况。我自己还有一些体会或者感悟，在这里跟大家分享。

首先，一个人不管做什么事情，从事学术研究也好，从事实际工作也好，学习也好，一定要付出努力。我总觉得，如果不用功，不付出努力，不付出代价，成功绝不会像馅饼一样从天上掉下来砸到脑袋上，或掉在脚跟前。很轻松、很轻易地取得成就、获得成功，那是不现实的，至少不是一种普遍现象，人不一定都有这样的运气。大家可能都知道有一首歌唱道："没有人能随随便便成功"。这句话是大白话，但说出了一个真理：要成功，必须要付出努力，必须要花费时间。

我们最近在准备校庆，我看了马克思主义学院贴的那幅漫画，一个人坐在那里看书，脑子里在想："我这脚下怎么没坑？"大家都知道，马克思在大英图书馆读书时脚把地踩出一个坑来的故事，那个坑可不是随随便便踩出来的，那是他长年累月在那里用功踩出来的。还有咱们中国的嵩山少林寺，少林和尚练功的地方也有很多坑，那是和尚练功的时候踩脚踩出来的。

如果说这些例子都比较远，事实上我们身边同样也有这样的例子。大家知道我们哲学院有一个教授叫方立天，他的学术造诣非常高，他的《中国佛教哲学要义》得了很多奖项，学术界包括佛教界都非常认可。在学校为他这本书的出版召开研讨会时，校园里来了很多高僧，全穿着袈裟，来参加这本书的学术研讨会。这位方教授，我自己就看到他，每天8点以后夹着一个包，拿着一杯水，就往图书馆去了，图书馆阅览室里有他一个专座，天天在那里看书，在那里做笔记，在那里写文章，风雨无阻，大概除了休息日，只要图书馆开门，他必定去。这是我们身边的例子。

另外也值得我自己骄傲的是，相当长的一段时间图书馆古籍库里也有我的一个专座。那时我做《明史》的研究和《四库全书》的研究，一有时间就到学校图书馆古籍阅览室去看线装书。当时我还是个研究生，那个古籍阅览室的老师早就认识我了，也知道我很用功，天天来看古籍。开始是他从书库里给我拿，后来实在是拿得太多了，天天拿，隔三差五就要拿。他问我：你还要看多少？我说挺多的。他说那这样吧，你到馆里来就直接进库里看，于是专门在现在的老馆二层半的那个古籍库里靠窗的地方给我设置了一个座位，说你每天到馆里来看书就坐在这儿看，要看什么就从架上拿。那几年，我几乎天天坐在那里，只要没有课，就到那里看书。进图书馆跟老师打个招呼就直奔书库，挨着书架拿，一函一函地拿，一册一册地翻阅。所以，我做《明史》纂修问题的研究，那些相关学者的文集，几乎全翻了一遍。到了《四库全书》的研究，300多个纂修官，还有相关的那些人，他们留下的东西，能看到的，学校图书馆能找到的，我全都翻遍了。后来，大概两年前，在清史工程那边，我们文献工作有一个大项目,叫"清代诗文集汇编",人民大学图书馆藏的清人诗文集是底本主要来源之一。当时的人大校长是这部大丛书的主编,为这部书专门到学校图书馆古籍库参观、考察,看看学校古籍收藏情况到底怎么样。当时,看着书库里满架的书,校长回头问我说,黄教授,这些书你都翻过吗?还没等我说话,旁边咱们古籍库的老师就接过去了,说黄教授当年就专门在这里看书,这里有她的专座。校长听了之后频频点头,意思是说真是不错。所以,要取得一点成就,是要付出努力的。

我自己还有一个经历就是到档案馆看材料。当年为了研究《四库全书》,曾专门跑到档案馆看档案,因为当时档案馆刚整理出一批有关《四库全书》纂修的档案材料,还没有出版,我是通过特别途径得到准许去看这批材料的,那真是宝贝。我们知道学术研究很重要的一点就是新材料的发现。20世纪初期有新史料的四大发现,其中之一就是内阁大库档案的发现。我研究《四库全书》纂修问题,有那么多档案材料别人没有看到过,更没有利用过,对我来说真是宝库。有这种机会简直太不容易了,所以那段时间我几乎天天往档案馆跑。那时看书不像现在这样方便,中午都没地方休息、吃饭。怎么办?每天一袋方便面。后来有学生说,黄老师不错啊,那时能吃到方便面,好像对我们来说特别难得。可能北京和外地不一样,那时北京方便面多,也很便宜,一块钱买一包,里面有10块面饼还有1袋调料,够我吃一个星期。也因为当时档案馆外边没吃饭的地方,一是吃饭要走很远,二是很贵也没钱,所以一天一袋方便面,花费不多,还节省时间。这样的情形足足持续了8个月,最后吃得我一闻到方便面的味道就反胃,过了好些年才缓过来。所以,除非是特别聪明的人,一般人想要成功,真的要付出努力。很多人说一个人成功需要机遇,但我说必须先把自身修炼好,从各方面充实自己,等到机遇来了才能抓住,否则来了也抓不住,不会有任何作用。打好基础,准备好条件,机遇来了抓住它,人生就会改变。

其次,一个人不管做什么事情,都要认真,人做任何事情都要有认真态度。我不太同意所谓的游戏人生,什么足球、排球、拍电影都是玩儿,有些确实可以玩出来,有时看到有人爱玩电玩最后成了专家,喜欢喝咖啡最后开了咖啡店,虽然有玩的成分,但仔细看就会发现里边也有艰辛。对待任何事都要有认真态度,做出来的事就会比别人更好。

皮老师刚才提到我们的《中国历史文献学》教材。当年我们申报国家级规划教材时,历史文献学专业申报的教材有十六七部,有的还是该领域有名的大家，有现成的教材。我们是从头开始，能提供的只有我自己原先上课的讲义。当时为了准备申报材料，我们动员了本专业所有的老师和学生。课上、会上多次讨论，大家畅所欲言，真正做到集思广益。我们还找来当时所有的文献学教材，一本一本分析，每种教材的优长在什么地方，问题在什么地方，我们能在哪些方面超越现有教材。所有的老师和学生都积极参与，反复讨论，准备材料，最后做成的申报书材料有将近 30 页。当时人大出版社编辑拿到我们的申报材料时很感慨，说黄老师你们做得太认真了，哪怕国家批不下来我们也给你出，就冲你们的认真态度相信教材差不了。结果我们的教材在十几部教材中脱颖而出，被列为国家级规划教材出版。这是一个例子。

还可以举一个例子。我的一个学生毕业后参加工作，就在宁波天一阁博物馆，特别得到博物馆所在的广电系统的好评，她说原因就是自己比别人多认真了一点，而这一点就是从黄老师那里学来的。所以，对待任何事情一定要有认真态度，要做就做好，对你的学习、成长、研究工作都有帮助。

今天给大家讲的大致是这些，主要是我的人生经历、学习研究过程，以及一些体会与感悟。我觉得每个人的成长环境、生活道路、性格特点都不一样，都有独特之处。我们现在要做的，一是打好基础，二是发现兴趣爱好，并结合目前的现实情况，尽最大可能提升自己，使自己得到更大的发展。有了基础素质，不管干什么都会干好，人生都会成功。

【问答】

皮庆生老师：黄老师跟我们分享了她求学治学的感悟，讲得很平实，很贴近我们的学习生活，我想每个同学都体会良多。黄老师告诉我们，一是要对知识、对书籍有所热爱，二是对人生要认真，这是不管从事史学研究还是其他行业都需要的。

我觉得黄老师刚才有一段尤其精彩，涉及我们大学的人生规划，她强调大学要多读书，拓宽知识面。不管我们的同学是不是第一志愿报历史，不管今后做不做历史研究，多读书是没错的。知识面越宽，选择就越多。庄子有比喻，一碗水只能浮起稻草，而一条大船就必须要更多的水。夫水之积也不厚，则其负大舟也无力。我们学文科的，读点历史书、文学书总是好的。

黄老师在求学研究中刻苦勤奋，多少年如一日。为了找一份材料到很多图书馆去，我想这还是一种认真，有打破砂锅问到底的精神，一定要穷尽一切材料。我们的同学不管今后做什么，都要有这种精神。

黄老师刚才讲了一下我们的工作方式，我觉得黄老师特别善于领导，她是我们的学科带头人。当今社会我们做事情一定要有团队精神，今后同学们在工作中要学会把其他人的力量结合起来，大家一起来做事。

金晟：我很羡慕黄老师的经历，在她那个艰苦的年代书很少，但她依然能坚持下来。而我们现在的问题是书太多，请黄老师为我们推荐一些书目，谢谢。

黄老师：我觉得，第一，在课程学习的时候，老师列的参考书目是要看的，这些书是我们的选择范围，可以挑我们感兴趣的阅读；第二，从打基础的角度，要读一些名著，历史的、现代的、中国的、外国的，这些名著中一定有能给我们启迪的东西。这是一种积淀，是潜移默化的东西。第三，要读一些前沿的东西，不能总停留在历史方面，与现实社会相关的东西也要有了解。第四，要读一些中外名人的传记，那些流传历史的人物，其人生历程一定不一般，会给我们一些启发。当你设想或考虑自己人生道路的时候，不知何时它就会有一些帮助。第五，报纸杂志上的学者荐书也可做参考。比如哪个学者特别喜欢哪本书，这本书对他而言有什么启发和帮助。我有时感觉社会变化太快了，我们那时是无书可读，而现在是挑花了眼，不知道读哪个好。社会变化真的很大，所以，我们要适应这样一个变化。

杨东峰：黄老师，您好！听了您这个讲座，我心里比较激动，您讲了您走上学术之路的历程。通过这门课程各位老师的讲座，我们都能感受到，做学问的学者身上都有两种超乎常人的品质：一是渊博的知识；二是拥有的一种人格魅力，比如，非常严谨、踏实，很谦逊，很低调，都懂得坚持，能够认真地做一件事情，并且有非常强的求知欲，能够把问题问到底。这第二点令我印象最深刻。我觉得，学问大家的内心和身上都有一种内涵，有多年生活的积淀。相对而言，我自己却是一个很单薄的人。比如近期活动比较多，我就会受到很大影响，觉得自己没有时间静下心来，真正投入一项工作，没有做学问应该有的那种踏实、严谨，无法像那些学者一样静下心，花很长时间做自己认为值得做的事情。我觉得，这是走上学术之路必须首先解决的。那么我们该怎样培养这种性格或者品质？

黄老师：这个问题提得非常好，你说出了自己的感悟，而且这个感悟很深刻。我觉得一个是有意识地培养，还有一个就是经过长时间的历练。

第一，有意识地培养，就是多读、多看、多吸收。我经常跟我的研究生讲，大学四年、硕士研究生三年，或者说博士研究生再三年，加起来是十年，这十年是人生的黄金时期，这是求学、成长的黄金时期。以后走出校门，不可能再像在校读书这样有集中的时间读书、学习，能够大家一起讨论，相互启发，还有老师的指导。所以，我觉得有意识地培养这种气质或者品格，真的不是一朝一夕的事情。要有意识地多培养自己，多朝这个方向、这个目标努力，要好好利用大学这四年，如果打算继续深造，就是硕士研究生三年、博士研究生再三年，在这个成长阶段，利用在学校的时间，夯实基础，拓宽视野，这些东西就会自然反映在自己的品格和气质中，不经意就会流露出来，通常所说的大家风范、学者气质，就是这么来的。第二，就是需要时间的历练，或者时间的磨炼、时间的积淀，它不是一天两天的事情，也不是一年两年的事情，它需要一段时间，或者比较长的时间。所以，尤其是长时间从事人文学科研究的学者，需要有社会的阅历，这需要一定时间的积淀。我自己感觉，人文学科跟理工或者应用学科不同。有的学科能够速成，或者很快就能用得上，但人文学科需要积淀，需要积累，所以需要长时间。我们老是觉得，学者年纪越长，给人的感觉越睿智，特别有风范，特别有风度。那种大家风范，往往是年长学者才有的。为什么？因为年长学者有长时间的积淀、深厚的社会经验和阅历，这两者都需要。对在座的同学来说，现在就处于有意识地培养自己这样一个阶段。

邝文彬：非常感谢您给我们带来了这么精彩的一场讲座。您一开始提到过您的一些选择，我有一个由来已久的困惑，就是一个人的选择与坚守跟现实的矛盾问题。因为我们从文理分科，到大学的专业选择，可能到最后一个人生方向的选择，都是我们没法逃避的问题。我记得我刚进大学时，老师就跟我们讲过这样一句话：一个真正能够做好学问的人是有人文关怀的人。但我们可以看到当今学术的浮躁，以及整个社会的浮躁之风，所以我觉得我们这种坚守有时在现实面前就会很无力。我就想请教黄老师：第一，就我们自己来讲，如何跳出这个困惑？第二，我们作为文科生，怎么样在之后的学术上、在之后的社会上，体现文科生的价值，体现文科学问的价值？

黄老师：你这两个问题都比较难回答，我觉得现在这个社会也好，这个学术气氛也好，确实比较浮躁，而且有很多现实问题。坚守一个目标或者一个理想，有时会觉得现实不允许自己这么做，或者很难这么做。这几年我感觉一些学生就会面临这样一些问题，所以究竟怎么样在这个现实情况下还能够坚守，确实是一个问题。

其实我也很为难，但我想还是自己要能够坚守，不受外界的诱惑。现在常常在说外面的世界很精彩，那么多的诱惑，我们面临许多可以玩的、可以乐的，足不出户就能知道世界的一切，哪怕不出去玩，在网上泡一天，时间也很快就过去了，各种诱惑太多了。怎么办？第一个，我觉得就是要扛得住，要能抵御这些诱惑。要把更多的时间和精力放在自己喜欢的、要做的事情上，或者说有一个目标了，有一个梦想了，要去做了，那就得付出努力，就要抵御诱惑，不被诱惑俘虏。第二个，就是现实状况，比如说家庭条件、经济状况、兴趣爱好，或许有时会不允许你做自己喜欢的事情。在这种情况下，我只能请你先设想一下有几种可能性，你做这件事情会怎样，不做这件事情又会怎样。只能两害相权取其轻，两利相权取其重，如果某件事情、某种选择最适合你，哪怕付出代价，也要去做。

比如我有这样一个学生，自己很希望能够深造，能够做学术研究，但他的家庭又很困难，家里希望他能早点工作赚钱，改善家里的经济条件。他的女朋友也希望他别读了，因为一读至少三年。现在学制又改了，得要四年，谁知道四年以后情况会怎样。要是现在毕业找工作，马上就能赚钱，这样小家庭问题解决了，父母问题也能解决，家里经济条件也改善了。面对这种情况，他真的很为难，就找到我问怎么办。我就跟他说，你自己权衡，这个决定需要你自己做。如果你要深造，会出现什么样的情况，或者会有什么样的困难，你尽可能设想一下。如果你去工作，又会是什么样的情况，好的结果是什么，不好的结果是什么，你也仔细考虑一下。选择就摆在你面前，需要你自己做权衡，自己做决定，你愿意做什么。这个学生开始选择工作，想要解决家里的困难，也解决自己和女朋友的问题。可是当他做出这个决定以后，他又觉得非常痛苦，因为这不是自己喜欢的，不是自己想要的。他纠结了好几天之后跟我说还是想深造。为什么？他说：即使我现在工作了，我能够挣钱养家，我能够解决这些问题，但我自己不会快乐，这不是我想要的，也不是我喜欢的。所以，他决定继续深造。可选择深造，就必然面临家里的问题、女朋友的问题等等。我就问他，这些问题怎么办？他说他跟家里人商量，和女朋友商量，希望他们能够理解、能够支持。最后还是家里理解他，支持他，他最终下决心继续深造。所以，这个问题没有现成的答案，只能自己权衡利害，选择一条最适合自己的道路。

我记得一位哲人说过什么是幸福：第一，能够从事自己喜欢的工作；第二，能够靠这个工作挣钱，养活自己和自己的家庭；第三，从事这个工作，还能够做出成绩。他认为这就是幸福。我觉得这话说得很简单，但实际情况可能就是如此。所以，关于坚守的问题，要是认准了，觉得能够付出代价，能够克服困难，觉得值得，那就去做。如果觉得实在不行，必须为了家庭或者别的什么原因，放弃自己的学术理想，我想，这也不能说人生就不成功。现在这个社会多元化，做任何事情，有了这个基础，有了这样一种素质，都能做好。

接下来关于人文学科的价值，我觉得现在，社会也好，学校也好，都更注重实用价值。很多年轻人找工作，既轻松又能赚大钱的工作就是最理想的。但这样的一些事是不太可能的。有些行业我们看着很轻松，看着好像很赚钱，但其实是有风险的，这两者是联系在一起的。我就举个例子，比如说大家都知道基金经理挣钱多，但恰恰是基金经理英年早逝的最多，好多人40多岁就去世了，还真不是一两个。还有就是做了几年，做不下去了，辞职不干了。为什么？压力太大了，神经绷得太紧，时间长了受不了，再不辞职的话，要么病了，要么死了。当然，这是一个比较极端的例子。我的意思是说，好像大家现在都比较喜欢那种又能挣钱又不太费力的工作，而人文学科似乎离社会有点远，人文学科工作者似乎不食人间烟火，但又不能真的不食人间烟火，所以经常会碰到现实问题，比如找工作不好找，尤其是女生，或许还会面对性别歧视这样的问题。人文学科的价值在当今社会到底体现在什么地方？其实这不仅仅是咱们同学的困惑，现在从事这方面工作的学者都有这样一种困惑。

怎么来解决这个问题？我想，第一，人文学科学者要尽可能关注社会，不要远离社会，不要感觉高人一等，好像不食人间烟火。其实不是那么一回事，要有人文关怀，要关注、了解、知道这个社会，比如社会风气怎么样，大家关注些什么问题，比如说最近的钓鱼岛、黄岩岛之类的问题，等等。第二，现在的人文学科学者，尤其文、史、哲基础学科的学者，要自觉承担一些文化普及的义务和责任，这也是接触社会的一种途径。其实有时别人也会问我，听说你写了不少东西，你写的都是什么，研究什么问题，什么时候拿来让我们看一下。然后我跟他们一说，他们就说你那些东西太深奥了，我们都不懂。所以，我有时也会想，自己做的研究，当然不能说让每个人都能看懂，但是不是也应该有一种文化普及的义务或责任？现在电视里胡编乱造的历史剧、古装剧泛滥成灾，可是我们这些做研究的人又不去或者很少去写那些普及性的东西。所以，我觉得要是有机会，应该去做一下这样的工作，是很有意义的。当然要体现人文学科的价值，这也只是途径之一。

最后我想说，人文学科的价值，很可能它本身就不是实实在在的，或者说立竿见影的，它更多是一种基础性的素质，一种积淀下来的东西，更多反映在最简单、最日常的方面，比如修身、待人、接物这样一些日常行为中。其实也就是刚才这位同学说的一种人格和品格、一种修炼和积淀。有了这种积淀，在工作或者在团队中就能把大家凝聚起来，就能发挥每个人的长处，能够一起做一些工作。所以，真的要具体说人文学科的价值，可能有很多，它是一种无形的，或者说那种长远的东西，不是那种短期的、急功近利的、立竿见影的、应用性的东西。它可能更多是一种精神上、思维上或者理念上的东西，其实也就是所谓"无用之用，乃为大用"。文献学教材里也打过这样的比方，就是房屋的建造，比如那种商品房或者公寓楼，大概最多3米高，这个空间也就够了，但要是博物馆、宫殿、艺术馆，或者国家大剧院，我们都能看到，它们的空间怎么样？非常高。柱子怎么样？非常高大。到故宫，到国家大剧院，到国家博物馆，我们会震惊于这些建筑的宏伟壮观，感觉到它们给人的视觉、心灵带来的那种冲击和震撼。这些建筑所呈现的那种高大、深邃、壮观，几乎都来自它们那种看似无用的空间。它们没有实在用处，却能给人带来一种精神上的享受。我觉得大概这就类似于我们的人文学科。或许讲这些有些虚，但实际情况可能就是如此。

皮老师：我补充一下。刚才黄老师说，人文学科的知识是一种素养、一种无用之用，其实也是一种能力。因为透过阅读，透过研究，我们能够对当下的社会有分析解剖的能力。在阅读过程中，我们有可能获得进入社会所需要的各种各样的工作能力，包括一些技术、一些方法。当然，根本还是获得了一种气质，一种学文科的气质。其实我们也看到，社会少不了人文学科工作者，没有这些人，就没有文化产品，那社会就太没意思了。没有这些东西，生活会很无聊，比如网上看到的东西要靠编辑来编辑，那些资讯使生活更加丰富多彩。工科工作者可以造出电视机、电脑，但电视产品、网络资讯还要靠文科工作者。

黄老师：对，所有的文化产品都出自人文学科。而且积淀越深，拿出来的产品的内涵就越丰富，越能给人震撼。比如刚刚获得诺贝尔奖的莫言，他从1986年开始，就给自己定下了努力的目标，就是要做一件别人做不到的事情，达到一个跟别人不同的目标。他坚持了20多年，一直到现在，可以说基本上做到了。所以，我很赞成皮老师说的能力的培养，除了素质的、精神的滋养，还有一种能力的培养。这种能力的培养，就是待人接物、分析问题的逻辑思维、解决问题的方法手段等，都很重要。比如以前我看过不少关于计算机的入门书，但没有一本能看明白，不知道是我在这方面特别笨，还是那些作者不会写，不会明明白白地告诉人怎么入门，反而让人越看越糊涂。后来我发现不是我笨，而是他们表达不出来，不能把事情清晰、明确地告诉读者。所以，这也是一种能力，文字表达的能力、分析和解决问题的能力。

最后我还想强调一下，文、史、哲基础知识的学习，特别是历史的学习和书籍的阅读，有助于滋养我们的品性、拓宽我们的视野、增长我们的智慧、提升我们的理论思维水平。如果一个人具备了良好的素质、宽阔的视野、扎实的基础和辩证的思维，那么，他将来无论从事什么工作，都能有所成就，都能体现自身的价值。

皮老师：好的，聆听黄老师亲切的谈话，还有同学们精彩的提问，咱们的时间就这么悄悄过去了。让我们用热烈的掌声，感谢黄老师带给我们的精彩报告。

黄老师：谢谢大家！

读书与人生

彭 林

演讲者介绍：彭林，清华大学人文学院历史系教授、博士生导师，清华大学中国经学研究院院长，清华大学首批文科资深教授；兼任国际儒学联合会理事，中华炎黄文化研究会理事，中国社会科学院古代文明研究中心专家委员会委员；曾受聘为京都大学、中正大学、香港城市大学等校客座教授；《中国经学》主编等。担任国家社科基金重大项目"《仪礼》复原与当代日常礼仪重建"首席专家，国家社科基金重点项目"中外典礼制度比较研究"首席专家，国家艺术基金项目"《仪礼·乡射礼》交互数据平台建设"首席专家。主要从事历史文献学与中国古代学术思想史的教学和研究。著有《〈周礼〉主体思想与成书年代研究》（中国社会科学出版社，1991）、《中国礼学在古代朝鲜的播迁》（北京大学出版社，2005）、《中华传统礼仪概要》（高等教育出版社，2006）、《三礼研究入门》（复旦大学出版社，2012）、《礼乐文明与中国文化精神》（中国人民大学出版社，2016）等，点校《周礼注疏》《仪礼注疏》《礼经释例》《观堂集林》等古籍与学术经典。主要获奖有：国家级优秀教学成果二等奖、教育部"最美慕课"一等奖、北京市优秀教学成果一等奖、宝钢优秀教师奖、北京市高等学校教学名师奖。清华大学校内的获奖有：首届十佳教师、良师益友特别奖、龚育之奖、新百年教学成就奖等。主讲课程"文物精品与文化中国""中国古代礼仪文明"均被评为教育部"国家精品课程"，一人两次获此殊荣，在全国高校极其罕见。

一、书和那年月

今天我讲的题目叫《读书与人生》。诸位和我一样，这辈子都是读书人。我首先问大家一个问题：你们每天读书的时候是什么心情，无奈、郁闷，还是享受？

我在你们这个年龄，或者比你们再小一点的时候，有点恨读书。为什么？没完没了的考试，觉得很辛苦，没劲。1966年，中央人民广播电台广播了一条消息，大、中、小学校一律停课，以便所有师生参加"文化大革命"。我印象很清楚，听到这条消息的学生，可以说是万众欢呼，该死的分数啊，见鬼去吧！我们从此自由了！大家想想，十五六岁、十七八岁的年轻人，正是记忆力最好、精力最充沛的时候，学校都不上课了，图书馆都封了封条。所有的单位都用竹子和苇席搭建贴大字报的报栏，学生一天到晚写大字报，今天打倒这个，明天打倒那个。全国人民可以读的书，只有《毛泽东选集》、马克思和恩格斯的著作，以及"两报一刊"（即《人民日报》、《解放军报》和《红旗》杂志）。唯一的例外，是鲁迅的作品，因为毛主席对鲁迅的评价很高。这日子怎么打发？其他时间干什么？几个人围成一桌，通宵达旦地打牌，消磨时光，水平高一点的就打麻将。

我不喜欢打牌，所以读报纸成了我每天必做的功课，从第一版到第八版，每条消息都读得津津有味。后来，我将报纸上相关的报道剪下来，分门别类地贴在一起，想弄点稍微成点体系、有点深度、有点意思的东西，把它们变为成体系的资料，封面上分别写着"美国""苏联""欧洲"等，里面有中美建交、中日建交等重大历史事件的完整报道，觉得非常有意思。几十年来，我搬了多少次家，但当年装订的十大册剪报，我始终珍藏着，不离不弃。

当年，我们就像生长在沙漠中的小树，为了活着，拼命地将根须扎向大地深处，但凡有一滴水的地方，都不放弃。我发现世界地图册、中国地图册里有对各洲、各国地理、政治、资源、城市的详细介绍，我一字不落地全部抄了下来。后来还将报纸上公布的各种数据，如世界各国的捕鱼量、钢产量，各国的党派、内阁里面的派别等，都摘了下来。这里便是我当年的精神世界。

有一天，我借到一本《唐诗三百首》，真是欣喜若狂，但又不敢说，因为这书在当时属于"封建文化"，是犯忌的。我等大家都去看露天电影或者打扑克牌了，就把门插上，然后开始抄写，我到现在还留着这本"手抄本"的完帙。后来又不知在哪里弄来一本郭沫若的《屈原赋今译》，也是照本全抄。有一年回无锡老家，看到一本《西游记》，就把里面好的语句做了详细的摘录。那些事情，给了我无穷的乐趣，帮助我度过了知识上最为贫乏的岁月，我对未来还抱着一点希望，所以才没有沉沦。

1984年，我到北京师范大学做研究生，学校《研究生报》创刊号上刊载了一篇题为《书和那年月》的文章，作者是中文系的袁晓波。他说，自己下放在农村，白天下地干活，晚上能读到的唯一的书是《车工切削手册》，而他是1 000多度的近视眼，这辈子是不可能当车工的。尽管如此，他依然在煤油灯下津津有味地读着，这是他唯一的精神食粮。后来他考上了研究生，走进图书馆，看到有那么多书，就像饿汉见到了面包，整个人都要扑上去了。恢复高考后的最初几年，一个班上，年龄大的跟年龄小的可以相差十几岁，有的人被"文化大革命"耽搁了十几年，有的人一年没耽误，十七八岁，就像你们。袁晓波说，回头看那些一年都没耽误的学生，一个一个像拿破仑得胜回朝，对身边的书架似乎都不屑一顾。袁晓波感慨地说："这就是我们两代人对于书的不同感受！"这篇文章我印象很深。每一个经历过无书可读年代的人，对于书都会有着无此经历的人难以理解的特殊感受。

1975年，"批林批孔"运动席卷全国，人人口诛笔伐，都要写"大批判"文章，可是当时很少有人是读过《论语》的。一个非常偶然的机会，我居然得到一本杨伯峻先生的《论语今译》，偷偷一读，发现孔子的思想并非如报刊上所说的那样反动，恰恰相反，书中处处充满着睿智卓识，于是冒着风险抄完了整部《论语》。

一个人在非常孤寂、非常迷失的时候，需要精神力量的支撑，否则很难挺住。那个年代，有两个人对我的人生产生了很大的影响，使我在那样一个动荡不安的时代里始终保留着一些生存下去的勇气。一个是鲁迅，另一个是郭沫若。"文化大革命"期间，清理阶级队伍、深挖隐藏的反革命分子的浪潮连续不断，无辜卷入的清白之人不少，有些人想不开，便走了绝路。我亦陷入了一桩冤假错案，心情非常苦闷，觉得自己很是不幸。后来读到鲁迅的一首诗：

运交华盖欲何求，未敢翻身已碰头。
破帽遮颜过闹市，漏船载酒泛中流。
横眉冷对千夫指，俯首甘为孺子牛。
躲进小楼成一统，管他冬夏与春秋。

原来伟大如鲁迅先生也有过"运交华盖"的遭遇，也有过"破帽遮颜过闹市，漏船载酒泛中流"的人生经历，那平凡如我，蒙受不白之冤，又算什么？"横眉冷对千夫指，俯首甘为孺子牛"，才是此时依然要保持的不屈心态。我用毛笔将这首诗抄录下来贴在墙上，以此自励。

下面说郭沫若。大革命失败后，郭沫若亡命日本，一时没有事情可做。有一天，他到书店里看到罗振玉辑的《殷墟书契菁华》，里面都是甲骨文拓片。郭沫若打开一看，发现墨黑一片，上面有几条白线，知道是字，就是不知道是什么字。可见，当时的郭沫若对于甲骨文研究是零基础，可贵的是，他以此为起点，开始研究甲骨文与金文，成为中国古文字领域最杰出的权威。他的《卜辞通纂》《殷契粹编》《两周金文辞大系图录考释》等，都是中国学术史上里程碑式的著作。我读他的《金文丛考》，看到扉页上用古文字写的诗，惊叹之极：

> 大夫去楚，香草美人。
> 公子囚秦，说难孤愤。
> 我遘其厄，愧无其文。
> 爰将金玉，自励坚贞。

郭沫若将自己的"遘厄"，与楚大夫屈原、公子韩非因遭谗而去楚、囚秦类比，又将自己研究的甲骨文、钟鼎比作金玉，激励坚贞爱国之情，此诗妙不可言，我临摹后悬挂于墙，告诫自己虽遇磨难，当不坠青云之志。

二、走上学术之路

我在南昌工作的单位有一所附属子弟学校，不少老师因为出身不好而被下放了。师资严重不足，我和几位同事被借调去做代课老师。学校希望我为初中学生开一门地理课，当时没有教科书，也没有地图、地球仪等必要的教具，只给了我一支粉笔。这对我是一个很大的挑战。于是我开始编写教材，用蜡纸刻写、油印，装订成册。没有教学用的挂图，就将两张大纸拼接在一起，钉在墙上，用放大格一张一张地画，政区图、矿产图等总共画了30多幅。还把篮球当地球，给学生讲太阳直射、斜射与四季的关系，由此锻炼了我各方面的能力。我没读过师范，不知道怎么上课，于是就把校内所有老师的课都听一遍，观察他们如何组织课堂教学秩序，如何设计教学结构，收获很大，这对于我日后从事高校的教学工作有非常重要的意义。

我在这所学校工作了8年，意外的收获是由此踏进了研究古文字的门槛。我的办公桌与皮秀美老师的办公桌并排，她早先在一所教会学校教英文，可贵的是她国学也特别好。我那时备课，遇到课文中需要疏通的词语，经常向她请教，她总能从文字的本义、初文讲起，再讲引申义。每次请教，我都觉得收获满满。后来觉得不满足，问她如何才可以系统地学习？她告诉我，大学里有一门课叫古文字学，有一本入门的书叫《说文解字》，是汉代的许慎所作。她说，这书主要讲"六书"，即指事、象形、形声、会意、转注、假借。接着，她一一解释"六书"的意思。她说"六书"时，语速极快，不带打磕绊的，令我很惊讶。她告诉我，单位里有一部清人王筠的《说文解字句读》，不妨一读。我随即找到了这部书，几乎读不懂，于是去江西师院图书馆借了几本与古文字相关的书，很努力地读，并且开始抄《说文解字》的 9 353 个小篆，时间一久，就谙熟于胸了。

那时，我每年回家探亲，都要经上海转车，中间的几小时，照例是到福州路的几家古旧书店以及朵云轩等转一转，有一次买到一本《中国历代书法选》，第一页是一块殷代的牛胛骨的拓片，字形古朴，迥异于后世的文字。由于拓工很精，故刀锋清丽，叹为观止！只觉得自己的魂已经被它摄去！于是，下决心要把它读懂。后来，找到了一本《甲骨文编》，是甲骨文的字典，于是逐字逐句地全部抄下来了。后来又找到了郭沫若的《殷契粹编》，全书共 1 400 多片甲骨，我全都摹写在卡片上，并用号码机打上编号。

此后的几年，我对甲骨卜辞的兴趣越来越浓厚，开始读到董作宾先生的相关著作，对董先生提出的甲骨分期断代有十个标准，包括世系、称谓、贞人、坑位、方国、人物、事类、文法、字形、书体等，每一条都是一个值得注意的分支，我非常着迷，连篇累牍地抄写。

再后来，我迷上了青铜器，既关注铭文，亦关注器型，青铜器基本都是礼器，这为我后来研究礼学打下了基础。那时我就喜欢这些东西。我常对学生说，研究先秦史的人需要有一个强健的"胃"，铜器、甲骨、简牍，不仅要"吃"下去，而且要能消化，如果连这些东西都看不懂，怎么研究？先秦的文献资料本来就不多，所以与之相关的所有东西都要了解。

在"文化大革命"快结束时，我终于在南昌看到了台湾学者王梦鸥的《礼记今注今译》，这是我第一次接触礼学经典，满心欢喜，我一字不落把它抄完了。后来在书店里买到了台湾学者林尹的《周礼今注今译》，我与儒家礼学经典的缘分越来越近。

20 世纪 80 年代末，形势出现松动，大学开始招收学生，主要是招工农兵学员，由各单位推荐。当时我们单位有一个中国科技大学高分子物理专业的名额,我心里痒痒的,太想读书了,若争取一下,很有可能。但转念一想,若是真的去了,就会走上另外一条人生之路,要与这些年跟我朝夕相伴的传统文化永远告别,就冷静下来了,心想,跟古文字这些东西只有"不离不弃",才能"芳龄永继",别东一下西一下的,咱就"一条道走到黑"吧。

后来,一个偶然的机会,学校让我去北京师范大学进修一年。我看到甲骨文有一个"巜"字,出现过100多次,还没有人解释,我把它解释成"浍",并且写成了文章,请中国社会科学院先秦史研究室甲骨文组的孟世凯先生指教,得到他的赞扬。孟先生仔细核对了文中的每一条材料,并提出修改意见。之后,又将修改后的论文送给李学勤先生看,李先生肯定了我的结论,亲笔写了一页审阅意见,还提了两点修改建议。当时,我正在北京师范大学进修,孟先生建议我将论文送给历史系的赵光贤先生看看,征求他的意见。赵先生1932年毕业于清华大学,其后考入辅仁大学,成为著名史学大师陈垣的研究生。我对赵先生说,我是来系里进修的中学老师,喜欢古文字,写了一篇习作,很粗糙,希望能得到他的指教,然后就把文章放下走了。我没有提及孟先生、李先生的意见,我希望听到赵先生的客观意见。听说赵先生为人很严厉,不苟言笑,所以我一直忐忑不安,不敢催促,生怕遭到耻笑。大概一个多月之后,孟先生陪同西北大学一位教授来北师大拜见赵先生,便叫了我一起去。记得一进先生的家门,先生便对我说:"你的文章写得不错啊!"这让我非常惊讶,真是太意外了!先生问我:"准备拿去哪里发表?"我说还没有想过。那时学术杂志少,发表一篇论文是一件很大的事情。先生说:"这样吧,我推荐给《考古》杂志。"《考古》是考古界最高级别的刊物,由于先生的力荐,我这篇处女作居然能在上面发表,给了我莫大的鼓舞。

我在师大一年的进修即将完成时向先生辞行,先生希望我报考他的先秦史专业的研究生。当时报考研究生,必须得到单位的批准。我告诉先生,我们单位很重用我,可能不会放人。先生听后说:"你稍等,我给你们单位写一封信。"先生在信里说:"现在国家急需人才,如果若能放他,我内俱铭!"单位领导看了这封信与《考古》编辑部的用稿通知,同意我应考。那一年是考试门数最多的一年,我除了外语不是第一,其他几门课全是第一,所以我就这么幸运地被录取了。

其后,好运似乎总是伴随着我。读了两年,准备写硕士论文了,不料教育部出台一个政策,为了加快人才培养的速度,拟推行硕博连读制度,作为试点,北师大文科、理科各一人参加考试。考及格了，硕博连读；考不及格，回去做硕士论文。我通过了考试，所以读了两年硕士就开始读博士，博士三年。在这五年里，我走完了从本科到博士的十年之路，这个过程辛苦万分，可谓"为伊消得人憔悴"。那时，我这么高的个子，体重只有100斤左右，有同学对我打趣说："老彭啊，你都快要熬成甲骨咯。"学问之道，总是由量变到质变，没有一定的量变，就不可能有质的飞跃。日日下功夫，蓦然回首，才发现要找的东西就在那里。

我的博士论文题目是由先生指定的，做《周礼》成书年代的研究。《周礼》这书很难读，而且那时我没读过，内心非常惶恐，但师命难违，就硬着头皮上了。做这个课题，无法回避的是要通读八十六卷、数百万字之巨的《周礼正义》，作者是清代最后一位经学大师孙诒让。《周礼》天、地、春、夏、秋、冬六官，几乎涉及社会的所有方面，浩繁广博，难点触目皆是，那时还没有标点本可用，只能每天到图书馆古籍库借出来阅读，上面无法圈点、做记号，非常不便。后来，有一次陪先生去浙江新昌开会，汽车经过浙江绍兴，停车休息，我下去逛了逛，居然有个规模不大的古旧书店，书架上有一部四部丛刊本《周礼正义》，28册，标价10块！大喜过望，这正是我魂牵梦萦的书啊！赶紧买下了。先生笑着对我说："这是专门为你准备的。"回到学校，我每天要做的唯一的事就是点读《周礼正义》。书真难读，精神必须高度集中，一不留神，就不知道标到哪里去了。中午脑子特别疲倦，由于绷得太紧，以致无法午睡。为了下午继续读书，常常用冷水洗头，提振精神。由于经济拮据，营养很差，晚上九、十点钟就饥肠辘辘了，但还得点读《周礼正义》，没有在12点之前睡觉的。

博士论文写完了要送审，当时学校规定，送审的专家不得少于15位。如此，同行中比较有头面的专家几乎都要送到。同行评审很顺利，一致同意参加答辩。1989年4月组织论文答辩，答辩委员会主席是杨向奎先生，委员是张政烺、李学勤、郑昌淦、刘家和、牟钟鉴、李民。北师大历史系学术委员会主席何兹全在答辩审议书上写道："答辩委员会阵容强大。"答辩会第一个发言的是郑昌淦先生，他说："我很高兴啊，现在有年轻人研究《周礼》了，像彭林这样的学生要多一些！"尽管我这篇论文还存在不少问题，但参加答辩的老先生对我这样的年轻人非常宽容，鼓励有加，同意授予我博士学位。

答辩结束后，先生写信给中国社会科学出版社，推荐我的论文《〈周礼〉主体思想与成书年代研究》，该书的出版，对我个人走上礼学研究道路而言，无疑是重要事件。

三、治学心得：由经学入史学，其史学可信

下面谈谈我治学的一些心得。皮老师说，现在的大学生，读经典的热情不够。我听了觉得奇怪，不读经典，那读什么？经典是民族文化的最高形态，要了解一个民族的文化，莫过于读它的经典。张之洞在《书目答问》中说："由小学入经学者，其经学可信；由经学入史学者，其史学可信；由经学、史学入理学者，其理学可信；以经学、史学兼词章者，其词章有用；以经学、小学兼经济者，其经济成就远大。"这段话是说为学的次第。中国传统学术的主体是经、史、子、集，其中经学是中国人价值观的载体，最为重要。可以说，不读儒家经典，就无法真正了解中国文化。20世纪初，我们在特殊的历史背景下引进西方的大学制度，在学科体系的设置上采用的是全盘西化的理念，与西方学科完全对应。西方没有经学学科，所以我们大学也不能有。于是，在中国存在了2 000年之久的经学就被不明不白地取消了！我想，总有一天，经学学科会被恢复的。我现在主编一个刊物，叫《中国经学》，旨在为海内外的经学研究者提供一个学术平台。此外，我们每两年举办一届中国经学的国际学术研讨会。经书是用先秦语汇撰作的，今人很难懂，因此，必须首先学习古文字学，古人"八岁入小学"，也就是语言文字学。如果不读《说文解字》，恐怕连《论语》都不能真正读懂。

我举个例子。《论语》"学而时习之"这句话里的"学"和"习"分别是什么意思？繁体字的"习"写作"習"，从羽。《说文解字》的解释是"数飞也"，小鸟为了学飞翔，必须多次反复飞行，这就是"习"的本义，强调践行。那么，"学"又是什么？《说文解字》说"学"就是"效"，仿效。老师必须为人师表，学生向老师学习，最根本的就是学做人。老师的一言一行、一举一动，学生都在下面仿效，对不对？有同学说，这么解释学与习，真是闻所未闻，有根据吗？《礼记·月令》里面说到了6月"鹰乃学习"。可见《论语》中说的学习，是说怎么做人，要学而时习之，不断践行。这么一说，大家能感受到"由小学而经学"的含义了吧？亡羊补牢，犹未为晚。我希望今天讲过之后，如果不是全部，也应该有一二十位同学开始抄《说文解字》，才9 353个字。

那么，"由经学而史学"？一位史学家撰写史书，首先会思考一个朝代之所

以兴，之所以亡，以及写谁不写谁，人物如何评价等问题，后面必然有一个价值体系在支配。孔子作《春秋》，是非242年，是要为千秋万代立一个榜样，用意很深。司马迁写《史记》，旨在"通古今之变，究天人之际，成一家之言"，他褒贬人物的价值标准是从儒家经典里得来的，这是读《孔子世家》就可以明白的。司马光写《资治通鉴》，没有从文王、武王开始写，而是从三家分晋开始写。这里面有很深的道理，司马光在开卷时就做了详细解释。现在不少人把历史解构成一堆杂乱的碎片，在里面讨生活，没有眼光，没有胸怀，我认为不足取。由史学而"经济"，这个"经济"不是今人说的市场经济，而是"经济"天下，不懂历史，怎么治理天下？

四、读书是为了做少数人——以钱穆为例

读书使人明智，能让人们更好地确定人生目标，不致走错路。

讲到这里，我特别要提到余英时先生，他是钱穆先生的大弟子。钱先生在香港办新亚书院，第一个学生就是余英时。老师去世以后，余英时写了篇文章《一生为故国招魂》。人有两样东西，一个叫魂，一个叫魄。魄是体魄，是肉体。体内有个魂，魂不能跑，跑了就会神志不清，说胡话。小时候，邻居家的孩子发烧，老人就讲这孩子玩疯了，魂没回来，怎么办？招魂。魂兮归来，屈原不是也写过《招魂》吗？老人一手拿把铜勺，一手拿根筷子，边敲勺，边喊小孩的名字："阿毛啊……回来吧，阿毛啊……回来吧。"这就是招魂。近代以来，我们中国一些所谓的知识精英，一心要把中华民族的魂赶出去，要把西方文化请进来，作为我们民族的魂。钱先生一生所做的工作是要把中华民族自己的魂——中国文化找回来。他这样做，是有两件事情刺激了他。

一是钱伯圭的一番话。钱穆先生7岁上小学，父亲带他去见老师，老师问他："念过什么书啊？"他就说念过《唐诗三百首》，姚鼐、韩愈的东西也能背很多。这老师说，这孩子上辈子一定是念书的，而且念过好多书。钱先生有个特长，就是《三国演义》背得滚瓜烂熟。他父亲带他出去玩，人家说这小孩对《三国演义》好熟，来一段"三英战吕布"怎么样？他说来就来，一会儿演吕布，一会儿演关羽，小有名气。后来上了小学，有位叫钱伯圭的老师，是上海南洋公学毕业的革命党人，他问钱先生："你爱读《三国演义》？"钱先生回答："是啊！"这位老师说："以后此等书不要再读了。"钱先生问："为什么？"他说：

"这书一开始就说'天下大事,合久必分,分久必合',中国走上了一条错误的道路,所以我们总是低水平地循环,你看人家西方合了就不再分,治了便不再乱,我们以后要走这个道路。"钱先生那时 10 岁,念小学三年级,这话让他非常震撼,我们中国文化居然是一个错误的文化,所以,此后的 80 年,他一直想把这个问题搞清楚。大家想想,一个 10 岁的小孩,肩膀非常稚嫩,却已经下决心去担当文化道统!

二是受梁启超的影响。梁先生身处国家山河飘零、危急存亡之秋,中华就像西瓜,正被外敌切成一块一块地分,他认为中国人只有依靠学术文化,尤其是学术精神才能拯救中华。所以他后来不再搞政治,开始研究清代学术史、20 世纪中国学术思潮、中国近现代学术史。他和一些故人回忆戊戌变法时期的往事,不免后悔当时政治上不成熟,第一次世界大战结束后,他到了欧洲考察,目睹帝国主义这场战争给欧洲带来的灾难,他写了《欧游心影录》,说以后不能再学欧洲,把自己学成帝国主义,再去侵略别人。回国后,他鼓吹本位文化,认为当今世界上有两大文化体系:一个是东方文化,主要是指中国文化;另一个是西方文化。这两大文化体系并行不悖,应该互相尊重。梁先生详细比较中国文化和西方文化,从先秦开始,一段一段比,只有最近一百年,我们不如人家。他说,在几千年的长河中,一百年值得计较吗?他相信中华民族一定能够复兴,重执世界文化之牛耳,他对中华民族是有感情的。梁先生化名沧江,与一位化名明水的朋友在《国风报》上辩论中国会不会亡。明水觉得中国肯定会亡,梁启超和他一层一层辩论,认为中国文化不会亡,所以这个民族不会亡。无数热血青年都被这篇 24 000 字的文章所震撼,好多人走上了救国的道路。钱先生也是这样,他盛赞梁启超的历史学论证,希望找到救亡之路,他此后 80 年的研究可以说就是为了这一念,为一个民族怎样才能不亡寻找文化上的根据。

近代以来,文化界的主流已经完全跟着西方,中国本位文化的认同成为极大的问题。梁先生为了寻找中国的学术精神,写了《中国近三百年学术史》。钱先生认为,梁先生并没说清楚,后来他在北京大学开课,课名也叫"中国近三百年学术史",他说他跟梁任公先生意见相左,要提出自己的意见。

梁启超评价清代戴震的思想,认为戴震在学术上的意义相当于西方的文艺复兴,太伟大了!那么清人怎么会弄出一套考据学这样的东西?梁先生不喜欢宋明理学,他说清代的学术是对宋明理学的一个反动。他把清朝 268 年加上明朝后来的一点,凑成 300,把它切断了来研究。钱先生说历史是个有机体,怎么能切断了来研究？不了解明代怎么了解清代？清和明是紧密相连的。要了解明代，不了解宋代怎么行？要了解宋代，不了解唐代怎么行？钱先生没有提到魏晋南北朝和汉朝，他说到唐代就完了。

钱先生不满意唐朝，那时的学者没有什么政治理想，他们主要是走两条路，一条是入世的路，政府重视文学而不重视经学，以诗赋取士，所以文人写诗作赋，以此猎取功名富贵。王维写的都是佛教诗，李白写的则是道教诗，只有杜甫的诗是儒家的，但人数很少。另一条是出世的路，沉寂山林，求神仙觅虚无，泰山崩、黄河溢，都跟我没有关系。这两类人关心的都是个人的功名富贵，或者长命百岁。朝野沉溺于歌舞升平，后来发生"安史之乱"，唐朝说垮就垮了，进入了历史上最黑暗的五代十国时期。黑暗在哪里？这一时期没有出一位思想家。为什么没有？因为唐朝没有为它做准备。

唐朝出了一位思想家，就是韩愈，韩昌黎，他是中流砥柱，很有思想，进不为富贵功名，退不为神仙虚无。他对当时的社会风气很忧虑，中国差一点成了宗教国家。他认为中国有自己的文化传统，尧、舜、禹、汤、文、武、周公，这是一个流传有序的文化系统，但从孟子开始，不绝如缕，大有断裂的可能。所以，他一生以接续中华的道统为自任，为师传道，他在《原道》中说到师的职责，首先是"传道"，传授中国文化之道，然后才是"授业、解惑"，表达了高度的文化自觉。中国文化生生不绝，每到文化危急关头，就有像韩愈这样的人物站出来，以传道为自任。韩愈的学说影响了整个宋代的知识分子。宋辽之争，所有的知识分子都感到自己与国家血肉相连，意识到做学问要和国家的命运结合起来，开始有欲为治世之大者。在座的诸位要记住这一点，传承中华的本位文化，是史学工作者的第一位任务。

做学问为了什么？宋真宗《劝学诗》中说："书中自有千钟粟""书中自有黄金屋""书中自有颜如玉"。读书是为了个人的荣华富贵，这种思想就是陈寅恪先生批评的"俗谛"，让人变得俗不可耐。儒家要求学者首先学会做人，从提升自己的德性起步。"先树其体于我躬"，先把自己变好，再去转变别人。所以，顾炎武、钱穆都将"修己、治人"作为儒学要谛。《大学》里面说"修身、齐家、治国、平天下"，从天子到庶人，皆以修身为本，没有人生下来就是圣贤，"学术明而后人才出"，明乎于此，所以宋初才出了范仲淹、胡瑗等大贤。

胡瑗，宋初三先生之一，当时痛感国家积贫积弱，扭转这一局面，培养人才是关键，他在江苏苏州、南通，浙江湖州办学。他自身有一种气象，所有跟着他的学生也都有气象,他们站在市井之中,一眼就能被认出来。吏部到下面去铨选官员,最后一统计,差不多一半出自胡瑗门下。后来胡瑗到太学讲学,说颜回非常好学,受到孔子称赞,他死了以后,孔子说再也没听说谁是好学的人。他问:"颜渊所好何学?"他好的是"朝辞白帝彩云间"吗?当然不是,他好的是修身、齐家、治国、平天下这样的中国文化之道。所以,能读出气象来。如果在座的诸位也能如此,那你们站在那里即使一句话不说,别人看了都会赞叹"器宇不凡"!孔子说"古之学者为己",读书是为了解决自己精神饥饿的问题,是为了自身成长的需要。程颐、程颢就说,今人不会读书,如未读《论语》时是此等人,读了之后还只是此等人,便是不曾读。连自己都改变不了,还能改变社会?所以,今天讲经学,一定要讲经世致用,要讲对天下的担当,而首先要讲到修身。没有一流的人格,就不可能出一流的学者。

最近我看到《读书》杂志上一位台湾人写的文章,他是钱穆先生90岁的时候带的学生。他说,钱先生生前最爱讲两句话,第一句是"读书是为了做人",第二句是"读书是为了做少数人"。自古以来,都是流俗众,随大流的人总是多数。钱先生说的"少数人",是善于独立思考、正确判断、为社会进步昭示方向的"知识精英"。钱先生就是这样的"少数人"。当时举国上下全盘西化,钱先生中流砥柱,毅然向东。随着时间的推移,越来越多的事实证明了钱先生的远见卓识。如今,西方文化中心主义连在美国都少有市场了,美国不少大学都在压缩西方文化的内容,增加非洲的、美洲的、亚洲的文化内容。

清华大学校内有一块"三绝碑",人称清华大学第一名胜,碑的样式是梁思成先生设计的,碑的篆额是故宫博物院原院长马衡所书,碑文是陈寅恪先生所撰,三位名家合做一件作品,大概仅此一回,所以非常珍贵。碑文里面有几句话令人振聋发聩。陈先生开头就说,士之读书、治学的目的是"盖将以脱心志于俗谛之桎梏"。我们的心志被许多俗谛的枷锁束缚住了,不得伸展,我们读书就是为了获得解脱。什么叫"士"?"士"不等于今天的知识分子,古人说"志于道者之为士",只有有志于追求道的人才配称"士"。只有做到这样,真理才能得到发展。中国知识分子自古追求成长为完人,甚至成圣成贤。

儒家经典是中国人修、齐、治、平之道的载体,这是我做的中国经学。香港饶宗颐到北京大学讲课时说:"经学是中国文化的灵魂"。经学若不能振兴,中国学术文化便永远没有希望。

【问答】

金晟：老师我有一个问题就是，您刚刚对我们提出了很多问题，可是非常惭愧，我们很多方面都不知道，我想问一问我们要怎样做才能了解到这么广泛、这么多方面的知识？

彭老师：看书。如果你能在大学四年里把《十三经注疏》读一遍，那未来学术界的天下都是你的。你信不信？现在咱们这些教授，包括我在内，把《十三经注疏》读过一遍的寥若晨星。我的太老师陈援庵先生，是一级教授、一流学者，他曾经每天从北京城的西南跑到城的西北，目的是到故宫的摛藻堂读《四库全书》，他把《四库全书》都看了，他的学问有谁能比啊！经、史、子、集四部之中，经和史最重要，当年清华大学国学研究院的章程里面明确说过，"本院以经史为核心"。我建议你找一本没有标点过的《十三经注疏》，逐字逐句地阅读、标点，或者通读二十四史，这是人人都可以做到的，就看下不下决心做。

我是研究经学的。做经学研究很辛苦，也很寂寞。最初甚至不知道怎么学，迷茫得很，就像走进了一条黑暗的隧道，走了三年，还看不到尽头，走了五年，依然看不到光亮，没有人能告诉我还要在黑暗里走多久才能看到光明。但我深知，一旦往回走，就会前功尽弃；只要坚持往前走，就还有希望。我前后走了十年，终于走了出来。刘家和先生曾经对我说："彭林啊，当初你决定做'三礼'，我就一直很关注你。'三礼'太难做，以前有人认为，这学问只有乾嘉学者能做。今人如果用心不诚，怕苦怕难，就会把它做花了。你的努力证明，今人也可以做这门学问。"其实我做得并不好，刘先生是鼓励我。我很羡慕你们，你们今天在一流学府，什么条件都有，能否出成果，全看自己努不努力。

皮老师：刚才彭老师说了这么多，我既受益，又惭愧。受益的是彭老师讲的这些给我很大的启发，惭愧的是没有指导好同学们，结果彭老师给同学提问的时候，大家好多问题都回答不上。但我也理解大家，大家都是高中毕业考入人民大学被分到历史系，历史方面的书籍没有读很多，之前也没有志于做历史研究。我希望彭老师在这里能给我们同学推荐一些入门级、菜鸟级的历史方面的书籍，给同学一些指导。要求同学们一开始就阅读《十三经注疏》，没有标点的，可能还是有一定的难度。所以希望彭老师还是给我们同学，同时也给我个人推荐几本菜鸟级的书读一读。

彭老师：关于经学、史学，好的成果中有皮锡瑞的《经学历史》可以看，这本书下功夫非常大。二十四史导读之类的书近年出版了不少，但我劝你们不要看，因为诸位是史学专业的，是未来的专家，那些书是写给业余爱好者看的。我主张你们直接读原典。当年我的导师要我做《周礼》，我就是直接看原典。一开始读不懂没关系，要记住一句话：世界上没有读不懂的东西。我有一位博士生，刚入学时总是跟我叫苦连天："老师，我还要研究音韵学、古器物学、考古学啊？好难啊！"结果读了两年，门门都学得不错。

沈宇飞：刚才您讲到有关读原典的问题。但就像您刚才说的，那些经文有时对学习并没有多大帮助。我们现在看书的时候能不能边看原文，再结合一些已经研究好的资料来看，这样会不会少走点弯路？

彭老师：千万不要有这样的想法。读书最好不要有功利心，不要以有用还是没用，特别是以眼前有用还是没用来判断它的价值。知识是一个整体，儒家、道家、佛家的知识都具有整体性，为了做透彻的研究，必须下严谨的、笼罩全局的功夫，千万不能做寻章摘句式的研究，不能走捷径。有这样一种很有意思的比喻，说做学问有四种境界，第一种是笨人做聪明学问，第二种是聪明人做聪明学问，第三种是笨人做笨学问，第四种是聪明人做笨学问。我认为，第一种最要不得，本来就笨，还想耍滑头做聪明学问，结局一定最差。第二种也好不到哪里去，本来就太过聪明，还想偷懒，势必把学问做花了。第三种还不错，知道自己笨，就老老实实下笨功夫，一定会有成果。最后一种最好，聪明人而懂得下笨功夫，必有大成。诸位扪心自问，自己做的是哪种学问？

沈宇飞：老师您刚才一直贯穿的思想是儒家的思想。那中国文化其他的道和释的成分呢？小时候我妈妈叫我背《论语》，当时我就特反感，自己去看《老子》，其实我就深受道家思想的影响，对国家或者社会强大就有异样的感觉。

彭老师：建议你读读钱穆的精辟论述，你就会读懂儒家，就会了解《论语》的伟大在何处，就不会以情绪来判断是非，你那个魔障也就祛除了。我们其实都有一个过程，我们那时"批林批孔"都写过什么"存天理，灭人欲"，那什么话啊？其实这是不懂，读完《论语》以后才知道它没错，非常好，只是有人把它扭曲了，所以我们对它产生了种种的误解。

说到这里，我想起孟子的一句话："立其大者是为大人，立其小者是为小人。"什么叫"立其大者"？就是人生立在心上。什么叫"立其小者"？就是耳目声色。人有一颗心，学问之道无他，求其放心而已。孟子说的"放心"是什么意思？不是把心放下，而是像放风筝一样，"心不在焉"，心不在身上了，成了行尸走肉。心是一身之主，要把心找回来，为中国学术、为民族、为天下思考。志向远大，才能成为大人。至于佛家、道家，老子、孔子，要慢慢读，慢慢鉴别，时间长了，自然会有结论。为什么2000多年来中国学者大多数人选择儒家，道家清逸超脱，但最终没有成为中国文化的主流，其中自然是有道理的。你现在喜欢道家也没错，建议你今后再读些儒家的东西。

皮老师：我最后谈一下自己的学习体会。第一点，感觉到读书的紧迫感。彭老师教给我们的是，要读经典，读原典，读历史学家们读的书，而不只是读他们写的书。我们不仅要读司马迁写的《史记》，还要读司马迁写《史记》时读过的儒家经典，包括其他方面的书。同时要做杂食动物，要有一个很强大的胃。如何做杂食动物？我想不仅要读儒家的、经部的、史部的，还要读道家的、佛教的，子部的、集部的。从现代学术来讲，还要读其他社会科学的书，中国的、国外的，这样才能有一个很强大的胃，不仅能够消化史学材料，而且可以消化其他资料。

第二点，机会是给有准备的人的。彭老师的同辈，很多人在"文化大革命"时期都在打牌，彭老师在读书，在抄书，最后走上了学术之路，成了著名学者。我们现在得赶紧读书，也许就为今后获得某个机会做好了准备。

第三点，透过彭老师这个报告，我觉得蛮有信心的，同学们更应该有信心。大家想一想，彭老师当年是什么条件，跟咱们现在的条件没法比。他抄报纸，咱们至少一上来不用抄北美洲，至少一上来可以抄《史记》。他那时找本书那么难，咱们现在找本书随随便便。他那时找一个老师，太难了。咱们现在呢？学院那么多有名的教授，随时都可以请教。校外北京大学的、清华大学的，都可以找得到，也可以找彭老师这样的名师直接请教。所以，我觉得咱们应该有信心。

第四点，最后一个体会，彭老师这个报告给我一个很大的启发，就是读书要有理想。中国人民大学一直强调，学生要做国民表率、社会栋梁。同样是读书，有的人读到名利场去了，有的人为社会做了很多贡献。我们不排斥同学们从政，也不排斥经商，不排斥任何行业，但一定要像彭老师说的那样，对社会有责任感，对民族、对文化有担当，这样书才没白读。谢谢！

谈谈我学习中国近现代史的一些体会

马克锋

演讲者介绍：马克锋，中国人民大学历史系教授、博士生导师。先后毕业于南开大学、西北大学、北京师范大学，曾为韩国高丽大学访问学者。长期从事中国近代史教学与研究，主要研究中国近现代思想文化史，著有《文化思潮与近代中国》（光明日报出版社，2004）等。

同学们，大家好！我是马克锋，1991年7月从北京师范大学毕业来中国人民大学工作，到今天已有21年。因此，对人民大学还是比较了解。我今天讲以下几个问题。

一、大学阶段的学习与研究

我的大学学习与生活很普通，没有惊天动地的事情。上大学之前对大学的印象是通过看电影获得的。从陕西一个小山村直接来到天津这个大都市，一路上都有一种怯怯的感觉。所以，刚到大学，一切都是懵懂的。至今印象比较深刻的是，系里当时举行了一个新生见面会，系里一些知名教授几乎都来了，有二三十位。当时刚到学校，自然一个都不认识。后来才慢慢知悉，他们大多是闻名中外的著名学者，如清史专家郑天挺教授、先秦史专家王玉哲教授、隋唐元史专家杨志玖教授、史学史专家杨翼骧教授、日本史专家吴廷璆教授、美国史专家杨生茂教授、现代史专家魏宏运教授等等。还有林树惠教授，这个教授发表文章不多，在学界影响不大，但翦伯赞主编的"中国近代史资料丛刊"系列书中的英文翻译许多是他做的。这么一大批教授，让我们当时感到，这么多大师，好自豪！现在做先秦思想史的刘泽华教授、做清史的冯尔康教授、做明史的南炳文教授，当时算中生代，是年轻教授。南开历史系人才济济。这么强大的师资，真是吾侪之福，必须珍惜。因此，我在大学学习是很认真的。

我上课很认真，有种对知识的渴望。我上过哪些教授的课？郑天挺教授因为当时是南开大学副校长，没有开课，但是开过两次讲座；王玉哲教授开过专业选修课——训诂学，我听过一次，可是听不懂，没有坚持下去，至今不懂训诂；杨志玖先生讲元史，我也听过几次，也没听进去；吴廷璆、杨生茂两位教授因为是世界史方向的，我没有上过他们的课。我们当时上两门通史课，总体感觉是世界通史课的师资比较强，中国通史课的师资相对较弱。我们的上古史讲古希腊罗马，主讲老师叫王敦书，现在是中国世界古代史研究会的理事长，他课讲得很好，我的印象很深。他是雷海宗先生的高足。雷海宗有本书叫《中国文化与中国的兵》。雷先生当时是清华大学历史系的主任，是我们讲现代史时有个战国策派的一个代表人物，他中西汇通，是能讲中国通史和世界通史的人，而且英文特棒，这种学者现在很少见了。现在中国史和世界史基本上是两家。还有世界近代史有个刘克华先生，刘教授给我们上课，我们印象很深。相对而言，给我们讲授中国古代史、中国近代史、中国现代史主干课程的师资比较单薄。很强的一些老师也没给我们上过课，这是很遗憾的。

在我听过的课中，有两位先生的课给我留下了很深的印象。一位是杨翼骧教授，一位是刘泽华教授。杨翼骧先生主讲中国史学史，课讲得真好。他上课只带几张卡片，没有讲稿，他把中国史学史完全糅合成自己的东西，讲得特别生动，引人入胜。比方他讲到近代的陈寅恪，他说陈寅恪是教授之教授，我现在印象都很深，就说陈先生的学问太深了，大学生听不懂，讲师、副教授都听不懂，只有教授才能听懂，所以是教授之教授；然后讲到郭沫若，他说当时在北京大学读书时，郭沫若是政务院副总理，来北京大学视察，别人说让郭老来讲，郭老爽快答应了。郭老兴致甚高，讲着讲着，西服也脱了，毛背心也脱了，最后只剩下衬衣。杨教授感叹道：郭老真正是个历史学家，他对历史很热爱，他一到这就像回到自己的家一样，讲得特别精彩。我后来给陈寅恪作小传时，题目就叫《教授之教授》，显然受到杨翼骧教授的影响。

刘泽华教授给我们先后开过"中国古代政治思想史"和"历史研究法"两门课程。刘泽华教授讲政治思想史，思想解放，言论犀利，他认为中国自古以来就是王权主义，专制主义源远流长，根深蒂固。那个时代是思想解放的岁月，刘教授的言论深刻地影响了我。刘教授讲历史研究法，讲梁任公，对什么是历史学、历史学的发展前景、如何研究历史等，从理论到实例均有精彩论述，给我们印象比较深。刘先生是个思想解放的学者，其批判意识与怀疑精神都对我有影响，有启发。刘先生现在退休了，开始写些回忆文章，最近我常见他在《炎黄春秋》上发表文章。他这个人是我们79级的同学最欣赏的老师。这个先生有思想，有人格魅力，感染了我们，所以我们对他很有感情。

我在大学，一个是受老师的影响，再一个是自己读书。我们那时在大学读书，读得比较杂，没有现在这样的推荐书目，老师讲完课就完了，好像没有布置问题，也没有作业。我记得当时为了配合中国古代史教学，历史系组织编写了《中国古代史资料选编》，自己印的，选取了中国历史典籍中的一些片段。我们当时接触古籍就是读这些东西。讲到先秦就读先秦，讲到秦汉就读秦汉，《史记》里的一些篇章就是在这里面读的，没有系统地读过，所以我说我在大学读书读得很杂。那时读《基度山伯爵》《红与黑》这些西方名著。因为当时刚刚改革开放，是文化饥渴的年代。像现在皮老师让你们读的那些书，我当时都没读到，我到现在也没有系统地读过《史记》《资治通鉴》，原始材料读得不够，是蛮遗憾的。我记得那时读的是"文化大革命"时期工农兵学员编的《史记选》，前面一大篇序言，讲的都是古代的阶级斗争。我大学二、三年级在图书馆翻书、查目录，后来受刘泽华先生的影响喜欢思想史，看了这些书喜欢近现代史。我们那个时代很多书的意识形态色彩、政治色彩很浓，不是纯学术研究的东西，而且当时翻译国外汉学的著作又不是很多，所以我当时就喜欢看外国的书、港台的书，这样对人的思想有启发。现在不一样了，这十几年我们发生了变化。我不喜欢看那些特别平庸的书，要材料没材料，要观点没观点。纯学术的书即使思想上没什么但在材料上会给我启发，研究思想史也是通过材料获得灵感，然后用灵感来解释材料，用理论来分析、建构自己的框架。

我大学时期是写日记的，写了两本日记，除了写感想、记述生活之外，就是看书时做些摘抄，现在回头看还是挺有价值的。遗憾的是那时的摘抄没有记录出处，这是我的一个教训，读书做笔记一定要把出处写清楚。要是出处写得不清楚，到要用的时候就无法使用。我在大学读的书还有两处特有用，一个是张学良受王阳明思想影响，说过这样一句话："我心看花花在，我不看花也在"，特别精辟，我就摘抄下来了，但没有记下出处，所以后来写文章时想用，却没法使用。还有一个例子。张静江是蒋介石很倚重的浙江财团的一个主导人物，此人是一个瘸子，家族很富有，早期赞助辛亥革命，赞助孙中山。他曾经跟蒋介石说，做生意是赌博，干革命也是赌博。他鼓励蒋介石去广州投靠孙中山，这比在上海股票交易所当交易员有前途。我觉得这个材料很好，当时便把这句话记下来了，但也没写出处，现在都觉得遗憾。所以，大学时代读书，一定要养成一个良好的习惯，出处、版次、页码、作者一定要写全，要不然到真要用的时候就没了，找不着了。

我再讲讲我大学的研究，我大学的时候也做过这方面的尝试。那时的大学没有作业，都是考试，而且几乎都是闭卷考试。所以，那时没有年级论文、学年论文，只有一个毕业论文是算学分的。但是，在写毕业论文之前，我还写过两篇小论文，论文最后没发表，但现在来看也是文采很好，论述也不错，收获很大。写的什么？第一篇论文是《王国维之死考证》。为什么要写王国维之死？因为当时学校请旅居加拿大的叶嘉莹教授来校开设系列学术讲座，主讲唐诗宋词，重点是宋词。她讲授宋词，朗朗上口，声情并茂，特别感染人，深深吸引了我。十几年后，我在凤凰卫视《世纪大讲堂》再次听过她的演讲，风度依然，气质没有变化，只是比原来略显苍老一些。当年在南开授课，是叶嘉莹教授最富有活力和激情的时期，她曾经是莘莘学子十分崇拜和痴迷的偶像。叶教授在我们教学主楼的阶梯教室授课，平时能够容纳300多人，但一到叶教授授课，不仅座无虚席，而且几乎过道、窗台甚至讲台都挤满了学生，真是盛况空前。叶教授讲宋词，自然讲到《人间词话》，讲到王国维。我最先是从叶嘉莹先生那里知道王国维先生的，后来杨翼骧讲中国史学史时也讲到王国维，但相对比较晚。初次看王国维的《人间词话》，立即被吸引住了。其中，王国维在《人间词话》中说："古今之成大事业、大学问者，罔不经过三种之境界：'昨夜西风凋碧树。独上高楼，望尽天涯路。'此第一境界也。'衣带渐宽终不悔，为伊消得人憔悴。'（欧阳永叔）此第二境界也。'众里寻他千百度，回头蓦见，那人正在灯火阑珊处。'（辛幼安）此第三境界也。"读后感触特深，决定好好了解王国维此人。结果发现，处于学术事业巅峰的著名学者、国学大师、清华大学著名教授王国维，竟然是壮年自杀，1927年6月2日在还没到50岁时在颐和园投湖自杀了。这事对我是个震撼。当时自己年轻，就想寻找他自杀的原因，于是就查材料，看学术界的相关研究。通过初步了解发现，学术界关于王国维之死大致有三种说法：一种讲他是为了殉清，即为怀念清朝而死；一种是为文化而死；一种是被罗振玉迫害致死。三种说法，到底哪一种正确？初生牛犊不怕虎，加上当时自己的认识，非要找出一个真实的说法，于是就去读王国维的书。王国维的学问很深，他对中国古史的研究具有开拓性，这主要体现在其代表作《观堂集林》中，但他的学问太深了，我几乎读不懂，同时也认为，他的学问与其自杀似乎也无必然关系，于是就读他的《静安文集》。王国维其实是个天才，他一生只有50年，真正涉猎学术也就30年。但就在这30年中，他先后涉猎过哲学、文学、史学三个领域，而且在每个领域均有开创性贡献，也就是说，他在自己所涉及的学术领域都是巨人。《静安文集》是王国维早期研究文学、哲学与近代学术作品的汇编，其中涉及《红楼梦》研究，西方哲学特别是对德国著名哲学家叔本华、康德思想的介绍与研究，如《红楼梦评论》《叔本华与尼采》《论近年之学术界》《论新学语之输入》《书辜氏汤生英译中庸后》《最近二三十年中国新发见之学问》等，即使用现在的眼光来看，也让人叹为观止，其识见依然让后学佩服。我喜欢他这种学术史、思想史、文化史相互交叉的东西。他先是读康德的书，康德的书读不通他就读叔本华的书，通过阅读叔本华的书来理解康德的思想。叔本华是一个悲观主义者。王国维受叔本华悲观主义思想影响，加上他当时不幸的际遇，最后自杀了。所以，关于王国维之死，我认为，远因是受叔本华思想影响，消极厌世，近因是罗振玉给他施加压力。这就是王国维自杀的原因，也是我那篇论文的观点。现在看来缺乏深度，略显幼稚。

  第二篇论文是《试论西安衰落的原因》。为什么写这篇论文？因为我是陕西人，对西安的历史比较关注。记得当时读历史，读到杜甫的诗句，其中讲"长安自古帝王都"，联想到西安作为中国汉唐盛世时的国都，那个辉煌与气势，是多么令我自豪与神往啊！但在学习通史下半段时却发现，到明清时，教材里讲到陕西，只提汉中而不提西安，说明汉中已经超越西安了，西安已经衰落得一塌糊涂。为什么？就决定探寻西安衰落的原因。为了写这篇论文，我当时读了不少书。其中对顾祖禹的《读史方舆纪要》印象颇深。顾祖禹是中国清初著名的地理学家，对中国古代地理沿革及重要城市战略、军事地位有深入研究。最后发现，西安之所以在唐代以后衰落，主要看还是江南经济的发展导致了中国经济重心的转移。中国经济重心的转移使得位处西北的西安的中心地位丧失，不再可能继续成为中国的政治中心。

  我大学的毕业论文写的是什么？我选的题目是《试论二十世纪三十年代的中国文化建设运动》。我们当时选题目很有意思。记得很清楚，负责中国近现代史的指导老师让大家报自己的题目，其中有一个同学报了一个题目，让老师笑了。"笑"是嘲笑的意思。为什么？他的题目是研究太平天国的《天朝田亩制度》，因为《天朝田亩制度》已经被人研究透了。言下之意，《天朝田亩制度》

有什么可研究的？老师就说这个选题不好，建议重选题目。我当时选的这个题目是从来没有人做过的，这也是我后来学术研究的一个基本原则。做这个题目的时候，我主要依据的是马芳若主编的《中国文化建设讨论集》，这是一本资料集，主要选编了20世纪30年代中国本位文化与全盘西化的争论文章。前者以萨孟武、何炳松等十位大学教授为代表，主张复兴中国文化；后者以陈序经、胡适等人为代表，主张全盘西化。这个线索现在一目了然，但当时并不清楚。当时写论文，主要就是看这本资料，没有任何背景可供参考，很多人我在当时都不认识，就知道胡适，陈序经后来知道一点，因为他晚年在南开大学当教授，他是研究社会学、人类学的，但新中国成立后的一段时间内没有社会学、人类学，他开始研究民族学，陈序经先生晚年做匈奴史研究，出版过相关专著。当时尽管对很多人的生平不了解，但是我通过阅读资料，按照其观点来给他们分派，分析与观点完全源于原始资料。因为我当时不知道他们的政治倾向，没有传记，词典也查不到，不像现在通过网络，一般情况下都能百度出来，而那时没有。在这种情况下，我完成了大学毕业论文。1987年，论文在《宝鸡师范学院学报》发表了，随后被中国人民大学书报资料中心主办的《文化研究》全文转载。十几年后，这个问题才成为学术界的研究热点。客观地说，我是第一个研究者。后来中山大学比我年轻的赵立彬教授完成了一个全盘西化研究的博士论文，他参考引文里所列的第一篇就是我发表的那篇文章。有次他见了我特别客气地说，你是前辈了，我们都是"抄"你的。其实这个也是我后边要讲的，我做学问有个缺陷，能开风气，但没后劲。这是我的大学阶段。

二、研究生阶段的学习与研究

其实我在上大学时根本没想做历史研究，做学者，当教授不是我追求的目标；从事行政工作，就是现在说的做公务员，好像也不是那么热衷；我大学毕业时的梦想或者说理想是做编辑，从事文字编辑与出版工作。那时觉得编辑特好，特别适合我。选择编辑，当时还有一个原因，1982年，也就是我大学毕业的前一年，陕西人民出版社在南开大学历史系要了一个编辑。我就天真地以为，第二年也会要编辑，所以期望很高。我当时的理想就是做编辑，最好是出版社，再就是杂志报纸也行。我们那时是国家包分配的，1983年大学毕业时，陕西有一个指标，陕西省高教局。属于二次分配，先分配到陕西省高教局，然后再分配到某个高校。高教局学生处处长铁面无私，据说连副省长的女儿都给分回陕南去了，因为这个副省长是从陕南一个地区专员提拔为副省长的，其女儿原来是从陕南考到西安的。真是铁面无私、六亲不认！当时这位处长跟我讲，既不让你去陕北，也不让你去陕南，你老家是富平的，属于关中，让你去关中，只是离你家远点，结果就把我分到宝鸡师范学院了。其实当时对我来说是一个很大的挫折。我当时就想在西安工作，然后当编辑，其实要求也不高，那时各单位都缺人，没有不缺人的，但是那时没有选择工作的自主性。无奈之下，我就去了宝鸡。当时的宝鸡师范学院没有历史系，只在中文系设有一个历史教研组，总共就六七个人。给大学生上课轮不到我，我被安排给附中的学生讲授中国历史。

我在宝鸡待了两年，感觉没有前途，怎么办？考虑再三，唯一的出路就是考研。当年临近大学毕业，我们班有不少人都复习考研，但考上的人不是很多，其中有三人考到北京了，两个是中国人民大学中共党史系，一个是中国社会科学院经济所。在宝鸡工作时，曾经对自己当年没有考研有过后悔。两年以后，人生再次面临选择时，我选择了考研。但是，考什么？考哪里？我们大多数同学都考回母校南开了。我怎么办？我那时年轻，特别想家，上大学的时候我的毛病就是老想家，还哭过，因为普通话说不好老被人嘲笑，挺自卑的，我当时根本就没有想去其他地方工作，一门心思想回西安，因为我老家富平离西安就60多公里。于是，决定报考西北大学，方向为中国思想史，导师为张岂之先生。张岂之先生是侯外庐先生的得意弟子，西北大学的中国思想史属于专门史学科的重点发展学科。我那年考试，外语成绩是49分，当年录取的分数线好像是45分，我就算考上了，考到了西北大学。我考的时候张先生是副校长，我入学的时候他是正校长，张先生事必躬亲，不太相信别人，所以特忙，我硕士三年张先生没给我上过一次课。他下边有两个副教授是我们的副导师，分别给我们上过一次课。刘宝才老师给我们讲过一次两汉经学，龚杰老师给我们讲过一次魏晋玄学。其他专业课没有上过，几乎全是自学。当时我们的思想史研究史有一间办公室，里边有些藏书，开始我就在那儿看书。后来成立了西北大学中国思想研究所，从历史系中独立出来，占了一个小楼的二层，其中有一个自习室，我们大多数研究生经常在那里看书。张岂之先生鼓励我们广泛阅读，包括马列经典、西方名著以及文学名著。按照张先生的要求，自己的确阅读了不少这方面的书籍，颇有收获。另外，像《谭嗣同全集》《康有为政论集》《严复集》

《章太炎选集》《孙中山选集》等与近代思想史有关系的著述，我读得比较系统。当时的我，一边读书，一边着手写文章。我研究生阶段写的第一篇文章的题目是《孙中山与传统儒学》，是为了参加孙中山诞辰一百二十周年青年学术讨论会，论文被大会选中，应邀参加了在广州举行的讨论会。会上，广东的《学术研究》看中了我那篇文章，于是文章就在那儿发表了。文章发表以后，被《新华文摘》全文转载。研究生的论文被权威期刊全文转载，当时在我们那儿还是蛮轰动的。后来我还写了一篇论文叫《中源西流思潮论》，是在《江汉论坛》发表的，也被《新华文摘》全文转载了。两篇论文被全文转载，同学们都很羡慕，老师们都纷纷给予夸奖。我自我感觉也不错。研究生三年时间，我总共发表了六篇学术论文，现在看几乎都是核心期刊，而且没有一点关系，更没有付过版面费，全是写了就投。中间发生过一件事，我现在依然记忆犹新。我写完《中源西流思潮论》后，特意将论文复印了一份，交给张岂之先生，希望得到他的指导。一周之后，论文通过别人转交给我。张先生没有就论文本身提任何意见，只是在论文首页批了一大段话，几乎全是批判、质疑，什么甲骨文你懂否？章太炎的文章能读懂吗？大约10个问号。在张先生看来，研究生阶段不应该这么早写文章，首先是打好基础。其实这个问题是对是错，现在确实难以定论。在这个问题上，有些人主张永远不要过早写文章。这个观点有一定的道理。但关键是，何时写文章比较合适，却没有特定标准。有的人长期积累资料，却不会写文章。例如，我们西北大学有个老师，他读书无数，收集了有关唐史的资料卡片几大箱子，但却写不出文章。所以，这个东西很矛盾。

临近硕士毕业，西北大学党办主任去宝鸡师范学院任院长，他就盯上我了，说我硕士毕业后必须回宝鸡师范学院工作。而我离开宝鸡师范学院，就想在西安工作，根本没有想再回宝鸡。我没办法，很无奈，就考博士，我得跑，我只考到北京师范大学读博士，那时读博士的人少，我1988年读博士，那是一个几乎全民经商的时代，考博士的人比较少，记得报考龚书铎先生博士的就两个人，一个是我，另一个是张思（现在是南开大学历史学院教授）。在北京师范大学攻读博士学位三年期间，龚书铎先生对我，无论是学业还是生活等各方面都给予关心和照顾，是我心中特别崇仰的学者。但实事求是地说，在北京师范大学三年学习期间，多少有点荒废。比如，硕士学习期间，我先后发表了六篇学术论文，而博士学习期间仅仅发表了两篇。原因有两个方面：一是经历了1989年政治风波，以致后来一段时间心静不下来；二是当时盛行编书，主要是编写词典，荒废了不少宝贵时间，现在看来很遗憾，得不偿失！

三、感想与遗憾

最后我谈一下我的感想。感想之一：学术贵在创新，要做前人没做过的，不要炒冷饭。我大学毕业论文做本位文化与全盘西化的论战，当时应该说是具有开创性的。全盘西化这个概念是著名学者陈序经提出来的，胡适响应并表示赞同。这个思潮在当时一度影响很大，青年学生大都很欣赏这个文化主张。当然，反对与批评的人也很多。其实，全盘西化并不是有些人所说的全盘照搬与接受西方文化，或者百分之百地拿来，它只是表明要积极主动地学习西方与外部世界，用百分之百的努力来争取能得到的百分之三十，用胡适的话说就是"充分世界化"。这个西化是一种精神和方法，并不是一种表面或形式的东西。近百年来，我们的步子一直没有停留，物质生产、经济模式以及社会生活、衣食住行都几乎与古代中国完全不一样了。2005年，我在以前研究的基础上，又发表了一篇关于全盘西化的文章，进一步阐述了我的观点。

另外，我在辜鸿铭研究方面应该也算比较早的。现在中国人民大学清史研究所黄兴涛所长，他是我的师弟，现在是辜鸿铭研究方面的权威，但他没我做得早。我在1987年第2期的《福建论坛》上发表了一篇《辜鸿铭思想初探》的论文，可能是改革开放以后第一篇比较系统研究辜鸿铭的学术论文。我之所以对辜鸿铭产生兴趣，是读了冯天瑜先生编辑的《辜鸿铭文集》。这本书收集了辜鸿铭用汉语写的两本小册子，即《读易草堂文集》《张文襄幕府记闻》。辜鸿铭受过西方文化的系统训练，具备深厚的西方文化底蕴，但却极力崇拜中国传统文化，我觉得他是一个怪才，所以决定研究他。我的硕士论文试图对辜鸿铭的思想做深入系统的研究，当时主要依据的材料是《辜鸿铭文集》。写毕业论文，仅靠这点资料，那是远远不够的。我先后在北京大学、北京师范大学、中国科学院图书馆复印了辜鸿铭的英文与日文论著，在辜鸿铭的研究方面有所深入。上研究生期间，我还写过《梁启超后期思想新探》，发表在四川《天府新论》杂志上。大家都知道，梁启超是善变的，他常常自嘲是"以今日之我伐昨日之我"，就是今天修正昨天的观点，所以大家都说他是"变色龙"，思想老变化，没有定型。还有一种观点很流行：梁启超等一辈人是早期进步，后期落后甚至反动。我当时不这么看。我认为，梁启超的思想一直是前后联系的，从来没有倒退。我主要依据梁启超晚年撰写的《欧游心影录》，对其晚年思想做了比较系统的梳理，中心思想是说他前后思想一致，始终在追求进步，只是思想中心点有所不同。时隔近20年后，梁启超后期思想研究一度成为学术界研究的热点，著名学者耿云志先生、郑师渠先生、李喜所先生都先后撰写论文，重新审视梁启超后期思想的理论与现实意义。这也从另一个侧面说明我的学术敏感度还是比较高的，能够较早地发现新的学术热点。

感想之二：注重长时段研究。这是我的一个特点，具体到思想史，就是思潮研究。我比较喜欢研究思潮，所以对个案的研究做得不是很多，深入也不够。我做思潮研究都是贯通性的，研究近代史，不仅关注鸦片战争以前，甚至延伸到明末清初，往后一直到现在，关注的时间跨度较大，内容上不局限于历史学、哲学、政治学、文学艺术等学科相关内容也需要关注，就是说读书要杂，知识要博。方法上也不仅仅是历史学的方法，人类学、文化学及其他社会科学的理论和方法都需要了解。

感想之三：学术研究一定要有怀疑意识和批判精神，而且要有现实关怀，不迷信名人与权威。所以，胡适那句老受别人诟病的话，"大胆假设，小心求证"，其实一直是做学问的八字箴言。著名学者萧公权通过其研究实践，认为这个方法很管用，并做了补充："放眼看书，大胆怀疑，小心求证"。所谓大胆假设，其实就是怀疑精神。放眼学界，凡是学问做得不错的人，大都具备怀疑精神。比方说，杨奎松有一本书，名字就叫《开卷有疑——中国现代史读书札记》，大家有兴趣可以看看。所谓"开卷有疑"，就是说看书时要怀疑，不要迷信权威，迷信前人已经做过的东西。再比如，五四时期，北京大学的一些学生写文章和章太炎、梁启超商榷，讨论学术问题。这在当时很正常，现在的学生可能会觉得不可思议。有一天学校开会讨论人才培养问题，经济学院副院长刘瑞指出，为什么77级、78级学生成才率高？是因为这些学生听完老师讲课后，回到宿舍，就开老师的"批判会"。也就是说，尽量少崇拜老师，要有怀疑精神。只有这样，才能成才。过于崇拜老师，老师说什么都是真理，就做不了学问。另外，除了怀疑意识和批判精神，还要有现实关怀。现实关怀是什么？就研究思想史而言，必须关注现实问题。比如，当今学界有不少学者，而且是影响很大的学者，一直将"文化大革命"视为五四新文化运动的继续和发展。对此，我不敢苟同，专门写了篇文章，讨论两者之间的差异。尽管论文不好发表，但毕竟表达了我的看法。

最后，我说一下自己的遗憾。遗憾之一：纵观我的研究，广度有余，但深度不足。没有制定长期研究的主题和目标，有点像学术游击队。台湾胡适纪念馆馆长潘光哲曾经跟我说他就是个游击队员，打一枪换一个地方，研究目标飘忽不定，我也是这样。我的很多研究都是比较早做的，但最后人家都出版专著了，我只是发表文章就跑了。这个不好，它影响了研究的深度。所以，你要关注一些有前瞻性的东西，比如特定的一个事件，或者研究特定的一个人物。如果你是专家，那么关于政治、经济或者文学的学术会议你就都能参加。一个人做得深入时，他可以让会议围绕着他转。打游击的人经常是围着会议转，会议讨论什么主题，他们就研究什么主题，就是被动的，不是自己真心的研究。

遗憾之二：宏观有余，微观不足。具体细微的研究不扎实，许多问题是自己开始研究的却没有继续坚持下去。我现在视力衰退了，体力也跟不上，到我这个年纪要想重新开辟一个学术领域是太难了。学术研究往往需要花费十年二十年功力才能被广泛认可，因此哪怕再笨的人，要是能在自己钟情的领域蹲上20年，也能有所成就！

遗憾之三：我的研究曾经一度中断。我是1991年来到人民大学党史系，那时我主要负责教"中国革命史"（全校公共必修课），课讲得很好，也很轻松，那时要求也不高，学术风气也不浓厚，所以我们革命史教研室里常常也是吃吃喝喝玩玩。但这么下去肯定不好，我想到自己年轻时的理想是当编辑，就申请调到了《教学与研究》编辑部。我从1997年开始做编辑，做了整整四年，其间我没有发表一篇文章，也不太做研究。因为编辑的事务非常繁杂琐碎，最苦恼的是这杂志并不是纯历史的，而是介乎历史和政治理论之间的刊物，不太容易约稿。后来我决定放弃编辑这份差事，继续搞学术。2001年我来到人民大学历史系，近十一年我才在专心搞学术。但这一番波折和我那时的浮躁心态确实影响了我的研究，我也觉得些许遗憾。

皮庆生老师：马老师讲了他的一些遗憾，也与我们分享了他求学治学的经历、经验、感悟，从马老师的讲座中我们能领悟到他身上那股学者的独立精神。马老师不追随主流，有自己独立的思考，这非常可贵。现在强调原创，不要山寨。山寨只会永远跟在别人后面，我们要原创，要敢于尝先，善于发现。马老师从硕士开始就一直在开风气，探索没人做过的题目。焦裕禄曾说不嚼别人嚼过的馍，我们今后也要在这方面多下功夫。要有原创，就要读原典，读一手资料。马老师为什么能够率先发现辜鸿铭，能够讨论中国20世纪三四十年代的文化建设运动？他的文章为什么能被《新华文摘》转载？都因为马老师有特别的发现，马老师从一手史料出发，而非从他人的论著出发，所以能够开辟新的领域。这也是我们需要学习的地方。尽管马老师说自己曾有一段时间在彷徨并耽误了不少时间，但他一直在读书，并且读的书很杂，所以他才有创新。开卷有益，我们后辈也要多读书。另外，马老师强调怀疑精神，我们要多怀疑、敢怀疑。怀疑靠什么？靠多读书。在广泛阅读的基础上，有批驳，有交流，才能有进步。现在是个好时代，人民大学的学术氛围越来越浓，我们有这么好的老师分享经验，更该对学好历史充满信心。

学习史学的门径

徐兆仁

演讲者介绍：徐兆仁，中国人民大学历史学院教授、博士生导师，主要研究思想文化、史学理论。1978年考入中国人民大学历史系，毕业后留校任教。陆续在北京大学、吉林大学、中国社会科学院、美国哈佛大学进修与访学，以读书、问学为自我生命存在方式。对古文字学、《易》学、儒释道思想内核、古典韬略学、历史解释学等做过专门研习，开设"甲骨文研究""古文字学与古代典籍诠释""中国思想文化史研究""史学理论""历史哲学研究"等课程。著有《道教与超越》（中国华侨出版社，1991）、《三国韬略》（中国人民大学出版社，1995）、《大战略决定命运》（新星出版社，2006）、《儒佛道修持实践与核心思想探源》（天津古籍出版社，2011）等。

系里安排这个谈话式的课程非常有意义，我可能讲半个小时，同学们有什么问题可以随时提出来。下面开始今天晚上的谈话。

一、倾听和虚心

第一条，倾听。我先天视力不好，小学三年级就发现近视。但上天似乎很公平，视力很差，听力却很好。记得一次参加体检，大夫就兴奋地招呼说，大家快过来，这个人的耳膜很好，可以当标本。所以，我是借助听力优势弥补视力的不足。从中我学会了两个字，叫倾听。倾听很重要。

庄子讲过"无听之以耳而听之以心"（《庄子·人间世》）。用心听，比用耳朵听更高一层。后面还有一句"无听之以心而听之以气"（同上）。这不太好理解，怎么听之于气的境界还要高于听之于心？这就是庄子在他的著作里提到的听的层次,你会有所体验,到达那个境界之后,确实能够感觉到听的不同层次。倾听是我们的一大法宝,对接触社会、了解知识、提高业务水平,都是一种很重要的能力。

第二条,虚心,就是破除执念,不自以为是,心怀若谷。大家有没有听说禅师的哑语这个故事?一位弟子前去拜见禅师,问自己这些年来为何总没有长进。禅师笑着拿起桌子上的茶壶,然后往弟子眼前的杯子里倒水。水很快满了,但禅师仍不罢手,依旧往杯子里倒水。弟子说:"杯子已经满了,你再怎么倒也不能增加杯里的水。"禅师说:"你也懂这个道理,为什么还来问我?"弟子终于醒悟:"心里装的东西太多,自然装不进其他的了!"这说的就是不要自我局限的道理。因为这个杯子已经装满,若不清空,就再也装不进其他东西;另外,杯子原本太小,两下就灌满了。虚怀若谷,不是每个人都能轻易做到的。要清空内容,扩大心量,才能包容世界,乃至天地、宇宙。一般人认为,人类起源数百万年,有文字记载的历史数千年,时空广阔,学习历史也会获得开阔的眼界和胸怀。但事实不一定是这样。我就见过不少学历史的人,心胸十分狭窄,眼中所见就那么一丁点大的世界。现在这样说,大家可能会觉得奇怪。但二三十年后,大家看到的恐怕也就是这种情况。现在有机会,我就在这里提醒同学们要学会倾听,做到虚心,破除执念,才能学到、学好真东西。

二、历史学的门径

历史学的学习门径问题非常重要。今晚在这里,我想主要就这个问题跟大家做个交流。在座的同学都是十八九岁的样子,我在你们这个年龄是想看书但找不到书。记得当年赶上上山下乡运动,我在浙东山区插队落户,听说当地一户人家藏有一套《史记》,非常激动,就去借,哪知人家死活不借。那真是大家没经历过的年代,文化浩劫,无书可读。后来到北京求学,这里书太多,可我的视力变得很差,不能使劲看,而且看也看不完,遗憾啊!所以,如果对于哪一部书,哪一门类的知识,特别想了解,那要注意这个心理状态:渴望和好奇是非常好的起点,也是历史学非常关键的学习门径。如果我们当老师的,给学生指错了入门的门径,二十年、三十年以后,你们再回忆起来,就怪老师,随便一说,给指错了方向。指错方向、走错了路,是最大的失败。谈学史入门这个很严肃的话题,要本着极其负责的态度。

历史学到底是什么样的学问？对此，现在有两种说法。(1) 历史学是科学（自然科学意义上的科学），叫历史科学。那么在座的都是科学家，我是在给未来的科学家上课。但我想我们谁也不敢承认自己是科学家，物理学家、数学家、化学家、生物学家等才算科学家。(2) 历史学是一个学科。这个学科很奇怪，跟别的学科不一样。别的学科有很具体的、很清楚的界限，但历史学的学科界限却很不清楚。历史学是一个基础性、复杂性、综合性的学科。面对这么一个学术对象，我们怎么办？下面针对"学史入门"的话题，主要说四大要点，后面还涉及两个附带性要点。

1. 发现证据

关于历史学研究，首先它强调发现证据。大家都听说过胡适先生的这句话，即"大胆假设，小心求证"，又知道流行的所谓历史学是考据之学，文学是辞章之学，哲学是义理之学。这么一来，历史学就被定位在一个考据或考证的特性之内。这个定位很少能引起学生的兴趣。像大家了解的一样，味同嚼蜡读圣贤，老死于章句之下，天天在故纸堆里摸爬滚打。这么一个专业，并不一定受大多数天性好动、精力旺盛的年轻人欢迎。但应认识到的是，历史学提供给大家的其实是一种关于经验的学问，是由证据支撑的学问。所以，我把发现证据放在第一位。从这个视角看，很多历史学家能够取得一定成就，都在于发现了重大的历史材料，在材料中发现了确凿可信的证据。根据这些证据，可以解决一些遥远的历史问题，可以把历史发展的知识链条连接起来，把历史原貌再现出来，这就叫历史重建。所以，证据非常关键。历史资料各式各样、浩如烟海，一个人几乎一辈子都无法穷尽。但只有真正能形成证据的材料，才是历史学所需要的材料。

到底什么是证据？怎么发现史料中真正的证据？我们有句名言，"能够成为证据的史料，才是真正的史料"，剩下的都是一般的材料。所以，一些学者的文章或著作最后都用一种历史的证据来证明一些判断，以形成真实的历史画面。实际上，证据的价值就是给人们提供事物的真实性，这种真实性的价值很高，只有了解了这种真实性，才能了解事物的本来情况。所以，社会就把提供历史事物的真实性，特别是提供以往人类活动真实性的这个社会分工，交给了历史学家。在座的同学以后就要通过自己的才华、自己的能力，找出真实的东西，并将之描述出来，构成历史的真实价值。

当然，有的历史学家自觉遵守治史的基本要求，会提供真实的东西。但历史上也有很多人，为了各种各样的目的，例如政治目的、军事目的、利益集团的目的、个人的目的等，提供很多不真实的情况，导致人们看到的是不真实的历史。不真实的历史编纂作品大量充斥在阅读物中，人们不知道哪些是真的，哪些是假的，就会产生困惑、迷茫，不知所措，无所适从。那到底什么是真实的历史，什么不是？好多人不知道判断标准是什么。同学们拿起一本书就看，一般也不想这本书里讲的是不是真实的，只觉得很好看，很有冲击力，很有震撼力，很惊悚，很新鲜，很让人感兴趣，但是不是真实的？问这个问题的人比较少。

由于历史学家要揭露真实，所以他们所从事的是一种很危险的职业，就是走钢丝的职业。人们特别憎恨历史学家，因为历史学家老是把真实的东西摆出来。比如某个船王，就是大的总裁、大的企业家，而一翻历史，原来出身是个海盗；又比如，大家知道刘备是卖草鞋出身，朱元璋早年是个乞丐、和尚等。就是说，历史学家老是把人打回原形，而这个原形往往不怎么光鲜亮丽，不怎么让人佩服。所以，做这种工作比较危险，对象是普通人还好办，但如果是当权者，或者特别有势力的人，把他们的真实历史写出来，把他们不那么光彩的过去摆出来，甚至把他们丑恶的面目暴露、揭发出来，那他们绝对会让你难堪。所以，历史上有很多历史学家，为了记录真实，付出了惨痛的甚至生命的代价。

但现在情况变了，如今世界各国的历史学家，特别是我们，在研究现代中国历史或现代世界历史的时候，特别注重这种真实。现代化的道路是怎么过来的，中国到底是怎么发展的？对于越往后的历史，人们追求真实的自觉性越强。所以，如果有本事把真实的东西复原出来，那就说明有很高的学术水平，就完成了学术研究的使命。如果学会了历史真实的判断标准，那就成了一名真正的历史学家。

当然，也有人根本反对历史真实这个概念，认为这是一个过时的观念。也有人认为这不可能实现。传说美国一个学者扬言，谁能区分文学的真实和历史的真实，就给谁100万美元。但到现在为止，这100万美元还没有送出去。有时读一本小说，像托尔斯泰的《战争与和平》，像《红楼梦》，就觉得了解了一段很真实的历史；但有时读了很多历史论著，却觉得都是假的。文学是虚构，历史用材料，但结果却适得其反。所以，这里面名堂很多。真理的标准、真实性的判断、历史真实的重建等问题，都是史学研究中很专业的大课题，今晚在这里，就点到为止。

2. 破译密码

第二个问题是破译历史的密码。我们现在之所以学习非常艰难，恐怕还跟没有掌握这套密码有关。可能到了很多年之后，我们才发现，原来其中藏着某种机密的东西，这实际上就是所谓的事物的核心、根本、关键。如果能破译历史密码，那么就彻底掌握了历史发展的奥秘、事物演变的根本；相反，如果没有，那么读多少东西，最后还是白搭，还是在历史学的门外转悠，即便得了博士学位，评上教授，也还是不入流。不光是历史学，其他很多学科也是如此。这套东西要通过老师的指导和自己持之以恒的刻苦学习才能掌握。之所以学得艰难，这么多年都没学进去，就是没有掌握其中的密码，没接触到核心、根本、关键。因此，我们有个很大的任务，就是要设置一些课程，把这些关键的要点教给大家。

在破译历史密码时，要特别注意把历史发展的机制弄清楚。我们现在往往学制度史，学中国的典章制度，就是看社会发展背后的根本性的东西是怎么变化的，从中看出事物变化的关键。与人物故事不同，制度史比较难学，再往前走，就是所谓的规律，发现事物发展的规律，这个难度就更大，有些人甚至学了一辈子也没有找到。现在有一套理论，攻击规律研究不可能实现，是那种"宏大叙事"，属于"屠龙之技"。实际上，并非不存在这样的规律，而是持上述观点的人没有发现、没有体验到而已。因为这些规律、规则很难找，有时能感觉到它们存在，但具体是什么却说不清楚。直通研究最高境界的捷径是不存在的，需要我们付出艰苦的努力，不断请教、学习，在掌握历史发展的基本密码之后才能找到。从根本上说，每门课程都应该成为破译密码的专门训练，传授比如一套术语和起承转合的思路。无论教授还是学生，不能做到上述要求，一般就只能学到皮毛，再一步就是学到筋骨，最深一层才能学到精髓。学到精髓，也就把事物的密码学到手了。

3. 洞察原理

第三个问题就是在研究时要掌握原理。现在社会上流行"一流企业做设计，二流企业做技术，三流企业做产品""一流企业做文化，二流企业做品牌，三流企业做项目"等话语，可见原理、设计、文化才是深刻的层面。所以，大家在进入历史学的这个门以后，要先看这个学科到底有什么样的基本原理。原理很多，这里先讲几点。

第一点是多学科综合。所谓多学科，包括历史学内部的目录学、文字学、地理学、年代学等，历史学外部的考古学、政治学、经济学、哲学、解释学等，有很多。我们参考美国哈佛大学本科生手册，一个学生要拿到学士学位，除了要完成本学科课程的必修学分之外，还要选其他八个不同学科的核心课程，比如化学系化学原理、文学系文学评论、宗教系宗教信仰、信息系程序设计等等。只有修习完成本学科学分，并且八个非本专业学科的核心课程考试合格，才能获得学士学位。世界一流大学的这种设计有着极其深远的学术考量，实际上这么做的目的就是赋予学生一种经由多学科训练后所形成的综合、整体、系统的视野和相应的能力，经过这种学术训练的学生，其学术潜力和既有能力均远远高出一般大学的学生。

有同学说，连历史都没学好，怎么去学其他学科？这个就涉及本科时的读书法。本科期间读书有个标准，就是尽量涉猎离开大学以后学不到的知识。这个提法和三四十年前有很大区别。以前，所有的知识基本都贮藏在大学里，在学院的围墙和象牙塔里。不进大学，就没有机会接触这个知识。但现在情况变了，现在是网络时代，大学围墙被推倒了。在外面读书相对比较容易，有些学生十几岁就达到大学的知识水平。"文化大革命"期间，最容易自学成才的有两类学科，一类是外语，另一类就是文史。这个很奇怪，都可以自学的话，还要老师干什么？所以，我们当老师的也在反思，我们教给学生的是什么？会不会若干年后有同学会想，老师啥都没教给我，说的普通话还带有浓重方言，还不如学生上来念讲稿。如果真是这样，那肯定是老师把学生给坑了，学生的青春被耽误了。所以，大家要琢磨一下，哪些东西是在大学里能学到的，哪些是学不到的，那些学不到的东西要特别注意。我主张，有的知识点学生可以自学的，尽量就不讲了，有些挺难的，特别需要训练的，就重点讲。

第二点是跨学科研究。解释历史现象、了解历史人物，并不容易，没有跨学科研究意识和多学科的知识储备，就理解不了，更别提对此做出科学的解释。比如，现在做历史上的政治人物研究，做政治史研究，就要懂得政治学原理，要学政治学课程，否则就做不了，因为不懂得其中的运行规则。同理，如果研究经济史，就必须懂经济。研究历史上的中医，就必须学医学，必须读《黄帝内经》。总而言之，做任何研究，均离不开研究课题所属的学科理论与方法、积累的成果与规则。因此，研究的前提是必须具备跨学科的知识背景和基础。这样，才能应对研究对象；否则，就是睁眼瞎。以前一些老先生，虽然没有自觉意识到这一点，但他们通过大量读书，地毯式地读书，实际具备了跨学科理解和研究的条件。例如，他们到人民大学，就会把人大图书馆的书读遍；到国家图书馆，就会把国家图书馆的书读完。过去，有些人不读遍一个藏书阁的书，就不离开。这种踏破铁鞋的精神，现在人觉得很可笑，觉得不食人间烟火，但正是这种地毯式地读书，使他们不自觉地具备了跨学科的眼界，不那么片面、教条。以前儒家学者，如果有哪本书没读过，都会觉得是可耻的事情。当然，他们这么疯狂地研读，不是从第一个字读到最后一个字，如果这样，根本读不完。其中读书方法有很大的讲究。有的人采用"观其大略"的方法，有的人采用挑重点进行"核心爆破"的方法，有的人采用"一目十行"的快速办法，有的人同时找几部同类的书，做比较研读……总之，他们是一麻袋一麻袋地阅读。但现在，我们可能不知道或者做不到运用这些神奇的读书方法。新闻出版总署统计的数据，一年出书30万种，甚至50万种，别说看完，就连简单翻一下都翻不完。我们是要求大家自觉具备跨学科的眼界，只有具备这样的能力，才能保证研究的格局、气象和正确度。

第三点是准确理解与科学解释，这里面包含不少具体的原理。因为历史是人类走过的历史，是人类创造的历史。要理解过去人们的行为，要对他们的思想、制度在历史上的变化做出解释。理解和解释贯串整个学习的生涯，在以往，一个人小时候可能更多注重记忆力，到了中学老师就要求大幅度增进理解力，死记硬背肯定不行。只有加强对理解力的训练，才能提升学习效率。如果跟文学家接触，就会发现他们有一个共同特点，就是理解力很强，理解上的穿透力超强。人文学科，包括历史学，都需要很强的理解力，经过学术训练之后获得很强的解释能力。几乎所有研究成果的终极指向都是给人一个解释。当然，这个解释可能正确，也可能错误。这个解释的给出就是研究的最终环节。学术解释的水平很高，就是真正的专家、大家；如果很肤浅，甚至很荒谬，那不是业余的，就是学术级别上低段位的。所谓学术水平，以此来衡量。这里面涉及历史的理解和解释，内容也很深奥，能否洞察历史的真实，就看理解力如何，所以现在对此就要高度重视。

4. 提升智慧

最后讲学历史学到底是干什么的。记得1978年，人大入学报名点设在红一楼前面，我当时看到一些人哭着喊着要求从农业经济系转到历史系。但农经系的录取成绩没有历史系的高，不能转。但现在的同学是哭着喊着要从历史系转到其他经济类系，真应了"三十年河东，三十年河西"这句老话。其实，比较欧美的大学，就不存在这些限制，大一、大二时专业不分，开通识课。当然有些专业特别一些，像北京大学，从文学系转到物理系就不行，从物理系转到文学系还好一点。不过还是有例外，当年钱三强数学只考了几分，非要转到物理系，系主任说不行，他就坐在办公室门口。转进去之后学得很费劲，但最后也成为了著名的物理学家。专业调剂问题涉及学校政策，我不好评价。但从理论上讲，应当尊重学生的志愿。比如在我的课上，有的同学要学点别的东西，我一般不干涉。又比如，现在一个艺术家和一个经济学家坐在一起聊天，艺术家大谈的往往不是艺术，而是经济，谈怎么办画廊，怎么把一幅画卖出凡·高的那种价钱；经济学家谈的也往往不一定是经济，感兴趣的反倒是艺术。所以，有时价值取向会出现交叉对角，也就是人们通常所乐道的"围城"现象。

那么学历史学到底是干什么的？其实跟这个问题有关系。历史学专业通常不会跟以后的工作岗位直接对号入座。我这里说两条：

第一条是借助历史学而了解真理。哲学家告诉我们，真理就在过程中，离开了过程，世界上就没有真理。历史学在这里体现了非常重要的价值，要了解真理，就必须研究历史。这不是给历史学做广告，是学术界的共识与结论。德国有个黑格尔，是辩证法大师，研究逻辑学，他说："任何真理面对一个充满求知欲的年轻人，都不可能关闭大门。"真理向所有追求它的人开放。这种真理是什么？我们特别想了解的事物的真理、社会的真理、宇宙的真理，离开了历史学就无从谈起。要想对某个事物有从头到尾的了解，离开这个事物的历史、离开历史学，肯定不行。20世纪80年代流行一句话："解放了的哲学，繁荣的经济学，活跃的文学，沉默的史学。"历史学是沉默的，在大的社会变革面前，没有发出应有的学术的声音，这是历史学界的悲哀。

第二条是历史学能够提升人们的智慧。这个智慧不是简单意义上的智慧，不是说会数学就有智慧，这只能说是数理智慧、逻辑智慧。多元智能理论的创始人、美国哈佛大学心理学教授加德纳提出，人类智力具有八种不同的类型：语言智力、逻辑数学智力、音乐智力、空间智力、身体运动智力、人际关系智力、内省智力、认识及适应世界的自然智力等等。历史是一张无形的网，是人类经验编织的知识大网。人类的所有知识都来自经验，离开了经验就没有知识。历史学就研究各种各样的经验，研究经验的积累、转化，直接知识到间接知识，直接经验到间接经验。人的理论年龄只有150岁，怎么能了解1500年、几千年甚至地球几十亿年的历史？我们接触到的人类的、社会的、自然的、地球的、宇宙的历史，都是靠经验的不断积累才形成的。这里推荐大家参观自然博物馆等各类博物馆，这对人帮助会很大，人会很受震撼，视野会变得很大、很宽。经验的智慧就是让研究者进行纵横比较，获得一种洞察力，能够高瞻远瞩、明察秋毫、鉴往知来。北京师范大学白寿彝先生办公室就挂着一帧"彰往而察来"的字画。根据历史看到世界的未来，这种眼光会为你们以后的具体工作带来意想不到的巨大价值。

在研究和学习历史时，这四条共16个字——"发现证据、破译密码、洞察原理、提升智慧"——就是指针，极其重要。如果真正做到了，这个学科的基本东西就被掌握了。所以，作为基础性、复杂性、综合性学科的历史学，表现上看，庞大无比，"笑着进去，哭着出来"，但如果门径对路，其实也不特别难学。

今晚还研讨两个附带性问题：一是学习历史学的基本途径，二是如何达成目标。

先讲第一个附带性问题。学史入门的基本途径其实有两条，一条是内在的，一条是外在的。所谓内在的，就是"认识你自己"，这是古希腊德尔菲神庙上的箴言。在这个问题里，有三个很关键的要素。

第一个关键要素是个人的兴趣。这个兴趣会变化。历史学范围很广，早年教育部分为八个二级学科，你可以从八个二级学科中选择一个。我所从事的思想文化研究属于专门史这个二级学科，硕士生招收的是这个专业，博士生招收的是史学理论专业。史学史和史学理论也是这八个学科里面的。研究兴趣很关键，同学们问问自己到底有什么兴趣，或者说有什么理想。理想就是古人所谓的志向，有何志向，就是立志将来做什么。即便对历史学专业没兴趣，其实也没关系，也可以有别的兴趣。有的同学对某个课程没兴趣，没兴趣就没兴趣，不能强迫。这需要同学们自己判断。

第二个关键要素是追求兴趣还要具备一定的条件。我曾经就想当图书馆的资料员，把图书馆的书都读完。没有书，就谈不上读书。你们现在想做什么研究，基本条件都具备。美国的学者要学古罗马史，就有条件去意大利；要学古埃及史，就可以去尼罗河畔看金字塔。我们系有个教世界史的老先生说他教了一辈子古希腊文明，却从没去过希腊。这里面就涉及一个问题，即有没有条件。以前，我高中数、理、化考试的成绩在全中学都是数一数二的，后来到山里劳动，占去了大量时间，同时数、理、化的书也没有，学业就逐渐荒废了，后来就只能学文，再学数、理、化，条件没了。要不然，二十五六岁就能学得很好。当时的条件不再有，就无法学下去、学出来。当然，上天关上一扇门，总会开着一扇窗，天无绝人之路。

第三个关键要素是现实。现实是关涉生存的、社会的。每个人都不能落入"死读书，读死书，读书死"的陷阱，要灵活，要有起码的生存能力。但是，这中间要有主见，坚持自己的愿望。现实问题的妥善解决是很困难的。几乎任何一个知名学者和新入学学生一起讨论，都会谈到这个问题。你们现在可能还羡慕这些有学问的人，但有学问的人年龄很大。有时我碰到某位老先生，八九十岁的人，说您的学问很高啊。他说不行了，都快入土了，还是年轻好。所以，学问大的人羡慕年轻的人，年轻的人羡慕有学问的人。这个世界任何时候都有这样的对角线。城市的羡慕农村的田园风光，农村的羡慕城市的繁荣兴旺；国王羡慕乞丐的自由，乞丐羡慕国王的富贵；中国羡慕欧洲的科技发达，欧洲羡慕中国的古老文明。所以，万事都不是绝对的，世界是流变的。人永远都试图获取自己没拥有的东西，尽管那些可能是很有价值的，也可能是子虚乌有的。所以，我们把自己弄清楚之后就要做出选择，这非常关键。你们毕业后有三条重要的现实选择道路：选择成为学者、思想家，就用学术、文化、精神来改造世界；选择成为政治家，就用政策、策略、改革思想来改造世界；选择成为经济学家，就用产业、实业、资本、金融来改造世界。这三类人在改造现实世界中显示了十分重要的力量，发挥着相当重要的作用和影响。大学期间大家的可塑性很强，你们将来如何选择取决于你们今天兴趣的起点定位在哪里。

入门的第二条途径是外在的，说得直白一点，很简单，一是名师，二是名著。以前的学生考学，都是冲着名师去的，名师出高徒。当老师的，若自己都没弄清楚怎么回事就敢教书，就是拿学生当"小白鼠"，最后不自觉地就坑害了学生。所以，选择当老师需要十分谨慎。俗语"没有金刚钻，不揽瓷器活"，说的就是这个情形。老师教得不好，三十年后，学生聚会就说，当年都怪老师，给指错了路；教得好，就说当年多亏了老师，给指了这条路，老师非常伟大。所以，以前孔子的教育强调因材施教，他了解每个学生的才华和能力，量身定制，专门针对学生的特性进行教导，所有教导都是一对一的。现在都是批量的，有些大课甚至几百人上千人一起上，这样根本不行，还不如回家听广播、听录音。所以，名师很关键。当然我们开始说要学会倾听，每个人的灵魂放在天平上都一样重，每个人都是一个文化的结点，都值得学习。任何领域、任何行业都有名师。对于名师，我们可以去听他们的讲座。当然，还有些是启蒙老师，也很重要。非常感念一路上陪我们走过的老师们。转益多师，要善于分辨，取其所长。

现在老师教学生比较容易，因为现在的学生普遍读书少，还都比较温顺。我们那时学生往往"头上长角、身上长刺"。不少当年给我们上课的老师后来都说，当时给你们上课，真是捏了一把汗，唯恐被学生所提问题难住，下不了台。我就记得，我们上"政治经济学"课程时，老师讲到《资本论》的某个问题，一个女生直接站起来说老师你这个观点有问题，我不同意。然后，引经据典，慷慨激昂，把那个老师说得脸红一阵、白一阵。那个老师后来跟我说起这件事，还心有余悸，不过他也承认，那个同学很有见地，真不简单。而且，现在的学生不太爱问问题，也不愿伤老师自尊，即便觉得老师学问不怎么样，也不计较，凑合着听，反正考试给及格分就行。但这样就学不到东西。你们得主动找北京高校和研究机构的名师。我自己对老师的定位是什么？打个比方，就是因指见月，顺着老师的指引，见到月亮，"明心见性"。我这么多年就是扮演这样一个角色，我觉得我这个本事还是很靠谱，绝不会指错月亮。

除了名师，就是名著。我估测，一个人一生就算活到 100 岁，最多也只能精读 3 000 部名著。你们现在看的书，有多少属于二三流作品，甚至属于文化垃圾？如果还不明就里，捧着不放，那就太不理性了，自己的脑袋就长在了别人的脖子上，就让自己的精神领地成了别人的跑马场，这就完了。缺乏批判精神，不知道什么该拒绝，人家喂什么就吃什么，那就没有学术创造方面的指望。所以，这 3 000 部书可要选好了。如果看的全是名著，就会形成强大的思想支援意识。什么叫思想支援意识？这是一个专业术语，就是说看完以后这些书会形成一种思想源泉，持续不断地增加思想运行的动力和资源。所以，看过这些书以后，思想境界就与之前大不一样。

什么是名著？当然是那些在历史上有重大原创精神、重大影响力，对于学科建设、对于社会进步、对于人类发展都有巨大价值的书。有的人就会问：教材是不是不用看了？不是这个意思。教材是指引人看名著的桥梁，但不能依赖教材，局限在教材内。每个老师都会介绍一些名著，每个老师都会有代表性著作和论文，所谓代表作和代表论文就是原创性的东西。现在社会资讯发达，所有人都有可能成为作家，没有身份、年龄的限制，写博客也可以成为作家。海量的信息根本看不过来，所以必须学会选择。结合自身的经验和老师的指导，就可以找到这样的"名著"。

有不少学者坦言，在他们的学术生涯中，真正的老师就是图书馆。现在到人民大学图书馆借书，可以借到世界各大图书馆的书。我有一次到德国参加会议，柏林大学图书馆馆长说，非常欢迎我们通过图书馆馆际借阅系统向柏林大学图书馆借书。所以，现在社会只有读不懂的书，没有借不到的书。我们要把读不懂的书读懂，把世界伟大论著中的伟大思想内化为自己的精神力量。不要学到最后，山是山水是水，他是他你是你。把伟大的思想变成自己的，就是一个伟大的学者和智者，这不以年龄作为衡量标准。所以，我十分羡慕你们，你们现在18岁，就有这么好的读书环境，有许多名师指导，有这么多名著可以研读。我18岁时在山区干活，山里什么书也没有。在我进入人民大学有书可读时，真是如鱼得水。所以，我们还有那么一点点绝学知识和独立见解，全部来自书海的浸润、名著的熏陶、名师的指引。

现在讲第二个附带性问题，即如何达成目标。

一是要有理想，有志向，有追求，有梦想。大家清楚吗？世界上最大的罪恶是扼杀一个人的梦想，是毁灭一个人的理想。人跟动物不一样的一个方面就在于，人类有思想，能够把理想变为现实。但有时人的梦想是自己扼杀的。一部美国大片里有这样一个情节，一个人结识一位新朋友，他的这位朋友和他谈艺术，他十分麻木地听着，就像一个从来不知道艺术为何物的人。说到最后，那个朋友问他年轻时学的什么专业，他说自己是学艺术的。那个朋友听了之后瞠目结舌。一个学艺术的人到最后竟然连一点艺术细胞、艺术反应都没有，多么可悲！这说明什么？说明要时刻保持旺盛和灵动的理想。什么时候理想没了、志向没了、追求没了、梦想没了，说得不好听一点，不是上帝死了，而是你死了。

二是要有才华。有的人天生就有某种才华，天生的音乐家、天生的艺术家等确实存在，但更多人的才华是后天培养的。所以，你们的父母培养了你们，把你们送到人民大学来。人民大学给你们提供了一个良好的平台，你们就要利用这个平台，培养和发展自己的才华。每个人都有自己的才华。就历史而言，历史学涵盖很多分支学科，比如要想研究历史，就得先读懂文献。如果历史文献是用拉丁文写的，它认识你，你不认识它，那就完了。过去，罗马教皇向世界各地派出了大批传教士，来到中国境内的传教士也为数不少，知名的有南怀仁、汤若望等，这些传教士都要向教皇汇报情况，罗马梵蒂冈传信部就存有这些信件档案。这些都是拉丁文手写文件，如果不认识它们，怎么研究？我曾经碰到一个年轻的美国学者，他中学时就学拉丁文，后来看拉丁文文献很容易，梵蒂冈传信部的资料为他的研究提供了重要资料，成就了他的学术知名度。所以，我的课就坚持一个目标，一定要为同学们获得某种学术能力。什么能力？阅读文献的能力，理解过去世界的能力，解释历史的能力。有些文献别人读不了，你们能读，这就是一种才华和能力，借此可以扫除研究路上的拦路虎。

有学者回忆，上陈寅恪先生的课，实际上是很乏味的。他讲佛经，先抄上一段梵文版《金刚经》，接着写藏文版，再接着写汉文版，学生一看就懵了，后来听课就没剩下几个。我讲这个故事，不是想说陈寅恪先生这样一位大家讲课不受欢迎，最后没剩几个学生，而是想说要想研究某一门学问，必须取得最基本的知识，否则就无法施展才华，完成愿望。要想理解乃至批判基督教，不懂拉丁文、不懂宗教历史，怎么可能做得到？一道光让玛利亚怀孕了，然后生下耶稣，这怎么可能？耶稣被钉死在十字架上，后来怎么能够复活？那就得查既往的研究成果，研读经典。那些材料都是用希伯来文、古希腊文、拉丁文、英文等写的，需要几种文字的版本放在一起参阅研读。哈佛大学著名的学术门类中有一种就叫"历史比较语言学"，我们去看，都看不懂，那怎么办？著作中往往同时出现多种文字，楔形文字、玛雅文字、梵文、巴利文……啥都看不懂，还怎么研究古埃及文明、玛雅文明、古印度文明？当然，也有些胆大的，不懂这些原始文字，也敢研究这些历史。换作我，不懂古希腊文、拉丁文，打死都不敢研究世界古代史和中世纪史。所以，大家要注意，努力培养阅读文献的能力，意义极其深远。比如要想研究中国历史，那要从什么开始学？古人教学生，起步从《说文解字》开始。中国文字的源流是陶文、甲骨文、金文、大篆、小篆，《说文解字》就是小篆，然后才到汉隶。要想学习中国历史，不学这些东西，以后的成就会很有限。因为很多书、很多经典读不懂，总不能不懂装懂吧？自己不懂，只好借助别人的研究成果，而别人的解释对与不对，到底还是难以分辨，因为不懂古文字学，无法运用第一手资料。或者，要学习世界史，研究第二次世界大战。第二次世界大战有多个国家参加，有轴心国、同盟国，那些国家的文字都懂吗？不懂，还不赶紧学？否则以后怎么能成为一流的世界史的研究者？不可能，只能给人家当学生，即便是学生，也还是二流、三流的，像个小尾巴一样跟在别人后面，人家说什么就是什么，这就叫"人云亦云，亦步亦趋"，永远没有前途。

所以，我们到底有一些什么样的能力？哪些能力会形成我们的技能和我们的本领？像这些问题，在入门时就都要想清楚。你之所以成为你，是你依靠你的本领在社会上立足。如果什么本领都没有，那就是个简单的劳动力，怎么生存，怎么发展？父母培养你们是干什么的？到头来，自己都瞧不起自己。所以，你们的目标就是形成自己的能力。你们想有什么样的能力？超强的能力、超人的能力，这是一种绝学。你们要看自己到底能掌握什么样的能力？我想既然这是入门课，我就提出这种建议。掌握了这些能力以后，在这个社会上就不可能找不到立足之地。历史研究固然非常艰苦，但也有非常大的资源和潜力可以发掘。

今天由于时间有限，我们给大家粗略地谈了一下历史学研究的路径问题。接下来，同学们可以自由提问。

【问答】

金晟：现在入学已经两个月左右了，学习历史也有一段时间了，尤其是皮老师的"中国历史文选"课以及孙老师的"中国古代史"课，内容都很丰富，我们确实受益良多，可是我一直不知道学习历史的标准是什么，到底要达到怎样的程度才算真正吸收了老师们课程的内容？就比如说现在让我回忆一下孙老师所讲的古代史内容是什么，我真的非常惭愧，很难回答出来。所以，到底怎样才算学到了？是能把内容背出来还是有其他标准？

徐老师：如果老师的讲述没有给学生留下任何印象，学生一点内容都回忆不起来，那要么老师有问题，要么学生自己有问题。这让我联想到，黑格尔当年在大学里讲授逻辑学，他的课前面有绪论，绪论讲完了有导论，反正有一堆论，要把这门课全听完以后，把黑格尔的逻辑学从存在论到本质论，再到概念论都听完以后，回过头去才能明白他当时绪论里讲了些什么道理。"中国古代史"一开始就讲原始社会，两个月可能才讲到原始社会结束。需要把古代史学完，回过来才能对这段历史有理解，没准学完后还不明白它是什么意思，这也很正常。

对于你刚才提的问题，我觉得其实学这些东西，一定要理解事物的本身，用黑格尔的话说，就是要走一个圆圈。对一个事物的了解，它的起点包含着终点。开始时可能不明白，没关系，继续往下学。某些东西一定要在经过一个圆圈以后回过头来才能理解。

学习"中国历史文选"这门课，还是要深刻领会里面选的材料，比如《尚书·盘庚篇》，学到这里时要参考王力先生撰写的《古代汉语》等一系列相关研究论著。文献学是历史学最大的基础，因为历史遗存最大和最多的载体是历史文献，而不是其他。这对所有同学来说都一样。那些研究历史的著作，说句老实话，不能全信。我们在座的各位，今后要通过文献来恢复历史的原貌。所以，历史文献非常关键，我们可能一辈子都跟历史文献打交道。文献有不同类别，有经济的、文化的、学术的、人物的、政治的、宗教的、军事的等等。所以，文献学是基础中的基础，必须要学好，只许学好，不许学坏！因为它是根本性的。

中国古代史的讲授时间可能拉得比较长，那么这里就重点注意教材里面对某一问题的表述。要建立这种历史的坐标，不是说把每个知识点都背诵下来。每个知识点不用讲太多，因为知识点打开电脑都有，比老师讲得还全。以前中山大学有个教学改革，强调网络化模式。学生很欢迎采用网络式的学习模式，老师在上面讲陈胜吴广，同学在下面就可以用电脑查。电脑上有直观性很强的起义示意图，各种反秦力量的分布一目了然；还有各种论述文章，展示各家的不同观点。所以，电脑网络带来的海量信息，现在对老师来说是很大的学术挑战。那么，老师怎么讲，讲什么？讲对历史重建的学术掌故，讲对历史内涵、意义、影响、价值等学术界观点的综合评析和独到解释，讲对历史的评价、对历史走向的独特看法。只有这种深刻的、高超的见识，才能令学生信服，才能真正吸引学生。老师的讲授达不到这一点，就不要指望学生发自内心地称赞。因为这种状态、这种水平才是对知识的一种深化、一种整合。你们现在刚学两个月，离这个整体还有很长一段路，两万五千里长征刚刚开始第一步，在这种情况下我的建议就是：耐着性子踏踏实实往下学，把现在这一段的历史课学好。然后换一个老师讲隋唐，换一个老师讲明清，都要学好。走了一个圆圈，再回过头来看中国古代史到底是什么情况。目前这两个月要有问题意识，另外就是要耐心地往下学。

杨东锋：老师您好，我能不能提一个比较现实的问题，我觉得开学两个月以后再提这个问题还是非常必要的，就是关于学历史的兴趣。可能大家都知道，咱们历史系的同学并不是第一志愿都报历史，有很多是被调剂到历史学专业的，所以说很可能对学历史没有特别大的兴趣。俗话说兴趣是最好的老师，但如果目前我们对这门学科的兴趣还没有培养出来，在学习的时候就可能会有一些迷茫，有些不知所措。入学两个月以来，大家对历史学这门学科有了初步的了解，这个时候可能会考虑自己是真正走上历史研究这条道路，还是遵从内心的其他选择。我觉得这个问题就是如何培养对历史的兴趣的问题，或者说坚定自己内心的其他选择的问题。我们在这个问题上该如何抉择？

徐老师：这个问题是一个高难度的问题，我恐怕难以回答，因为接触了几届学生，包括我自己在内，都有这个问题。刚才说的兴趣，是其他任何东西都无法替代的。我在前面讨论第三个问题时讲到了实现兴趣的条件。想上天揽月，下海捉鳖，但做不到，这就是没有条件。你可以先把自己原来的兴趣仔细分析一下，看有没有实现的可能性，可能性有多大。我上中学那会儿就想上大学，当时整个时代都是"停课闹革命"的"文化大革命"时代，然后，我们高中毕业，就被卷入"上山下乡"的潮流中，农村公社的一个干部撇着嘴讽刺我说，某某某还想上大学。我当时听着心里非常难受，体会到的那层意思是说，这个人是不是脑子有毛病，还想上大学？所以，就要看我们的兴趣能不能实现。当自己的兴趣确实能够开拓一个很广阔的前景，我觉得这就是上万种可能性中唯一的一种现实性。所以，你就分析你的兴趣，再往前走是什么样，如果这个兴趣很浓，往前走的条件也具备，那么坚持自己的兴趣，这就没错，这是其一。

其二，你刚刚说的一个很严峻的问题，就是对历史学的兴趣怎么培养。首先，对历史学的兴趣是什么？我前面做分析时也谈了这个问题。哈佛大学最早的校徽上写着的是拉丁文"VERITAS"（真理），引导学生追求社会的、世界的、宇宙的真理。在这个意义上，学历史学就是一个比较好的选择，它会帮你实现自己的愿望。因为对世界真理的了解，可能在很多情况下比其他一切都重要。比如我对一件事就是不明白，人类是由猿变的吗？现在来看，猿是变不成人的，它200万年以后还是猿，怎么能变成人？我就对这方面感兴趣，那么我就要研究。这就是一种兴趣。

刚才是说对历史学的兴趣，另外还要谈谈对历史学兴趣的培养。历史学是无所不包的，其大无外、其小无内的东西。所以，可以说历史学是一门学科，但严格来说它又不是一门学科。因为它什么都是，所以它又什么都不是。在这种情况下，你可以试着接触一些课程，看看有没有可能对它们感兴趣。如果觉得这里边有点意思，那就接着学，如果实在无法忍受，实在痛苦，那就得考虑改变当前的状况。不过，在学的过程中，有些课是强迫性的，必须要过关，至少在 60 分以上，要不然就挂科了。

对于这个兴趣，再过一段时间看看你有没有可能产生。你看军事的、宗教的、人生的、政治的、家庭的、伦理的，几乎所有的东西历史学中都有。从某种意义上说，历史的实际上也是现实的，历史就是一个中介，不断地从现实走向未来。所以，不管以后有什么样的兴趣，至少历史学对兴趣的巩固和提升都会有很大帮助。因为任何一个学者，说老实话，要做出成绩，都不能离开历史学，这是肯定的。这并不是推销历史学，事实就是这样。当然，专业研究历史与把历史作为辅助工具可能有点不太一样。所以，我的建议是，再过一个学期看看，两个月时间稍微有点短。

刘梦媛：老师，您是经历过十年"文化大革命"的人，请问十年"文化大革命"对您日后走上研究历史这条路是否有什么影响？

徐老师：影响很大。现在评价"文化大革命"的书太多，马克峰老师专门讲"文化大革命"史，以后可以听他的课，他会告诉你们。你们的父辈大概也就是四十五六岁，这个年龄阶段的人，"文化大革命"可能刚刚经历一点点，没有经历很多。"文化大革命"在整个中国历史上是一个非常重大的事件。

但它也让中国人反省，给大家一个很深刻的教训。它反对权威，对反思这个社会的内部体制、痼疾、陋习等提供了很大的帮助。所以，受时代影响，我们这些人批判性思维很浓、怀疑精神很强，喜欢主动、自觉、独立地思考，不是人家说什么就是什么。凡事都有正反两面，不能绝对否定，也不能绝对肯定。像"文化大革命"，肯定有对历史和民族的经验贡献，但也有作为灾难所造成的不可挽回的历史损失。

好在你们已经脱离了"文化大革命"阶段，它可不是简单的串联，40 个同学今天晚上计划去西藏，然后明天到哪里等这种令人十分痛快的事情，它会让人去对那些"走资派"进行批判、抄家，烧他们的书，让人去打人、砸东西，让人去抢，把庙里的东西烧光，是很残忍、很残酷的。但是"文化大革命"的年代已经过去了，年轻一辈现在已感受不到，可能还觉得它挺好玩儿。所以，历史感的培养是历史学的一大使命。关于"文化大革命"的材料非常多，比如各种各样的人物采访、回忆录等等。我们系里有老师开"文化大革命"的专题课，大家以后可以慢慢了解，当然也可以把它作为自己的研究课题进行钻研。

赵雅琪：徐老师，我对《易》学比较感兴趣，我想问一个关于《易》学的问题。您觉得《易》学是科学的东西，还是封建迷信？比如说黑生水、水主财之类的这些观点，您觉得是否科学？

徐老师：科学是什么？我们说科学是整个古希腊文明的一个重要标志。古希腊文明的标志是科学、是哲学，古印度文明的标志是佛学、是古代宗教。以色列人所属的古希伯来文明的标志也是宗教学，古罗马文明的标志可能更多是美学。中国文明的标志集中在对冲突、对利益的研究上，形成了很多经典，我把这一文明形态的特点概括为"智略"。那么，在中国这种智略型的文明体系里，最有代表性的就是《周易》这本书，它所处理的问题是冲突，是兴盛衰亡，是利弊得失关系，是解决对抗与矛盾的一种艺术和学术，但在当时又不能称它为科学。

人类认识有两种大的类型：一类是科学，另一类是艺术，其中特别重要的是历史。西方学者在这方面做过很多反思，而中国学者认为什么东西不科学、不合理，就要批倒、批臭。科学认知有什么标志？代表科学认知的两个标志，第一是普遍性，第二是必然性。普遍性、必然性的知识是科学的知识，而历史学却可能有差异性、个别性、偶然性，但这些同样构成人类的知识，必须在这个背景下了解《周易》。《周易》是太大的话题，这是一本天书，现在很多人读不懂。我们之所以能够读它，都是靠几千年来前人的《易》注，有汉《易》，有魏晋南北朝《易》，有唐《易》，有宋《易》，有明清《易》，有现代的科学《易》。我们现在认为，它所揭示的真理就是中国的辩证法。黑格尔的辩证法有一部分思想来自中国的学术，其中大部分由当时的传教士传到西方，黑格尔当时就是受了这个的启发。所以，中国人接受黑格尔的辩证法很容易，为什么？中国自古以来就有《易》学这门学问，它里边包含了对事物整体的看法、对事物规律的认识。

另外，就是它对事物的预测，因为它掌握了事物的发展规律，所以对一些事物能够进行预测。比方说"履霜，坚冰至"，什么意思？就是踩到霜了，那么寒冷的冬天就要来了。洞察秋毫、见微知著、高瞻远瞩，这些东西《周易》里都有。它又跟中国的学术相结合，中国古代史家，比如司马迁，首先就要学《周易》。他有这个本事之后才能洞察历史，才能看到历史的变迁，才能究天人之际、通古今之变。周易就是变化，《周易》就是讲变化之书，翻译成英文叫"*The Book of Changing*"。世界上一切都在变化，由正面到反面，由反面到正面，转化很多。掌握了这门学问，掌握了这个规则以后，对事物的变化就洞然于胸。所以，古人提出一个观点，就是由小学入经学，其经学可信也，由经学入史学，其史学可信也。就是说史学、经学、小学，是古代学术的结构体，把这个东西掌握了以后，才能真正了解里面的内容。后代对《周易》内涵的阐释是经过了几千年的研究、探讨，慢慢对它的结构进行解析而获得的成果。《周易》主要讲两点，一个是讲辩证、讲变化，再一个是讲规律、讲预测。它提供了非常丰富的思想，所以在国内它还是一门显学。

许微：老师，在高中学历史只要求会背、会用，我觉得其实没什么意思。大学学历史，要查历史文献。两者之间似乎有本质的不同，请问到底应该怎样学历史才能真正学好？

徐老师：应该说记忆力是掌握知识的基础，鸦片战争发生于哪一年都不知道，一战和二战分不清，这是不行的。所以，完全不记是不行的。记忆是非常必要的，但不能把它上升为学历史的最核心的东西。学习历史的真正目的是发现证据，以重现历史、解释历史，把历史的价值和意义揭露出来，转化为我们现在的一种政治智慧或历史智慧。所以，死记硬背、机械教条、生吞活剥肯定不行。

我觉得学历史比较好的方法就是掌握一些能力，什么能力？就是阅读材料的能力、发现问题的能力、解决问题的能力、提出观点的能力、撰写论文的能力等等。要利用自己已有的知识，不断探索，不断改造现实。

于曦祥：请问老师，历史学到底具不具备预知未来的能力？

徐老师：你现在提了一个让整个历史学界都感到非常惭愧的问题。因为如果说历史不具备了解未来的能力，那么历史学就成为一个非常软弱的东西。但如果说历史学具备了解未来的能力，那么这种能力到底在什么地方？也不一定有。但我可以很负责任地说，在研究历史的过程中，可以了解事物发生与发展的规则、过程。这个过程就像动车，从启动开始它就会形成一个惯性。这个惯性使它不会一下子转弯，它一定会以原来的动力、原来的速度，沿着它原来的方向继续往前发展。从这个角度看，经过几十年的研究，历史发展的方向、趋势、前景，都是可以看清楚的。整体来看，伟大的历史学家基本上都会对于事物、生命、社会走向形成自己的认识，这一点确实存在。从这个意义上说，可以对事物的发展趋势做出基本判断，这是历史学的一个功能。

今晚就到此结束，谢谢大家！

史学的锐气与底气

黄兴涛

演讲者介绍：黄兴涛，中国人民大学历史学院清史研究所教授、博士生导师，历史学院院长，兼任国家清史编纂委员会委员、北京大学历史学系学术委员会委员，《历史研究》、《近代史研究》、《史学月刊》、《东亚观念史集刊》和 Concepts and Contexts in East Asia 等刊编委，《清史研究》编委会主任，《新史学》召集人之一。主要研究近代中国社会文化史、思想史、中西关系史。著有《文化怪杰辜鸿铭》（中华书局，1995）、《文化史的视野：黄兴涛学术自选集》（福建教育出版社，2000）、《"她"字的文化史：女性新代词的发明与认同研究》（福建教育出版社，2009）、《文化史的追寻：以近世中国为视域》（中国人民大学出版社，2011）、《重塑中华：近代中国"中华民族"观念研究》（北京师范大学出版社，2017）等。2015 年入选教育部长江学者特聘教授。2017 年被《中华读书报》评为"年度学者"。

一、大学经历与体会

同学们好，看到你们这些年轻同学，我就想到自己上大学的时候。那时的确和现在有很大不同，我选专业就没有同学们那么纠结。我没有自己选专业，是老师给我填的志愿表，他说："你历史考得好，那你就学历史吧。"文、史、哲是那时公认的学问，大家都知道，像经济、法律等反而没人学，我的同学考到经济学专业还哭鼻子。确实是这样，这不是自我安慰，那个时代有那个时代的背景。"文化大革命"时期最流行的学问就是史学，当时唯一的学术刊物据说就是《历史研究》，连毛主席都要看。我上大学是在 1982 年，"文化大革命"刚结束不久，当时被称作学问的，除了自然科学就是文、史、哲三门，其他各门社会科学还在恢复中，所以我选专业基本上没有纠结。

但也不能说完全如愿。当时我最想学的其实是文学，那时最大的学科绝对是文学，人人都感兴趣。为什么？"文化大革命"刚结束，对大众影响最大的学科就是直抒胸臆的文学。小说、诗歌最流行，文学家最时髦、最得意。一首诗，比如北岛的《我不相信》一出来，全国到处传诵。小说，像张承志的《北方的河》一出来，我们就要把阅览室挤破来看。那时史学在文、史、哲里面并非最受欢迎的，学历史也不是我的第一选择。

我是在北京师范大学上的本科。我们历史系的主任——白寿彝老先生给我们做的首场报告，第一句话就是"我们仅仅知道一门唯一的科学，即历史学"。这让我们莫名地感动。我当时实在不明白什么是历史学，为什么历史学是唯一的科学。后来我搞清楚了，实际上是马克思想突出历史唯物论在他整个思想体系中的重要性。当时学生们听了这句话都挺高兴、很乐，也不知道究竟怎么回事。我学了好多年以后，大概到了1988、1989年，我真正感觉到史学的危机来了，可那时我对史学已经上瘾，欲罢不能。

像我这样的学生，刚进大学时也没有选择，觉得不管学什么，只要学好，走在别人前头就行。这种盲目学习持续了很多年。我本科四年的学习成绩一直很好，也努力跟着老师走，后来被保送读硕士研究生。如今回过头来仔细想想，那几年的学习有没有值得借鉴的东西，有没有对自己之后的发展比较有益的东西？肯定有一些。我最大的收获就是选择了历史学专业内的文化史方向，它天然要求学习者涉猎的知识面要非常广。

我是较早选定文化史方向的。我上大学时这个专业方向很热门，社会史热也正在兴起中。本科时对我影响很大的史革新老师把我引向近代文化史。大三第一学期我得以被保送研究生，导师是北京师范大学的龚书铎先生，还有中华书局的总编辑李侃先生，他们两人一起带中国近代文化史方向的硕士研究生。文化史实际上民国时期就有了，但停了好多年，"文化大革命"以后重新恢复，似乎是新的，很吸引人。这个学科方向的特点是要求知识面广，哲学、文学、美术、教育等方面的知识都要求学一点。我们的老师还请来各个方面的专家给我们讲课，大大开阔了我们的眼界。

不过，刚开始时我却很茫然，觉得自己思想很乱，做出来的东西四不像，到底是哲学还是文学？写文章连题目都不知道怎么拟。积累的经验多了，我就发现分科原来都是人为设置的，研究本来都是从问题出发，而历史上的问题本来也不分什么政治、文化、经济，即使纯粹的文化事件，也会跟政治、经济有密切联系。从文化史内部来讲，语言、新闻、文学，还有其他人文社会科学的学科知识、学科现象，实际上都是一个融会贯通的整体。因此，我认为拥有那样一种较广的文化史学科视野对我是有好处的。刚开始学的时候内容庞杂，短期似乎不见效果，但经过了20年，我就逐渐感觉自己很幸运，要是当初一开始就把自己的眼界局限在一个非常窄的知识圈子和视野里，我就很可能失去对文学或语言学中许多问题的兴趣，从而形不成跨学科的、大的问题意识。

有些同学上了大学，整天看教材、背教材，日后大概要后悔。在我看来，上一所好大学，有两个因素最重要，一个是拥有好的老师、好的同学，特别是同学。在北京大学、中国人民大学上课，我想最重要的是高水准同学之间的互相教育、互相砥砺。另一个就是拥有好的图书馆。好的图书馆可以说是一所大学学术水准的综合体现。不会利用图书馆怎么行（当然现在有了网络，与当年有所不同）？我们同学中当年成绩偏好，后来比较有作为的，都是平时经常去图书馆的。在图书馆乱翻乱看，做笔记，刚开始确实不一定有效果，但到了大学三、四年级优势就显示出来了。从选题到写文章，视野就明显比只知道上课、做笔记，只知道看教材的同学强很多。自学能力的培养、独立思考习惯的养成，实在是太重要了。

当然我也有很多不成功的地方。我特别爱玩，精力旺盛，到了大学几乎每天都要打篮球，读研究生时还爱打牌。所以我想，对精力旺盛的人来说，经常锻炼身体、适度娱乐也是必要的，但我后来还是后悔在这上面浪费了太多时间。

二、开阔视野、扩充知识、志存高远

学习了一段时间之后，我逐渐感觉到历史学这门学科很好。历史学是门大学问，是通学，要求有很广阔的视野、广博的学识，提供关注任何问题的空间。

我记得在大家的欢迎会上我讲过一句话，学历史的同学千万不要自卑，不要觉得历史学学的东西没用，而政治学、法学似乎专业性很强，很实用。同学们有这点羡慕其实很正常，我曾经也这样，觉得学别的学科的人分析什么都头头是道，而历史学好像万金油，宏大而空洞。我有一个学管理学的朋友，他特别瞧不起学历史的。他曾对我说：中国社会有很多事件，历史学学者看半天材料也看不出问题。如果某个事件和管理有关，他就会用管理学的知识分析它，找出满足这个事件所需要的理论和要求，从管理角度透视这个事件。比如外国侵略，我们怎么应对？把它们当作危机事件来处理，应该怎样思考？政府的哪些举措是及时的、对的，是非常有效的、有益的？学历史的脑子就一团糟，不知从哪里着手分析。如果知道危机事件处理有哪些原则，看了史料之后就能对政府的做法进行评论。当然，一个事件很难被视为纯粹的管理事件，但一定有管理因素在里面，那管理学的知识就可以用得上。

学历史的人如果除了记住某个事件的时间、地点、人物，对事件的深层内容不能做出深度解读，甚至一无所知，那的确会被人小视。我听了那位朋友的话以后深受刺激，竟然不知不觉地买了几本有关管理学基础知识的书来读，但在发奋掌握了一点他学的东西之后，自我感觉大好。当然，要把管理学学得很深、很专业，是很难的，也不必要，但掌握一些基本知识其实并不太难。同样的道理，经济学知识、社会学知识和法学知识，学历史学的人如果有雄心，把历史学当作通学来学，就一定要涉猎一些才好。多掌握一门知识，可能会给观察历史问题、发现历史谜底打开一扇新的窗口。

我绝不是无的放矢，我的好多博士生、硕士生学了那么多年近代史，都不太清楚什么叫治外法权。我参加博士研究生、硕士生研究生的复试考试10年，每年都要问"什么叫治外法权"这个问题，只有一个人答出来，我觉得很悲哀。不懂得治外法权，如何深度理解近代中国的历史命运？！治外法权和领事裁判权是不是一回事？国际法里面讲的主权都包括哪些方面？这是国际政治学、法学都要学的。不过，也不能只怪学历史学的同学，我问过几个学法学的同学，他们同样不知道。人们学东西，往往都一知半解，停留在皮毛。如果把"治外法权"观念在中国的传播和运用作为历史问题研究，我想法学史和一般思想史研究者的起点恐怕是同样的。

如果同学们要学法学知识，也不需要掌握得多专深，但要搞清楚一些基本概念。比如说"治外法权"这个明确的概念符号，它传到中国是在戊戌时期，长期以来，它在现实社会传播中与领事裁判权相混淆，但在法学领域，后又出现了与外交豁免权相等同，同时与领事裁判权相区别的观念。我们且不从思想史角度考虑这个概念是怎么来的，或者中国人是怎么接受这个概念的，我们只需注意鸦片战争以来到底中国的哪些权利受到了侵犯，就不得不弄清楚这一概念。我们知道外国人在中国犯法由外国领事来处理，这可以被归入治外法权或者领事裁判权的范畴，但当时中国人没有这个概念符号来概括它。到戊戌时期，中国人才有了明确的治外法权概念，很快这个概念就变成了民族主义动员的有力工具。

了解了许多法学知识以后，对近代史上好多现象的解读就会多一个层次和视角，然后就能知道那时国际法流行什么样的看法，中国人是在什么意义上理解、运用它的，它怎样影响了中外关系，等等。洋务运动初期，同文馆翻译《万国公法》，出现了"主权"概念，但当时还没有"治外法权""领事裁判权"等明确概念。中国人开始利用国际公法来保障自己的权利，作为一种政府的行为自觉，是什么时候开始的？若有心，积累一些必要的法学知识，从这方面就可能发现一系列过去不曾注意的问题。所以，在迎接你们来的时候我说，学历史的学生一定不要封闭自己，要想学好历史学，一定要掌握其他学科的知识，尤其是人文社会科学最基本的知识。如果希望自己写出来的文章出彩，让学法学的人看了也有所收获，不掌握相关知识是不行的。如果写的东西视野开阔，并且能把法学的东西包括进去，就能真正体现出历史学的综合力量。

也许有同学会说，历史学知识都学不过来，还要学其他学科的知识，怎么能学好？这里的确存在矛盾，所以我鼓励学历史学的同学选修别的人文社会科学，特别是社会科学的一些课程，甚至读个双学位，但更多还得靠自己抽时间自学，甚至终生补课。

历史学归根结底是问题导向，很多知识、概念都与其他专业相关，要想把历史弄清楚，就必须学习许多其他专业的知识。我们说现代史学的兴起伴随着三个概念：民族、国家、社会。从近代民族国家的角度看历史，有别于从传统史学的王侯将相视角看历史。从民族的、国家的、社会的角度看历史，而不从个人的、帝王将相的角度看历史，这是近代新史学发起的由头。可是，这三个重要概念都不是历史学独有的。比如社会学会说"社会"这个概念是它的。其实在了解近代中国社会和思想文化转型的历史真相之后就会知道，"社会"这个概念并不单是社会学的，也不单是法学的，而属于整个现代人文社会科学。我正在研究这个概念在近代中国的形成和广泛应用，可以说，这是理解和认知近代中国思想世界的关键概念之一，要真正把握这个概念的完整历史内涵，其实很不容易。

我想说的意思概括起来就是：历史学学者要有开阔的视野和广博的知识追求。如果真想在这个学科领域有所作为，让其他学科的人佩服，让其他学科的人能从历史学研究成果里得到知识和启发，就一定要立大志，要有高远理想。

学好历史学这个专业，恐怕比学好其他专业难度更大。

历史学作为基础性人文学科，对其他学科的研究非常有帮助。这是真心实意的话。我的一些别的学科的朋友常对我说，特别希望一些学历史的学生去他们那里读硕士和博士。因为学历史的学生有宏大的、长时段的整体视野，有纵贯的、联系的历史眼光和历史感，有基于历史知识的文化素养，而且受过史学中查找材料的专门训练。历史学的确是人文社会科学中最好的基础学科。研究其他社会科学的朋友常常觉得历史系的学生、有过历史学训练的学生比较容易培养，适宜深造，这不是偶然的。

随着网络时代的到来，目前这个情况有所改变。现在查什么东西只需在网上一搜，非常快，尽管未必都准确可靠。历史学在利用网络这方面一定不能比其他学科差，如果落后于其他学科，就应当感到惭愧。前些年，我们在学科上的优势是很明显的。比如搞近代语词研究，北京大学中文系的语言学家王力老前辈有一部《汉语词汇史》，他的学问很大，我很佩服他，但他写近代初期词汇史的部分只用了《海国图志》等几部书，缺乏广博的资料视野。这不是学科自大和优越感，毕竟搞历史研究的，在把握历史资料方面有便利和比较全面。如果研究鸦片战争时期的近代词汇史，我在资料方面就能超越前辈。我会利用《筹办夷务始末》，看中国人那时在外交上最先是怎么用词的，当时国际上的新名词、新词汇有哪些，这些是大臣上奏和皇帝下旨都要用的。我还会看当时的新报刊，比如传教士办的《察世俗每月统记传》《东西洋考每月统记传》等，以前的学者可能见都没见过。我还会看当时人的文集和其他史料等。那么，我拿出来的结论就可能比王力先生的可靠。当然，王先生那时候很早，要是现在，他会比我高明。史学研究者知道去哪里找东西，知道哪些东西代表那个时代的主流，知道那时知识分子的知识是从哪里来的，哪些人在传播这些知识。别的学科的学者往往难以有这个方便和眼界。我做词语史和概念史研究，实际上语言学界的朋友给了我很多鼓励，就是因为我有历史学的那点优势。当然我不是像语言学家那样做研究，语言学家往往更关心新语词的来源、词性、构成成分、结构特点等语言学自身的问题，而我更关心的是这些语词与当时社会历史的关联，在这方面史学家和语言学家肯定是有差别的。

还是那句话，同学们要树雄心、立壮志，掌握多学科的知识。时间固然有限，但我们需要掌握概论性的东西，掌握了会增加自信。每个学科都有自己的优势，树立学科自信对一个人太重要了。学科自信是一个学者推进研究、努力前行的动力。每个人都知道精神的力量很重要。如果老觉得自己不如人，要想做得比别人好就会很难。这个大家都有体会。我们常发现，某个人从本科起就开始发论文，后来很能写和发文章，因为他有加速度，这就是自信的力量。当然也不能盲目自信，而是要在真正了解这个学科的优势以后，增加一种非常理性的自信，我觉得这非常重要。

一旦感受到历史学的魅力，就能做到其他学科做不到的事情，那种快慰将是持久的，不会因为短期没有工作就打退堂鼓，改换门庭。所以，我特别主张同学们在读本科时学历史，读硕士时再学别的专业，读博士时再回来，那时就会感觉很不一样。当然你们不需要完全同意我的意见。不过我相信，一个真正的历史学家，一个能展现历史学通学魅力的学者，一定得有一个多学科的知识结构。如果没有，分析问题就可能没有层次和深度，就可能缺乏独到的视角，难以对问题意义有精到的把握，难以树立真正的学术自信。

人生阅历和社会经验对历史学来说可能具有更大的重要性，但并非年轻人就不能有所作为。我最近招了一个学生，北京师范大学保送来的，他在本科阶段就发表了四篇文章，而且有的发表在《史学理论研究》这样高水准的刊物上，他还拿了一部书稿摆在我面前——《新文化史的理论与实践》，很厚。我跟他谈话，发现他确实比较出色，与好多硕士生、博士生比思辨力都不差。我就问他在北京师范大学怎么学的，他说他经常看《历史研究》，看《史学理论研究》，看史学前沿的人都在做什么，然后就和这些前沿的人讨论。他的文章不是很成熟，但很有锋芒。我看完他那部书稿之后对他说，书稿还不能出版，他对好多东西还是一知半解，需要沉淀。但我还是很欣赏他理论思辨的那部分。我觉得本科生真不一定比硕士生、博士生差，如果志向高远，就可以较快地站在某些学术前沿。

我读大学本科时就没有这个才能，但却也并不缺乏勇气。我们当时创办了春秋学社，我算是创办人之一，发表的文章现在来看比较粗浅。我有一篇文章是讨论近代中国贫穷落后的根源究竟是什么。那时大家都说帝国主义和封建主义是近代中国贫穷落后的根源，老师们都这么讲。我想，既然说是根源，一会儿说是帝国主义，一会儿又说是封建主义，到底哪个是根、哪个是源？又说帝国主义之所以能欺压中国，造成中国贫穷落后，是因为封建主义的缘故，那归根到底，根不就是封建主义吗？当时我就做这种简单思辨，还慷慨激昂地跟老师们讨论。这跟现在的年轻人比就差远了，他们会了解最新的西方文化理论是什么，会直接和大学者对话。

现在的本科生素质很高，如果自信被激励起来，就不会只知道学习课本知识，不会仅满足于吸收别人的观点，还会主动找文献，还会做创新研究。我为什么要和大家讲这个？其实是想说，志向高远往往可以提升智力、提高学习能力。当然，也不能自以为是，必须脚踏实地了解前沿动态，要从基础做起。也可以看看《历史研究》每期登了什么，前沿的学者们在讨论什么问题。如果有这样的视野，有这样的志向和实际行动，就可能事半功倍。

我以前都会告诉大家，先打基础。比如说关于政治制度史，要先看中国政治制度通史；关于思想史，要先看思想通史；关于中国近代政治思想史，要先了解中国近代政治思想史的基本知识。这有道理，我就是这么过来的。但现在我忽然觉得，有了问题以后，通过研究，再回过头来看这些基础知识的书，或许能掌握得更快、更牢固。比如我有个学生要研究军机处，我让他先看《中国政治制度通史（清代卷）》。他看了以后讲得比我清楚明白，因为他是带着问题去了解、去掌握的，看的东西完全进到他脑子里了，真是立竿见影。回过头来他能挑书的毛病，说有的写得不准确，好多地方都不是那么回事，说得头头是道，令人深有感触。他把有关军机处的文章都看完之后，就发现这本书有的地方写得不对。这样，就不仅掌握了相关知识，而且掌握得更加牢固。所以，这或许也是一种思路，不一定要按部就班地先学通史，而是可以反过来带着问题阅读，这样是不是更好？

当然，先掌握基础知识还是符合一般认知规律的，不能被完全取代。头两年的基础课，比如说通史课，学习从古到今的基础历史知识，那是我们的优势，其他学科不一定做得到。这样的知识积淀在我们脑子里，也是我们的财富。我不是让大家不学基础知识，而是说可以带着问题反过来学，而不只是被动地接受灌输。有时可能这样更能激发你的自觉性、主动性。希望同学们能在学习中不断调换视角，增强参与度。

我是学习思想文化史的，思想文化史用英文怎么说？intellectual history，一般译作思想史。有台湾学者把它翻译成"思想文化史"。我原以为"思想文化史"这种笼统模糊的概念只有大陆有，后来发现台湾也这么译，也有人译成"智识史"，英文里有对应的 the history of thought，不过 intellectual history 用得更多。这是要求你有智慧、有思想。可是一个人不可能天生有思想，那怎么办？唯一的办法就是看前人是怎么思考的，看思想史著作，看哲学史著作，同时也看逻辑学的东西，使自己的思维更具逻辑性、严密性，从而提高思想能力，除此之外我觉得没有别的办法。当脑子里掌握了好多思想的时候，比如杜威怎么考虑的、康德怎么考虑的，然后就会看出你的研究对象是怎么考虑的，你就可以做一个评判，看他的思想到底怎样，深刻还是不深刻，有什么独到之处，等等。

历史学有一个任务，就是不断发现历史上、著作里被埋没的人、事和思想，将其揭示出来，贡献给现实社会的人思考。前两天我在湖南参加第四届中国近代思想史国际学术研讨会，这次会议的主题是"近代中国人的国家观念与世界意识"。当时我就想，大家都在谈梁启超等人的国家观念，谈随着西方地理学知识的传入，我们的世界意识是怎么改变的，等等。我就找到近代中国一个很怪的人，叫罗梦册，大家可能没听说过这个人，这个人其实很重要，他在1943年写了一本书叫《中国论》，强调当时中国人学的"政治学"，完全采用西方的术语，只要西方政治学理论里没有谈到的国家类型，就认为它不存在、不合理。罗梦册说这不对，中国自古以来就有国家。中国不是民族国家，不是nation，就不是国家吗？那个时候难道中国没有国家观念，只有王朝？罗梦册讲，不能按照西方的政治学来分类，西方的分类是有问题的，我们要超越现代民族国家，实现新的国家分类。我想，近代中国真正提出超越现代民族国家，而且给出系统理论论证的，大概他是第一人。

我把罗梦册找出来以后，感到自己知识不够，不知道他到底讲得对不对，深刻不深刻。他曾留学英国，也了解近代政治学，他说从亚里士多德开始对国家的分类就不对，说西方对国家的分类都2 000多年了，还是亚里士多德那一套，即分成三类，即君主制、贵族寡头制、共和制，现在不过修修补补而已。中国怎么能继续按照这种国家分类来界定自己？中国的国家类型，按西方的分类去套是套不进的。中国不是西方那样的君主制，也不是西方式的帝国。现在我们叫传统中国为"帝国"，其实有问题。传统中国既不是empire，也不是nation。那是什么？他造了个词，叫"中国天下国"，认为它既是天下，又是国家。这样的国家特点，西方没有。有人说他讲得并不高明，我说先别管他讲得高不高明，先说近代史上有人这样讲过吗？没有。他这样的讲法不能放到西方政治学里讨论，因为他超越了西方政治学理论体系。当然，他真的能超越民族国家吗？看他后面的思想，就发现其实没能真正超越。他讲今天要保持中国天下国的精神，还是需要三民主义之类。"中国天下"原本不讲民族主义，但现在不讲民族主义活不下去，于是还得在一定程度上吸收一点民族主义的东西。所以，他形成的是一个前后矛盾的思想体系。我在讨论他的思想时觉得我自己的知识不够，就先武装了一些政治学理论，之后觉得可以发言说几句了，当然讲得深刻与否、到位与否，还是不能保证，这主要取决于我的知识结构和思想训练。

我现在还是经常苦于知识不足，感到需不断学习新知识。同学们今后也一定会和我一样，在研究新问题的时候，会不断感到知识贫乏，需要及时补课和充电。这大概是志存高远、问题导向的历史研究者的宿命。

三、思想能力的培养与史料的收集功夫同样重要

历史学研习很看重思想能力，不是因为我做思想史就强调思想的训练和培养，而是学整个史学都要这样，依我看，历史学的本质就在于反思性地再现过去，缺少思想怎么行？但也不能忽略史料和考证。大家都知道王国维、陈寅恪、陈垣这些史学大师，都是在这方面做出很大贡献的学者。史料的收集和考证是史学工作者的看家本领。即使研究思想史，也不能落空，最重要的还是把思想放到具体的历史语境里考虑和探讨，要有扎实的史料做支撑。如果天马行空，思想观念就要落空。实际上，现在西方"概念史"批评"观念史"，一个突出的观点正在于此。"概念史"和"观念史"到底有什么区别？这讨论起来有些抽象。其实在西方所谓的观念史（history of ideas），通常是指洛夫乔伊（Arthur O. Lovejoy）他们编的《观念史杂志》中的观念史，这种观念史与此前传统的简单追踪思想体系的哲学史还是有所区别，它注重作为思想环节、具有连贯性的较小"观念单元"。"概念史"出现以前，洛夫乔伊的这种观念史主导着西方思想史（在西方，观念史和思想史并无严格区别），它和我们国内金观涛他们所讲的观念史不太一样，金观涛等所讲的观念史同概念史基本不做区别。

新兴的概念史一方面不满观念史轻忽观念和思想的"社会化"维度、只囿于精英思想观念和经典文本分析的不足，另一方面又不满于观念史归根结底的"哲学"式路径，批评其不重视思想观念的"历史性"、不做社会历史语境分析的缺失。在这方面，斯金纳等剑桥学派人物对以洛夫乔伊为象征的美国观念史之严厉批评，便带有某种与概念史方法的趋同特点，它很强调概念使用中的修辞性。

实际上，注重思想的历史语境与强调思想史研究必须注重史料、注意考证

是相通的。历史学是一个带有反思性的、再现过去的学科。思想史更具有直接的反思性。别的学科也寻求意义，但历史学是通过对历史上发生的人、事和思想进行反思性再现来寻求意义。这是历史学不同于其他一般学科比如哲学、文学的地方。文学可以通过脑子创造意义，而历史学寻求意义不能离开实在的历史资料。这就要求尽可能完整集中地搜集、考证材料，辨析、利用材料，用足够的材料说话、立论。历史学家有一个品德，就是不能回避不同类型的史料，尤其不能忽视反证，比如五条材料有四条支持你的观点，你就把剩下的一条扔掉了，那不行！那就叫缺德，缺史德。

学术界有些研究思想史的学者，非常聪明，有很多灵感、想法，写的文章很好看，也很见功底，但常常写随感性的东西，不愿花精力集中和系统收集材料，解决问题。读他们的文章，常常感到灵光一现，可以看到很多富有启发性的东西，特别是可能会从研究思想史时间比较长、史学功夫比较深的人的文章里获得比较大的益处。但不系统收集资料讨论问题的论文终难以服人。只有充分占有材料，具有思想能力的学者，才令人佩服。

我觉得现在，历史学者具备了搜集材料的前所未有的优越条件，就如刚才我提到的，我们现在处在网络时代，按台湾史学家黄一农的说法叫 e 时代，这是考据的黄金时代。黄一农给清史所的老师做报告时说，现在这个 e 时代是历史考据将会突破前人的大时代。王国维有一个论断：每个人文社会科学的巨大进步通常都伴随着新史料的发现。他说他那个时代史料的新发现主要有三个：第一个是殷墟甲骨，第二个是敦煌文书，第三个是清朝的内阁大库史料。王国维据此做出了超越前人的研究，而且他还把自己的实践方法总结出来，叫"二重证据法"。他说，一个时代有一个时代的文学，一个时代有一个时代的学术，每个时代的学术发展往往都伴着新史料的发现。电子时代虽很难说集中提供了大型的、关键性的史料，但从某种意义上说，它的确提供了发现新史料的"无限可能性"。现在这个电子时代，对史学家来说，是一个挑战和机遇并存的时代。一方面我们都感觉到史料浩如烟海，人人都可以利用网络，史学家的优势似乎在迅速失去；另一方面我们也隐约感觉到，史学的黄金时代正在来临，无论就史学考证来说，还是就历史综合认知而言，都是如此。谁能充分有效地利用电子文献进行考证和综合分析，谁就能在走在别人前头；要是不会利用电子文献，不会利用网络，就会落伍。

说到利用电子文献，有几个网站是必须要利用的，比如"读秀"，这是最基础的数据库。中国人民大学图书馆电子资源库最近几年陆续购买了多种电子数据库资源，包括书籍、古籍、期刊等多个方面。若不会积极利用，就不是合格的历史系学生。

　　据黄一农说，他以前从不研究《红楼梦》，但最近像发了疯似的研究这本名著。他研究曹雪芹的家世，感觉过去的红学大师们研究多少年了，总难得有大的进展，搞了半天也没搞清楚。他用电子搜索，发现好多不相干的东西就七搭八搭搭在一起了，这是过去无论如何也找不着的。搭上的关系不一定是真的，但根据这个去追，一定能追出点新东西。他觉得自己据此把曹雪芹的家世研究大大推进了一步，主要就得益于电子资源的搜索。最近我看了他的几篇相关文章，确实感到推进了《红楼梦》的有关研究。大家如果研究晚清史，除了"读秀"，起码还可以看晚清报刊的那个数据库，若经常利用，就会改变研究效率。这是何等幸运！你们完全有可能做出超越前人的研究。

　　从某种意义上讲，这也应该是研究史学的人的优势之所在。不错，现在这个优势正在逐渐缩小，但只要有信心，还是可以自觉保留或强化这个优势，因为历史学在这方面毕竟提供了某种方便。除了前面提到的晚清史，还有现代史、民国史、中外关系史等领域，专业数据库正接踵而来。清史研究所也很重视数字人文建设，在这方面起步较早。大家要做利用数据库的有心人和推动者。研究经济史、思想史也好，研究概念史或其他政治制度史或人物史也好，掌握查找材料的方法都是基本功，是一辈子受用的。数据库利用得好，能使人如虎添翼。

四、选题要有眼光和前瞻性，也要注意探索新方法

　　人物研究的确是进入历史学的一个好视角。我就是从研究人物进入历史学的。我是怎么研究起辜鸿铭的？说起来很可笑。我在被保送研究生以后，不知道研究什么，就问老师，老师说自己找，我就抱着《近代史词典》翻，看哪些事件和人物有趣。了解我的人都知道，我在最早系统研究辜鸿铭文化思想与活动的《文化怪杰辜鸿铭》一书的后记里写到，因为觉得辜鸿铭这个人极怪，所以就选择研究他，把理解他代表的文化现象当作认知对象。他有多怪？很早就留学西洋，懂多种外文，英文号称第一，德文、法文也好，拉丁语、希腊文也懂，以西文发表那么多文章，在西方有那么大的影响，精通西学，可是却极端

保守，纳妾、缠足都主张保留，皇帝也得要，不能丢。近代中国这么怪的人，哪里去找？他真是近代中国第一大怪人。我想大凡怪人身上都凝聚着深厚可观的历史文化内涵，于是就研究他！可是研究他很难，关于他的资料多是英文的，其中还夹杂着那么多别的外文。于是，我先一点一点翻译，不懂的外文就四处请教，供自己沉思和研究。译完以后感觉还不错，后来就公开出版。我首次翻译出版的辜鸿铭之《中国人的精神》一书就很畅销，有些人还把《中国人的精神》中英对照本当作学习英文的教材。辜鸿铭是文化保守人物，那时研究文化保守人物属于开风气，后来我又率先组织翻译了陈季同的《中国人自画像》一书，并进行研究。这些译作和研究，对于反思近代中国对待传统的极端偏激态度应当是很有意义的。

辜鸿铭是走向世界的，具有国际性。我找这么一个人研究有偶然性，但同时也带点前瞻性。我知道这样的人在未来肯定会越来越受重视。到现在为止，我对选择研究辜鸿铭还是觉得幸运。这个研究，由于诸多原因，一下子备受关注，倒有点出乎意外。我那时特别怕见记者，不愿接受采访，还公开表示，除非有新的重大发现，"十年不谈辜鸿铭"，后来我真做到了。因为翻译出版辜鸿铭的著作，我还一度受到某些非议，有人写信给学校科研处，说我传播封建迷信，宣传纳妾、缠足合理。现在会觉得可笑，但当时就是这样。有时想起来，真感觉恍如隔世。

初生牛犊不怕虎，我组织人把辜鸿铭的那么两大本文集翻译出来了，传播很广，很觉欣慰。但要深切理解辜氏的思想、其内涵价值以及相关的文化现象，谈何容易。我感觉自己国学和西学的功力都明显不足。当时勇气可嘉，后来则不断补课。这对我个人的学术成长是很有好处的。

但我不能一直研究人物，历史学研究的视野打开之后，创新的愿望就更大，我想我的下一本书应该比辜鸿铭研究影响更大一点。我努力寻找新的课题和研究路径。不久我就对近代中国的新名词、新概念问题产生了浓厚兴趣。起初，这受到陈旭麓先生的影响，陈旭麓先生是华东师范大学的教授，是老前辈。他写过《近代中国社会的新陈代谢》一书，这本书现在看来既寻常又深刻，他是我很佩服的大史学家。20世纪80年代初，陈先生发表过一篇文章，叫《说夷洋》。他通过考释"夷""洋"这两个字来揭示那个时代中国的国际地位和中国人国际观念的变化，写得非常机智和出色。当时我就觉得，通过字词的研究，或许可以独特地揭示近代历史的很多内涵。

我原来想，古代没有太多史料，只好借助文字、词语做文章，挖掘其中的历史信息，近代有这么多史料，那么多报纸、杂志、文集，还需要拿文字、词语大做文章吗？看完陈旭麓先生这篇文章后，我觉得有必要，不仅有必要，恐怕还是别的途径难以揭示的。从此以后我就上瘾了，埋头搜集很多新名词、新概念的各种资料，打算从这个角度研究近代史。我写过《"支那"一词的近代史》，一篇谈"文凭""保险""美学"等新名词的文章。我当然意识到，作为历史学者，我的有关研究应该与语言学者有别。2000 年，我申请了一个国家社科基金项目"近代中国新名词的形成传播与学术文化的现代转型"，得到批准，从中你们可以看到我的问题意识之所在。

2003 年我到美国哈佛大学访学，那边上年刚出一本书叫《概念史的实践》，是德国的一个大史学家柯史莱克（Reinhart Koselleck）写的。看完后我感到，这正是我研究新名词和新概念的方法论之所在，很值得借鉴。什么叫概念史？简单地说，就是通过转型期历史上一些重要和具有特色的政治与社会新概念，它们的出现、形成和演变，它们如何被应用、被实践，来反映那个时代特定的历史内涵。概念只是揭示历史的一个特别窗口，要透过新名词、新概念和特定时代的历史关系来反映那个时代的特征。

有了这个概念史的认知方法以后，我就更加自觉，当然我也绝非照搬，而是有自己的理解和运用。比如后来研究戊戌时期的现代"文明"概念的形成、传播与戊戌思潮和变法的关系，研究现代"文化"概念及其双重结构与五四新文化运动的关系等，我都能做出自己的分析，形成一些独到的看法。戊戌变法相当于日本的明治维新，可是过去一谈"明治维新"总是爱跟中国的"洋务运动"对比，其实中国真正可跟日本"明治维新"对比的当是"戊戌维新"，因为两者都明确以现代的"文明"概念、文明观念作为变革的总的思想基础。

现在所谓"五四新文化运动"，当时人并非一开始时就这么称。起初并不称"新文化运动"，而是称"新思想运动""新文学运动""新道德运动"。为什么不称"新文化运动"？因为当时还没有狭义的"文化"概念。什么时候有的？五四运动之后特别是 1920 年，陈独秀等较早用，就是依据现在我们说的教育、科学、学术这些与政治、经济相对的狭义文化概念而提出来的。这个狭义的文化概念是怎么来的？它来自德国和日本，起初恰恰受到唯物史观的影响。有了唯物史观，狭义的"文化"概念便被凸显出来。可这样一来就出现问题了，有了唯物史观之后，再强调以狭义的"文化"概念为依托的文化运动的重要性，从逻辑上讲，文化运动的地位实际上已经让位于经济和社会运动了，也就是说在使用"新文化"这个概念的时候，恰恰已经不是提倡者们当初那种对文化的理解和重视程度了，也就是说陈独秀此时强调"新文化"的重要性，和1915年他创建《新青年》杂志时所强调的已经有区别了，方法与具体途径及其对重要性的理解也有不同。这样的错位，实不能忽略，它就是概念史视野提供给我们的新的认知。

真正的概念史不仅研究概念，还研究概念如何被运用，或者研究凝聚在概念中的那个时代思潮的变化。新的重要概念实际是一个时代的标志词、标志符号。研究中国近代思想史，最重要的是研究什么？是研究中国近代的思维方式怎么变化，研究中国的价值观念怎么变化。可是我们现在研究的思想史都是政治思想史，多是研究政治思想的东西，恰恰不关心思维方式变没变、怎么变。在研究思想史时往往会研究进化论，这没错，进化论的确是近代思想中最大的一个思维方式的变化。还会研究什么？逻辑学知识对我们到底有什么意义？唯物史观到底带来了哪些变化？这些都是大的方面，该研究。但除此之外，关注一般的基础性概念，特别是重要的分类性概念的出现与功能，实际上也是途径之一。它们的流通往往导致思维方式的微妙变化。

比如，我觉得近代中国的政治、经济、文化、社会这几个概念把世间万物分成四类，就是一个新的重要变化，然后唯物史观再传播进来，又把这四类之间的关系加以调整和重构：经济是基础，政治、文化、社会是上层建筑。如果研究近代思想史，我觉得最基本的思想观念就是政治、经济、文化、社会概念及其分类运用。它们不是一般的概念，它们改变的是基本的思维方式。把世间万物都这么分，这种分类本身难道不正是一种思维方式的变化吗？比如"世纪"概念的引入，也会带来思维方式的变化。为什么我们要以一百年为单位来考虑问题，而不用别的时间范畴？这一百年有什么特别意义？其实这些都是改变思维方式的微妙的东西。我们的思维方式在这些概念的运用中不知不觉被改变了，只是我们还未清楚地感知到。

如果讲一般思想史，我以为很值得关注的就是这些社会、政治和文化等基本概念的引入与传播。关注近代中国人思维方式的变化，应该首先考虑这些基本概念的流通及其社会文化意义与功能。近代中国有个重要现象：词典大量出现。中国古代只有《尔雅》这样的字典，几乎没有真正意义上的词典。现代意义上的词典从清末开始出现，第一本是1903年的《新尔雅》，后面又出现了一系列词典。词典有什么特点？它有严格的词语定义。比如什么是"人"？我看到1911年的词典上就解释说：人，哺乳动物。上来第一句就是这样。这就和中国传统几千年观念中人禽之别的认知发生了根本矛盾。不仅是新名词，旧名词也往往被这些词典重新解释、界定。可见，要了解近代中国人思维方式的变化，从思想史的角度研究中国的词典是个好视角，但中国搞思想史的人至今并没有很好地关注这些新词典涌现的思想史意义，更没有系统地研究。诸如此类，如果都作为中国近代思想史研究的对象，那我们就会有很多新的发现。那些新名词、新概念不仅是现代思想平台整体运用的部件、资源，而且是思想和思维方式变迁研究的对象。我这些年来老想在这一方面有所探索，希望能够重写近代中国思想史，这是我的一个追求。当我写出来的时候，想必会有区别于以往思想史的地方。

历史学家不仅仅解释历史，更要创造历史。这就需要雄心壮志。我是个太普通的人，知识结构和能力都不是很够，常常感到力不从心。但我想能做多少就做多少，做出来以后有一点知识性贡献，有一点推进，就完成自己的任务了。这也算是我对同学们的一个期许。

同学们都是天之骄子，但或许还有好多人感到遗憾，觉得进入历史学这个学科太不如意了。我建议这些学生要有雄心壮志，是不是可以不辱使命？是不是可以把历史学这个学科的一些优势更加自觉地发挥出来？即使以后不想学历史了，也应当在这几年掌握这个学科的优长，然后在学别的学科时将它变成优势。我想这个也是我对大家的一个期待。我就说这么多，同学们要是有别的问题，我们再交流。

【问答】

学生：老师，我听您讲这么久以后，觉得您给我最大的感觉就是您有一股闯劲。我觉得您在性格方面，或者说在对历史学研究的态度方面有一些特别。我觉得您很锐利，比较有闯劲。我想问一下这到底是您自身性格的原因，还是什么东西促成了您这种精神的养成？

黄老师：谢谢你的鼓励。其实我很普通，没有感到自己有特别之处，尤其是在性格和精神方面。尽管我毕业后的事业选择还算自觉，既然选择了做历史学问，就想在这个专业领域里做得好一点。走到这一步，闯劲我想肯定是有的，没有努力过怎能服输！从20世纪80年代末开始，历史学似乎就开始受到某种轻视，这就需要从业者更加具有学科的责任心、自尊心和自信心。学科本无高低贵贱，其社会的重视程度也往往取决于从业者的学术进取态度和社会贡献。我觉得自我追求还是应该有高标准。历史学有自己的学科优势和学术责任，但也确实存在不少问题，现在应格外强调问题意识，强调在自觉吸收其他学科知识的基础上追求一种综合创新，当然这只是我个人的观感。

现在学科交叉、融合，共同研究社会历史问题越来越成为时代趋势。像去年我们清史所开了一个国际研讨会，主题叫"清帝逊位与民国肇建"，我们就专门请来了法学界和其他学界的朋友参加讨论。北京大学法学系的年轻老师章永乐，他留学美国学政治学，这次也来参会，并带来了冲击传统史学认知的新视野。他说，历史学界明确提出这个问题很重要，但讨论相关问题其实已有多年，以往大家不够重视清帝逊位诏书的政治法律意义，现在应该有所改变。从宪政史的角度观察，清帝逊位诏书其实很重要。它意味着清朝把统治权转移给民国，可能需要重新评价当时各政治派别间的"大妥协"。我听了以后挺受启发。过去我虽然也用逊位诏书的话来解释有关问题，但却没有上升到这个高度。当然杨天宏等史学界的同人围绕着如何认知这个问题还存在争论，但法学界同人的这次参与，无疑对推进相关认识发挥了引人注目的作用。

学科之间有交流，也有竞争。从这个角度讲，我觉得每个老师都要加油，都要有更宽阔的知识视野，对学术界特别是人文科学界所关注的基本的、相通的问题争取能有独特的发言，要利用好自己学科的优势参与发言、讨论。我想如果人人都有这样的追求，历史学就能有更好的发展和社会地位。

学生：您说要学其他专业的知识，那不感兴趣的知识也要看吗？您说历史学是一种通学，所有知识都要涉猎，那如果跟自己的兴趣相悖呢？

黄老师：我想跟自己的兴趣相悖的东西你不仅没有时间学，也没有动力学。历史学专业的同学肯定还是有自己喜欢的一些其他专业，也还可以选修第二专业的课程。我觉得作为年轻学子，大家应该广泛涉猎，起码应先学学自己感兴趣的学科知识。大家学习很忙，不过一些概论的东西总还是需要看，不久以后就会发现好处。我也没说大家一定要把所有知识都掌握了，我只是说大家多掌握一门知识就多一个窗口，看待问题时就多一个视角、多一个层面。这绝对是心里话。大家能学多少就学多少，一定不要跟自己说我什么都学不了，还是应该在力所能及的情况下掌握一些比较重要的基本知识。现代社会，我觉得法学知识、政治学知识，甚至经济学知识、社会学知识，有好多都是很必要的基础知识。有的也不一定要在一年级学，可以在二年级、三年级时间稍微宽裕一点时学。

我们上学时好像没你们今天这么多课，我读研究生时课就很少，读博士时课更少，主要靠自学。我们当时要写读书笔记，要写出读书笔记，起码得翻翻书，至少得看书的前言、后记，所以最后读的书其实不少。现在回想起来，广泛阅读是没有坏处的。那时读书很多也是囫囵吞枣，没有深刻思考，后来慢慢有了思考，再回过头去重新读，收获就很不一样。好书不厌百回读，熟读深思子自知，这是有道理的。有的名著要反复读。当有了更多的知识积累，有了一定的经历以后，再读相同的书，感受会更深刻。所以，经典的书还是要多读，其实各个学科都有经典的书。

皮庆生老师：要不请您推荐几本经典的书？

黄老师：我们那时读的书跟你们现在真的不太一样，比如说我们那时喜欢读费孝通的《乡村经济》、潘光旦的《中国伶人血缘之研究》，这些都是社会学、人类学的书，我们那时用它们来了解社会史、文化史和区域史及其彼此之间的关系。回过头来看，会影响人一辈子的书，正是这些经典名著，这几本书都堪称经典，但似乎不属于正宗史学。我特别不愿意给人家开书目，因为每个人的需求不一样。如果是近代史方面，本科生读，我觉得可以读陈旭麓的《近代中国社会的新陈代谢》，这本书真的既浅显又深刻，本科生读最合适。它有深度又平实，里面讲到的"中等社会"之类的问题真是很好，很有启发性。还可以读章开沅先生关于辛亥革命的一些著作，章开沅先生是史学家里比较有思想的。还可以看龚书铎先生的《中国近代文化概论》，它可以让大家对近代中国文化史有宏观的了解。

皮老师：那您在本科阶段就比较集中学习中国近代史吗？

黄老师：是。我本科是在北京师范大学读的，我在那里从本科一直读到博士，十年寒窗。本科阶段我们不分专业，师范学校是不分专业的，所以是自己学，实际上我好像什么课都选。但是到了三年级，被保送研究生以后我就开始专门学近代史，我的本科论文做的也是近代史问题。毕业论文题目是《张之洞与晚清儒学》，写了两三万字，把张之洞的全集看完了。很久以后，我仍然觉得本科研究张之洞与晚清儒学的关系这个题目选得挺好，论文后来也得以公开发表，可见当时下的功夫还是挺大的。我记得当时读到张之洞一首叫《惜春》的诗,印象很深。大家都知道张之洞是洋务派,他做了很多洋务工作,却被遗老们骂成清朝覆亡的罪魁祸首,说他办洋务,却为革命奠定了基础、开辟了道路。本来要维护清朝统治,结果培养了革命党,做的好多新政事业恰恰都被革命事业和革命派所利用,因此好多守旧派、遗老遗少就骂他是种豆得瓜。那他本人生前是否意识到了这一点?

我在《张文襄公全集》中读到他的《惜春》一诗时,感到心被触动。该诗是这样写的:"老去忘情百不思,愁眉独对惜花时。阑前火急张油幕,明日阴晴未可知。"可见,张之洞生前对其洋务事业事与愿违的可能后果并非一无所知,毫无觉察。他并非完全不知道废除科举可能导致的后果,也并非不知道办新军最后可能会被革命利用,甚至办的大冶铁厂之后也可能会被利用,但是"阑前火急张油幕",就是目前没其他办法救火,哪怕是油幕也得先张起来再说;"明日阴晴未可知",以后是阴是晴,也管不了那么多了。所以,张之洞非常聪明,他做了很多事情,都是应急的,不做不行。清朝马上就要被灭了,做了可能还是被灭,但时情如此,不得不做。

从那以后,我就一直做近代史。张之洞这个人物很重要,对我后来的学术发展有好处,因为这个人物比较大,涉及的面非常广,他是儒学的代表人物,同时又是诗文界的代表人物,还是学术界的代表人物。如果讲晚清思想文化史,几乎所有方面都笼罩着他的影响。能从这样一个人物视角进入近代史,可能有助于提升学习近代史的兴趣。我后来就慢慢这么做下来了。我觉得,选题和兴趣如果比较有发展空间,可能对自己一生的学术都会有影响。

学生:您在大学阶段读了那么多书,您印象最深的一本书,一下就能想到的书,是哪一本?

黄老师:我前两天在三联书店庆祝会上,一个记者"啪"一下把一个话筒送到我嘴边问:三联书店出过那么多书,你对哪本书印象最深?我一下子反应说:茅海建的《天朝的崩溃》。后来有人问我,你真的很欣赏那本书吗?我说当然,那是真正下功夫解决问题的著作,而且我脑子里当时能想起来的就是这本。其实,要问大学里哪些书我印象最深,我不知道该怎么问答,可能大学四年我最下功夫读的是《张文襄公全集》。那时我们也学"三论",就是系统论、控制论和信息论。这个过程中我印象很深的书应该是金观涛的《在历史的表象背后》,我读了之后非常感动,印象很深。还有陈越光等编著的《摇篮与墓地》,是关于严复的,印象也很深。但那个时代的东西,现在大家看不一定觉得好。

另外，金观涛还与人合写了《兴盛与危机》。金观涛的书我读得比较多。他当时是比较激进的学者，也很有思想。他后来一直和他的夫人刘青峰合作，进行新的学术研究。

学生：老师您好，我想问两个问题，第一个问题是这两个月以来一直困扰我的问题。现在我由一个高中生向一个大学生过渡，我高中接受的教育就是告诉你什么你就背什么。但是到了大学，有一点就像您说的，学历史是问题导向，我现在就发现自己提不出问题。所以，我想问问您，怎样才能提出问题？第二个问题就是，对一个研究历史的人来说，当他研究一个问题时间长了，他以为他对这个问题很熟悉，但也许对于真正的问题他就放过去了。请问老师我应该怎样解决这个困境。

黄老师：这位同学的问题提得非常好。实际上我一开始有跟你一样的问题，不知道提问题和发现问题，甚至不知道什么是问题。对于这一点，我觉得要靠学术积累、知识积累。另外，我觉得同学们应该保持对现实的强烈关注。我特别不同意说学历史的就不用关注现实。凡是真正有影响的史学大家，往往都是现实最密切的关注者。问题从哪里来？除了学术史上的旧问题，经常源于现实生活的新启迪。我觉得，真正聪明的史学家都会潜心体察眼前的生活，看生活需要什么。我举个最简单的例子。人大纪宝成校长提倡国学，大家都知道他成立了国学院。他以前曾问我："我们国学要搞学科，过去民国的学科是怎么搞的？比如说，当时的国学有没有专门学位？现代人文社会科学范畴内的'国学'，把原来传统的国学体系肢解了吗？"我回答不出来，就去问罗志田教授，他告诉我那个时候读国学的人似乎都不怎么关心国学学位。后来我就反过来查大量书，发现那个时候的国学大家，比如王国维、陈寅恪等，好像没有人强调现在的学科分类是肢解了传统学问，他们恰恰认为把传统学问重新分类没有什么不好。这似乎与今天许多人强调的重点有所不同。

像提倡国学这种问题是从现实中提出来的，人大的纪校长强烈感受到传统文化很重要，觉得中国现在强盛了，应该弘扬国学。可是有好多历史问题，比如近代关于"国学"的问题，就值得今人关注和研究。"国学"并不是今天才出现的新概念、新问题，敏感的近代史学者罗志田就抓住了这一点，他首先从思想史的角度研究近代国学，看看国学作为一个问题，它和时代思潮有什么关系，他为此写了《国家与学术》一书。桑兵写了《国学与汉学》《晚清民国的国学研究》两本书，不过他是从学术史的角度着眼的，这与罗志田不同。无论是罗志田还是桑兵，他们都是近代史研究领域极敏感、很有成就的学者，他们会很敏锐地关注到现实中人们关切的历史问题。

我十多年前考察现代中华民族观念的由来，也和强烈的现实关怀有关。作为一个思想史上延续至今的政治和社会观念，这个问题的重要性不言而喻。尽管这个问题本身存在一定的敏感性和难度，我还是努力进行了细致的考察和分析。我的文章中引用率最高的就是关于"中华民族"的那篇，为什么？因为有跨学科的关怀。搞民族学的、搞社会学的都会研究这个问题，而历史学的宏观、立体、综合的考察与把握是别的学科代替不了的。

曾有一个清史所的学生对我说他不知道怎么选题，我告诉他可从现实需要中体察、发现。过了些日子，他告诉我他想写民国时期北京的房地产问题，问可不可以。我说可以，但必须先查学界的研究现状。他说查了，别看这个问题应当很热，但其实还没人真正扎实地进行研究，于是我鼓励他下功夫研究下去。后来他找了许多资料，写成博士论文并被评为优秀。他为什么能做到？因为这是大家都关注的、与现实密切相关的历史问题，能给人以现实的启发，他也由此感受到自己研究的意义和借鉴价值，从而增强了学术干劲和专研力度。

现实的激发是史学研究的最大动力。史学绝不是浮在空中的空洞知识，它归根到底要给现实的人们提供意义，提供反思和参照，这就是史学的价值。我不是说史学应服务于现实的那种短期功利性行为，而是应当间接曲折地进行回应，这表现在选题上，表现在对问题的关心上。若研究的问题世人都不关心，对世人也没有什么启示，那研究它干什么？所以，史学要想保持生命，要想有问题意识，就请保持对现实的关注，现实会提出无数问题，让史学家去思考、去研究。史学是常研常新的。同样的问题，古人研究过，而由于我们的观察角度不一样，关切不一样，我们的研究往往有新的发现和认知。因为历史是有思想的人在创造，那么我们在带着新的关怀去研究历史上的人和事时就要寻求它的意义。

从选题开始，不要研究林黛玉掉了多少滴眼泪之类的问题，这样的问题可以研究，可绝对不应当是史学研究的主流。如果史学就研究这些问题，背后没有大的关怀（大的关怀可以说是对民族、国家、社会的关怀，最大甚至可以说是对人类自身的关怀），那就没有深切的意义。虽然这似乎有点高调，不过说白了就是这么回事。如果没有关怀，那么研究什么都没有意义。我只是想说，真正的问题意识往往源于现实、源于我们的关切。如果是真正的关切，即使很难，我们也会勇敢地去找材料、去考证分析。

前两天的大学生辩论赛很好看，大学生辩论得很热闹，能举好多例子，把那些有争议又不容易驳倒的问题拿来讨论。搞历史的人就想，近代史上有没有这样的辩论赛？于是有的人就去找材料，发现其实早就有了，民国时期就有大学生辩论赛，他们辩论的题目报纸上都刊登。有的聪明人找来那个时候人们的辩论赛进行考察，发现那个时候人们关注的问题都是现实问题，比今人高明得多。比如，解放战争时期，中国共产党到底要不要打到南方去，是划江而治好，还是横渡长江好？于是辩论开始了，那个辩论真是又精彩又现实！有人说那个时候的辩论才是真正的辩论，反映国计民生。史家找这样的题目做，我就觉得很有意思，做出来也很精彩和吸引人，我们看了也很受启发，因为这确实是历史上发生过的事。

如果有类似的各种真切的关怀，史学问题就太多了，不会没有问题可写。别人写过的可以重写，因为问题意识不同。实际上，有些表面上与现实无关的问题，也直接或间接地寄予了今人的关怀。像王国维写的《殷卜辞中所见先公先王考》就有很大的贡献，似乎与现实关怀无关，可是别忘了，那里面其实存在今人很大的关怀，就是对人类由来的关怀。中国人到底是怎么来的？我们的先祖、最早的王朝及王公到底是谁，他们怎么样？这一利用甲骨文资料的考证，背后有着对中国人从何而来的大的关怀。这篇文章之所以有价值，是因为它弄清了我们远古的统治世系，所以它绝不是一个无关宏旨的简单考证，它同样是有关怀的，回答了许多国人关心或可能关心的问题。

至于说如何才能对于自己熟悉的问题有新的体察和认识，不遗失真正的问题，这就取决于开阔视野、更新知识、提高综合认知能力的程度和水准。在这方面，人类学对于"他者"保持"陌生化"的自觉努力，或许不无一点借鉴意义。

皮老师：今晚黄老师讲了很多，我把自己的一些体会按惯例跟大家分享一下。第一点，黄老师告诉我们即便是一个本科生也要志存高远，不仅是做历史研究的远大志向，也包括做许多其他事情，视野要宽一点，想得要长一点。不要因为历史学是冷门专业，就觉得学习历史学没有希望、没有前途。其实我们一直在强调，历史学是人文学科中特别好的一门基础学科，最适合打基础，事实上也如此。所以，要志存高远，志存高远就会变化气质。当然，想变化气质，光靠志存高远还不行，还需要脚踏实地。所以，黄老师说在大学期间要广泛阅读,不仅要读历史学的书,其他基础学科的书也要读,一些社会科学的书一定要读,这样才能有自信心,才能真正做到变化气质,志存高远才能得到落实。

第二点,黄老师谈到问题意识,他反复强调问题意识。我们希望培养出什么样的学生?我觉得除了那些比较高妙的理论,我们的学生至少要善于找材料,能够正确分析材料,并且能够在广泛阅读的基础上提出问题。另外,还希望学生能够掌握一些方法来解决问题。问题从何而来?刚刚黄老师说,要读别人的书,要读材料,还要家事、国事、天下事事事关心。

第三点,读书不仅要读最基础的书,还要读最前沿的书,不能光读教材,如果只读教材,那么就没有问题。我们要知道这个学科领域里那些最厉害的人在做什么研究,这个道理是相通的。比如我们有同学想学法学,除了要看法学教材,还要看法学界的一流刊物,看那些一流学者在关心、在讨论什么问题。问题从生活中来,从别人的研究中来。当然黄老师还特别强调,学历史做历史研究,要想赢得别人的尊重,就必须为社会、为别的学科提供新知识,包括为这个社会提供意义、提供参照。这是从学者的角度讲,那么从学生的角度讲,历史系的学生要想获得别人的尊重,就必须把历史学好。我和黄老师都希望同学们在大学四年里好好学习,把历史的基本功好好打扎实。

刘后滨老师经常跟我说,把大家称作历史系的本科生其实不准确,大家应该是中国人民大学历史学院的本科生,大家不要把眼光只盯在历史系,也要向清史所的老师学习,去听他们的课。同样的道理,我们也是整个中国人民大学的学生,今后在选课的时候,视野要广一点,历史系老师的课要选,清史所老师的课也要选,法学、商学、国际关系等学院的课也可以适当关注。这样,来中国人民大学才不虚此行。谢谢!

历史是什么

孟宪实

演讲者介绍： 孟宪实，中国人民大学教授、博士生导师，主要研究隋唐史、敦煌吐鲁番学。2006年开始，先后在《百家讲坛》主讲"玄武门之变""贞观之治""唐高宗真相"，并曾任电视剧《贞观之治》的编剧。著有《汉唐文化与高昌历史》（齐鲁书社，2004）、《从玄武门之变到贞观之治》（广西师范大学出版社，2007；台湾远流繁体版，2008）、《唐高宗的真相》（北京大学出版社，2008）、《敦煌民间结社研究》（北京大学出版社，2009）、《出土文献与中古史研究》（中华书局，2017）等。

一、过程决定价值

历史学是一门古老的学问，差不多是最古老的学问。那么该怎么理解历史学？我先给大家讲个故事。台湾著名作家龙应台曾写了篇散文《撒哈拉的草》，说她有一次去北非，从撒哈拉大沙漠采了几株草，回来给她的孩子们看，告诉他们这是撒哈拉的草。孩子们很奇怪，母亲从遥远的北非回来，为什么就带回来几株草？这几株草有什么用？龙应台告诉他们，这草很神奇，你别看它们干黄得像已经枯死，但只要在水里浸泡七天，就完全可以恢复成绿油油的草。死去的枯草怎么可能复原？于是她的孩子们开始了实验，他们把草放到装好水的脸盆里，每天放学都急忙赶回家，观察草到底有怎样的变化。结果他们惊奇地发现，果真如母亲说的那样，这几株草每天都在发生变化：第一天根部变绿了，第二天茎部也开始变绿……到第七天——最为关键的一天，孩子们一放学就拼命往家跑，想知道这几株草到底是不是变得浑身通绿。每天和他们一起玩耍的邻居家的孩子们觉得他们这几天很反常，突然变得不贪玩了，一放学就往家跑。

他们想知道发生了什么事,是不是他们家里有什么更好玩的,于是提出跟他们一起回家看看。这些孩子匆忙回到家里一看,那几株草果然通体都绿葱葱的,那个神奇的预言真的应验了!龙应台的孩子们欢呼雀跃,可是邻居家的孩子们却感到很奇怪,在他们眼前的不过就是普通的绿草,为什么龙应台的孩子们莫名其妙地兴奋?他们无法理解。

为什么龙应台的孩子们和邻居家的孩子们面对同样的绿草会有如此不同的反应?龙应台告诉我们,这就是历史学。想了解一件事的意义,就必须了解它的过程。只有了解了整件事的过程,才能知道它当前的价值。邻居家的孩子们没有看到事情的过程,他们面对的只是一个简单的结果——几株绿草;但是龙应台的孩子们却看到了这几株草从枯死状态一点点变绿的全过程,所以面对着可谓死而复生的草,他们欢呼雀跃,因为他们明白这种结果的重要价值。

历史学就是这样。研究历史,无论对象是社会、国家、人类,还是任何具体问题,过程永远是重要的。只有掌握了它的过程,才有可能了解它的本质,才能发现它的真正价值。为什么会存在历史学这个学科?为什么国家会投入专门的人力物力培养研究历史的人才?因为社会就需要这样的专家来告诉整个社会,告诉人类,历史具有怎样的价值。当然不从事历史研究的门外汉不会明白,他们就像龙应台笔下邻居家的孩子们,面对一个简单结果,并不知道它的价值,也无从评价和衡量。这就是历史学的意义。如果你们中的部分人能够在历史的道路上越走越远,你们未来要承担的工作就是,告诉社会的其他成员,我们的国家是如何一步步走到今天的,走到今天到底有什么价值。如果不知道那些艰辛的过程,就无法衡量它们现在的价值。我们是专业人员,我们的任务就是通过史料调查和科学研究,告诉我们的同类以及社会,我们的国家究竟是怎么样的,它为什么值得我们爱惜和付出。所以,了解历史就是要发现它的价值,而要想真正发现它的价值,就必须知道它的过程。从这个意义上说,过程决定价值,或者说过程影响价值。

二、个人经验中的史学

通过"撒哈拉的草",我们明白了过程和价值有密切联系。接下来我们需要明白第二个问题,也是第二个概念,就是个人经验。每个人都有自己的历史,换句话说,每个人都是历史的结晶。就举我自己的例子来说明,我的名字——

孟宪实，很清楚，就三个字。孟是姓氏，每个人当然都有自己的姓。第二个字，宪，是名字的一部分，是一个行辈字。正如大家所知，孔、孟、颜、曾四家都很强调排行。比如我的下一辈是庆字辈，上一辈是昭字辈。虽然大家可能素不相识，但只要看名字，就能排辈分，就能确定我们之间的关系，就能正确地相互称呼。辈分问题不是所有家族都这么严格，但是过去很严格，一般的家族都有自己的行辈字规定。现在这个传统有的保留下来，有的就放弃了。我就遇见过许多姓孟的，他们已经不按行辈字起名了，我也就无从得知他们的辈分。这种情况真的存在。一种可能就是在"文化大革命"的时候，把行辈问题当作封建思想的残余给抹去了。

1. 谈姓氏

我们先来谈谈姓氏。我们每个人都有姓，在中国早期，姓氏是和一个家族有关系的，大家都可以查自己的姓氏来源。大概是在商周时期，尤其是西周，中国的姓氏普遍出现，到春秋战国时，姓氏基本上就都出现了。也就是说，我们现在所有的姓氏至少都能追溯到春秋战国时期，中国的姓氏起源在先秦时期就基本完成了。所以，中国的姓氏既是一个历史问题，也是一个文化问题。

因为中国姓氏的这种特殊性，即一个家族有一个姓，凡是同族的都有相同的姓氏，可能正如我们现在所说，"五百年前是一家"。但后来姓氏变得很混乱，而历史就在这个变乱过程中发挥着作用。比如一些少数民族，像匈奴刘渊那一族，后来也随着中原的皇姓改姓刘。历史记载得很清楚，他不是汉人，但在他姓刘之后，他的子孙后代就跟着姓刘。别的姓也有同样的现象。所以，我们看到，姓氏的改变是促进民族融合的特殊方式。因此，中国的姓氏问题就可以作为一个研究课题，因为姓氏和每个人都息息相关。

仔细想想，姓氏问题真的很有意思。先秦时有姓和氏的区别，后来氏就没有了，都用姓来统一了，这是一个漫长的演变过程。过去只有贵族有姓和氏，那什么时候所有人都有了姓？这真的是一件很重要的事，我认为这涉及中国文化本质性的特征。

举例说明，我们知道日本人过去只有贵族有姓，平民是没有姓的。明治维新时，为了统筹全国的人力资源，俗话说就是做人口普查，政府就派了许多人挨家挨户调查。因为很多老百姓是没有姓的，调查人员就随意给各家起姓进行登记。这就是日本的姓氏很混乱也很有趣的原因。比如松下，就是家在松树下面；关尾，就是住在关口的后面。当然日本也有古老的姓氏，但多数我们看来很奇怪的姓氏都是明治维新时临时起的。后来贵族和平民就都有了姓氏，但早期只有贵族之家才有姓氏，那是一种特权的标志。但直到现在，日本还有一家人没有姓氏，那就是天皇，因为神是没有姓氏的。总结起来，就是物以稀为贵。原来有姓的人家少，有姓的人家都是贵族；现在没姓的人家少，没姓的人家就厉害。这个姓氏问题真的很有意思。

再比如说，我们发现辽代的太后都姓萧，都叫萧太后。这是因为契丹人只有两个家族有姓氏，一个是耶律家族，一个是萧氏家族，前者是皇族，后者是后族，他们世世代代通婚。契丹人里有姓氏的太少了。后来他们向中原学习，有人建议改革，要让所有人都有姓氏。但如果这样，耶律家和萧家的特权就无从显现，所以两家都坚决反对，改革自然就无法推行下去，契丹人最后也只有这两家有姓。据明治维新的情况看，姓氏普遍化应该是社会平民化的一大表现。刚开始时，仅少部分人有姓氏，这是贵族社会的特征。中国在春秋战国时期从贵族社会演变为平民社会，所以春秋战国是一个很关键的时期，这也使贵族至少在姓氏方面没有什么特权可言了。

有关中国的姓氏还有这样一个传统，即在中国如果一个人没有姓，那就太奇怪了，无论是他自己还是别人都没有办法理解，所以我们按照这个原则对待一切外来人口。因此在古代，外国人来到中国必须有姓。在中古时期，即魏晋南北朝隋唐时，有一批人从外国来，被称为"昭武九姓"。安禄山、史思明就是粟特人，是中亚早期经商民族的移民。外国人当然没有中国的姓氏，但是他们进入中国以后，刚入关，中国人就要给他们起个姓。来自史国的就姓史，来自石国的就姓石，来自安国的就姓安。印度人也没有姓，来自天竺国的就姓竺。来自西域的少数民族国家，比如疏勒国，因为国王的姓的读音与裴相近，就都姓裴；来自龟兹国的都姓白。如此，我们用中国原则对待外来人口，都给他们起了中国的名字，让他们都有了中国的姓氏。于是，我们在历史研究中就会发现许多有趣的材料，例如中亚的粟特人来到中国以后就要适应中国的习惯，在户口登记时写为安姓、史姓等，但他们的名字还尽量保持原来的名字。例如石磐陀，石表明他是石国人，磐陀是佛教中的说法。中国人就按照他们国家的名称给他们起了姓，按照他们自己的名字进行汉语翻译。这种现象表明他们逐渐开始了中国化的进程。有关这个问题，日本东京大学的教授池田温先生做过粟特人来华后的演变的研究，著有《八世纪中叶敦煌的粟特人部落》一文。他就主要以名字为依据，研究粟特人是如何一步步地演变为中国人的。他考察粟特人什么时候改为中国的名字,诸如史向阳、安爱国,来说明他们什么时候中国化。总之,在古代,姓氏成为中国人影响外国,中国化外国移民的一个标志。所以,一个姓氏就有一部历史,姓氏涉及的是很重要的历史问题。

2. 谈行辈

再回到我名字中的宪字上。这个行辈字到底有什么用?当然就是用来标明辈分,用一个字标明辈分。我们现在不过家族生活了,没有大家族,都是小家庭。过去在大家族生活的时候,行辈是很重要的。

第一点,它标志着一个人在族内的地位,标志着族内的秩序。比如叔叔、伯伯一大群人,怎么分?有时叔叔比侄子年纪还小,这在大家族是常见的现象。要是按年龄排就乱套了,按行辈排绝对有助于识别,而且礼仪、等级、族内秩序也都清楚了。所以,在族内秩序的维护上,行辈具有决定性意义。

第二点,家族和外部联系也要用这种拟亲的办法。比如说有一句话,"四海之内皆兄弟"。怎么四海之内都是兄弟?不可能都是兄弟。这就是比拟或比喻。我们不是兄弟,但我们相当于兄弟。比如我说"皮老师,是好兄弟啊",这里的兄弟就是一个比拟。拟什么?拟家内或族内的关系。所以,中国古人教人行事,其实就是以家族内部的秩序进行社会教育。比如你在外面会遇到很多生人,都是你原来没见过的人,那你怎么跟人家打交道?第一就是年龄判断。比你大几岁的,你就要叫兄长,就要以兄长之礼待之。在学校里,我们是 12 级的,11 级的人比我们高一级,那就是学长,就要待之以兄长之礼。比你小的,那就是弟弟或者妹妹,就要按照在家里对待弟弟妹妹的办法对待他(她)。如果他比你大了 10 岁以上,或者比你父亲小不了多少,就要以叔叔之礼相待。总之,家里怎么办,在外边就怎么办,一般关系这样处理是完全可以的。所以,在社会上最开始就是凭初步印象,按年龄来决定彼此的关系。我们现在经常听到有人说,年轻孩子没有受过这种教育,把关系搞得很混乱。这个确实如此,有点混乱很正常。实际上,这个办法在今天还是适用的。

更深一步,仅靠年龄判断有时就不管用了。比如说,我叔叔引一个朋友来我们家。我叔叔的朋友,我怎么办?按叔叔之礼待之。如果是我弟弟领来了一个年纪大的忘年交,就得按弟弟之礼待之。就是从哪里来的跟哪里走。在这个原则上,行辈就起作用了。你到了别人家,就要懂得家礼。孔子"入太庙,每事问",到家里也要问礼,问和不问是截然不同的。比如你第一次来,见着个老太太,你就得问是叫奶奶还是叫姥姥,不能上来就先喊"阿姨"。你要先问,这就是守礼，否则就是失礼。这个礼是哪里来的？谁领你来的，你就要跟谁走。你得先搞清楚他的族内关系，就是家族内部上级下级、上一辈下一辈这种关系，然后你才能进入人家的家，才能找准自己的位置，所以辈分很重要。

有人想，这不是范围很小吗，这有什么了不起？没那么简单。我们现在不讲这个事情了，一是因为现在社会有些地方变得单纯了，小家庭取代了大家族。比如父母辈都是独生子女，哪会有什么叔叔、舅舅。好多族亲都已经简单化了，所以我们现在很难理解这些事情。但古代不同，咱们学历史的，就会发现这仍然是一个问题。比如唐玄宗叫"六郎"，"桃花面似六郎"，这里就有这个问题，为什么叫六郎？他不是老三吗，怎么成了六郎？这就是古代行第的问题。岑仲勉先生的《唐人行第录》就专门研究这个问题。这个问题有什么意义？意义大了。那时非常讲究家礼。到什么程度？比如咱们俩是朋友，那我就必须知道你父亲、你爷爷的名字叫什么，字、号都要知道。这叫什么？这叫家讳，避讳的讳。那时有国讳，皇帝的名号不能念。"李世民"不能念，要避讳，是国讳。家族里面也有家讳，到了别人家不能乱说。别人的爷爷叫"邓晓萍"，那随便说"水瓶""水瓶座"是不行的。为什么？这个"瓶"犯了别人家的家讳。到别人家就要尊重别人家的家讳，所以事先都要问好。去别人家做客，是不能随便说话的。犯讳是非常失礼的表现，相当于当众出丑。唐代的历史也记录了很多这样的故事，一个人犯讳很严重，犯了别人父亲的名讳，当着别人的面说别人父亲的字，这在古代是什么事情？相当于严重侵犯，跟当众打耳光一样，那朋友关系就崩了，这是很大的事情。所以，在家族制的时代，这些家礼都跟行第有关系，跟辈分都是联系在一起的。

想了解中国文化，其实到今天我们也要有这种意识。虽然现在没有那么清晰的家礼和规矩了，但初入社会，刚上大学，还是需要注意这个问题，因为这是中国人的礼数、中国人的规矩。虽然不一定天天挂在嘴上，但大家心里都有这么一杆若隐若现的秤。在学校对老师就相当于对长辈。当然你可以说我在家里也没有什么长辈，对我爹就跟对哥们儿一样，但是，你们家里怎么样那是你们家的事，到了社会上，就要遵守一定的社会秩序。有的人就不明白这一点。比如，你刚到单位，对领导就要尽长辈之礼。当然后来你们熟了，处成哥们儿了，那是转变了。但生人之间一般都要守礼。只要知道这是老师，尊重程度就要增加一点，不能像对兄长那样，而应像对叔叔那样。像这样的问题，都可以在历史上找到它对应的位置。对这个问题有了解、有思考，以后读到这里就心中有数了。

还是回到我的名字。我父亲给我起名时，太费劲了。一共就三个字，两个字已经规定好了，所以自由度实在太有限。想来想去，最后用了"实"字，"实在"的"实"。如果只听音、不看字，"宪""实"连起来读就是一个词，即"现实"。我们有一个词就叫"现实主义"。20世纪五六十年代讲文学，都讲文学有两个传统，一个是现实传统，一个是浪漫传统，所以就有现实主义和浪漫主义的区别。我们研究唐诗，就把诗人分为这两类，说李白是浪漫主义诗人，杜甫是现实主义诗人。我父亲是中学老师，他比较倾向于现实主义，不喜欢浪漫主义。他觉得做人要实实在在，现实主义比较好。所以，他就在有限的发挥空间里把我变成了现实主义。就是这么回事，它是一个时代的产物。现在不会这么起名了，现在人的头脑里哪还会有浪漫主义、现实主义这样的概念。但在我出生的年代，我父亲就给我这么命名了。所以，我到现在还是很老实的人，没有浪漫主义的非分之想，只有现实主义的老老实实。

3. 谈民族

我有一个更大的问题，已经成了谜，连我自己也讲不清楚，就是我的民族成分大有问题。我是黑龙江省讷河县人，要说姓氏，我姓孟，跟孟轲老前辈是一家，老家应该是山东。所以，现在孟氏家族宗亲来找我说我们是一家的。我清楚地记得，1997年我考大学填表时，我就把民族成分改了，我自己改的。那时改民族成分不犯错误。原来我一直填满族，中学时学了一点历史，就对清朝很生气，特别是近代时把中国搞成这样，所以觉得这个满族不行，满族不好，有严重的问题，就一气之下改成汉族了。这一改问题就出来了。我到底是汉族还是满族？我的家人都是满族，就我一个人变成汉族，这不是很有问题吗？这样说来，我应该还是满族。我清楚地记得是我自己改的，老师也没有异议。有什么证据可以证明我是满族？一个是我们东北那边，像黑龙江、嫩江地区满族很多。第二个是我父亲能说一些满语，比如母亲、爷爷、奶奶这种家内称呼，他有时是用满语说的。这样说来，他确实是满族。父亲是满族，那我就应该是满族，这就没有问题了，这件事就算搞清楚了。

但更大的谜团出来了，姓孟的人怎么能是满族？满族应该用叶赫那拉、爱新觉罗之类的姓氏体系。我一个姓孟的，还有严格的辈分排列，这是鲜明的山东孟家的传统，怎么变成了满族？等我意识到这件事时已经太晚了。我小时候虽然见过爷爷，但那时哪会想到问他这个问题。我上大学以后，终于意识到这一点，想向家里的老人问问这件事的前因后果，想对这个问题追根溯源，但了解情况的老人已经不在了。这不就成谜了吗？这不就成为自己身世的一个大问题了吗？所以，我只好用历史知识去尽量地理解这个问题。我想，满族肯定错不了，那原来就不应该姓孟。是满族就不应该姓孟，要真姓孟就不应该是满族，这是绝对矛盾的，所以这就成了谜团。

在东北的历史上，有这么几种情况跟我的身世有关系。一种是闯关东。原来有一部电视剧叫《闯关东》，说的就是东北，但真正的闯关东要比剧里复杂得多。满族入关之后，想保住自己的龙兴之地，实际上就是为了加强管理，所以不允许中原的汉族人到东北去开发。但我们知道一个事实，就是明朝以后中国的农业有了极大的发展，特别是耐寒作物的出现使中国的农业线往北延伸了很多。原来的农业线基本在北纬30度左右，东部就是长城线，西部以天山划分。再往中亚就是锡尔河和阿姆河流域，然后一直到伊朗，其实都有一个农牧分界线。在欧亚大陆中间，北方是牧业，南方是农业。所以，这些地区的历史背景都很像。比如说伊朗，它也修防御工事，也主要是为了防备北方的游牧民族。欧洲防范蛮族入侵，日耳曼就是蛮族，也有很多这种工事。所以，类似长城的工程，大家都做过。

这条线什么时候被突破了？就是15世纪左右，因为耐寒作物的出现。原来在东北黑龙江，我老家那地方，由于天气太冷，庄稼很难生长。现在农业发展了，就可以到东北、内蒙古自治区种地了。可是满族统治者不愿意让中原人去种地。大家怎么办？就偷着去。偷着去的人主要是山东人、河北人，包括现在的天津人，因为从这些地方有好多办法可以过去。一个是长城荒废了，没人管，可以越过长城往北走。再一个山东可以从海上进东北。这样就有很多人溜进东北去开发，去种地。开始虽然冒点风险，但种地很便宜，没有官吏管理，不用向政府纳税，种的地百分之百都是自己的。所以，很多人在那边成功了以后给这边来信，家里的亲戚朋友就都到东北开发去了。东北虽被开发出来，可是这违背了清朝的政策，于是满族统治者就进行了大规模的镇压。镇压政策一直延续到近代，在慈禧光绪时，镇压仍不断。

东北胡子，即东北土匪为什么很多？就跟闯关东有关。这是我考察的一个结果。当时清朝政府镇压所用的一个狠招是，在快秋收的时候，庄稼都长成了，可以收获了，军队就去放火，烧庄稼、烧房子。这怎么办啊？当地闯关东的人就联合起来跟政府斗，组织起来、武装起来，跟政府打游击。这就是东北胡子出现的一个重要背景。

后来政策开始缓和，有些人觉得这么镇压也不是办法，地已经开发出来了，把人赶走也不是个事儿，还不如就地入户口，然后收税、管理，对国家也是份收益。现在知道，近代以后，中国面对沙俄的压力，如果东北辽阔的地区再继续缺少居民，那么沙俄的侵略就会进一步加剧。所以，清朝政府开始改变对东北的控制，允许中原汉族人前往开发。从长时段来看，这个政策的转变有利于维护和巩固东北地区的边防。虽然放开了，但还是留下了一些尾巴，于是就有了这样的规矩：如果是汉族人，赶走；如果是满族人，可以留下。所以，一部分闯关东的人就自愿把户籍的民族成分改成了满族，有的人甚至直接改成了满族。为什么？为了生存，为了对付政府的打压。我家是不是这种情况？虽然没法证实，但也有可能，可能我们家来自山东，闯关东进来的，为了应付政府，只好改了民族成分。

第二种可能是辛亥革命以后的情况。辛亥革命之前，满族在各地都享有很多特权，但辛亥革命以后，这些特权被取消了，而且在很多地方还受到了歧视。这正如元代灭亡之后蒙古人的情况一样，进入中原的人很多，后来都没了。有的人回到了北元，但大部分人没回去，留在中原的蒙古人后来就消失了，哪里去了？一到明朝，汉族人就歧视蒙古人。蒙古人怎么办？想办法汉化，彻底汉化，名字也改了，最后就渐渐消失了。辛亥革命以后，中国各地也发生了这样的社会变迁，满族人的特权被取消，受到汉族人的歧视，他们唯一的办法就是接受汉化，于是就改了汉姓、汉名。对我家来讲，这也有可能。原来可能是个标准的满族，在辛亥革命之后只好随汉。随汉，这是一个历史名词，随了汉人。所以，我个人的这种历史之谜其实反映了另外一个问题，就是我们刚才提到的民族融合。

三、历史即记忆

1. 个人的历史

这样的问题，可能不只我一个人有，说不定各位也遇到过类似问题。这些问题加在一起就一句话，每个人都是历史的结晶。把自己身上的事情弄清楚，就是一部历史，所以这个事情有意义，这就是历史的经验。一个历史工作者应该知道，跟心理学一样，历史学的很多经验我们个人都有体会，这不是老师或书本能教授的。其实把自己家里的事情搞得很清楚，就是历史学家、家族史专家了。

我在这里奉劝大家，趁家里老辈人还在，一定回家问问自己的历史，不要像我一样，等想搞清楚的时候老人都不在了，了解家族历史的人都不在了，所以这成了谜。这样不好，为什么？对自己的历史了解得越多，历史意识就越强。历史意识是中国人的一个很好、很悠久的传统。中国人总是会想，生命是有限的，"人生不满百，常怀千岁忧"，能在有限的生命中做点永恒的事情。所以，中国古人在春秋时期就总结出人生有三不朽：太上立德，其次立功，其次立言。最好的是立德。什么叫立德？大家的基本看法是，像孔子那样，为一个民族立下伦理原则。这太了不起了，超过了所有方面，对中国人的影响就是"太上"、最高。其次是立功，即在人民苦难的时候，通过努力救民于水火之中。历代建国君王都可以说是立功者，因为他们解决了一些社会问题，这是"其次立功"。再其次是立言，其实我们作为史学工作者，立德的理想太远，立功的机会不多，大概能做到的就是立言。写过一篇文章，流传千古，写过一本书，百年以后人们还在阅读，这就是立言。你的一种说法，你的一种理论建设，可以流芳百世，超过你的自然生命，这就叫不朽。立功太难，立大功尤其难，而且也要有条件。所以，我们应该争取做到"立言"，这是最有可能的。

我以我的名字为例，其实给大家介绍了这么个问题，不要觉得历史这个东西很玄，没什么玄的，它是我们可以触摸到的经验，类似的经验我们每个人都可以获得，而且可以很容易获得。回去跟爷爷奶奶多聊聊天，跟外公外婆多说说话。他们现在就喜欢讲早年的故事，就怕没人听，而历史工作者最需要的就是这些东西，他们讲你就使劲听，你就记住，那就是你的历史。

不明白、不了解自己的历史，是人生重大缺憾之一。每个人都有自己的难题需要解决，但你知道孤儿最大的问题是什么吗？就是自身的历史问题。我们知道，每个人都一样，自己小时候的记忆其实没剩多少。比如两岁会说话，你记得吗？根本不记得。这都是你父母告诉你的，你的历史都是身边的人帮你重建的。你后来就以为这是真的，当然其中有真实的部分，也可以说就是真实的，但那并不是你靠自己的记忆确定的。你的记忆十分有限，你这辈子经历过很多事，能记住的却不多。那些你最早的经历全是父母给你复述的。当然有些父母会给孩子写日记，帮孩子把历史原原本本地记录下来，那是了不起的事情。但是孤儿呢？没人帮孤儿重述早期历史，他们没办法知道自己从前的经历，这会成为他们一生的痛苦,是他们一生想解决但真的解决不了的问题。这有多痛苦?只有他们自己知道,没法说,也说不清楚。孤儿就像患了失忆症,把记忆遗失了。其实我们也没这个记忆,但我们有亲人,有父母帮我们重建这段记忆,所以我们的人生就完整了。但孤儿却缺失了一大段,他们总觉得这辈子是不完整的。

所以,既然学了历史学专业,就要充分利用历史学专业的优长。我们要建立自己的历史档案,把自己的事情搞清楚。你们放寒假了赶快回家去多问问,多了解,看看家里还有没有什么物证,比如老照片之类的,都应该妥善保存,这都是你们历史的一部分。

2. 国家的历史

追踪自己的历史和追踪国家的历史本质上是一样的,只不过研究对象不同。建立这个国家的历史档案,要完成的其实就是这一步——恢复国家的早期记忆,我们的职业责任就相当于完成国家的大脑中关于历史记忆的那部分功能。在社会分工中,历史学家要做的就是帮助国家记住历史。我觉得,培养史学兴趣就要从自身开始,咱们设立这门课其实也是这个意思,就是通过老师们的讲述,通过大家的回应,大家一起讨论。怎么开始就成了重要问题,而最好的办法就是从自身开始。其实我们小时候都有这种历史冲动,孩子问母亲最多的问题就是"我从哪里来",死活要问清楚,这就是对自己的一个历史调查。人早期问得最多的问题就是关于自己的历史问题,那现在进历史系了,这个原始爱好一定要重新调动起来,研究自己的历史,研究身边人的历史,研究家族的历史,最后研究中国的历史、中华民族的历史,那你就成了中国大脑的一部分,专门记忆历史问题。

有人会说,个人的历史当然是很有价值的,对自己的历史不了解,就成了不完整的人。但国家的历史,不知道又能怎么样,国家还不是照样前进,经济还不是继续发展?是不是这样?其实这就像你看待失忆的人一样,你是一个记忆完好的人,你就肯定不懂失忆的人有多痛苦。

我大学毕业以后到新疆工作,在新疆师范大学当老师。新疆是一个多民族地区。英国的历史学家汤因比说过这样的话:游牧民族是没有历史的民族。什么意思?其实这句话更确切的表述大概是:游牧民族是缺乏历史记载的民族。这个问题对中国来讲有点泛,中国不同的民族可能有不同的历史感受。我接触过的一些新疆少数民族学者在这个问题上就痛苦无比。新疆的许多民族曾经有过很好的文化建设，在某些时期做出过重大历史贡献。现在他们的民族意识很强，很想构建自己民族完整的历史。但是有问题，什么问题？就是有些民族早期没有历史记录，比如回鹘人早期就没有自己的记录，或者说他们的记录没有留下来，留下来的关于回鹘的记录都是中原汉族人写的。他们现在对这些史料很有警惕性，很怀疑中原历史记载的真实性，但又苦于没有资料去推翻这种记载。虽然有关于自己的历史记录，但自己却不敢相信，而要重建自己的历史又无从建起，因为自己根本就没有关于自己的记载。这变成了什么？这变成了民族的痛苦。这不是一个人的问题。汉文史料中回鹘传里给他们做的那些记载，他们现在打了很多问号，怀疑不正确，但又没有凭据。这就是失忆。一个民族的失忆，这是大问题，真的变成了整个民族的痛苦。我看着他们那个样子，真的很难受。这就是一个人失忆的状态。别人给你讲一个你早年的故事，你怀疑这个故事的真实性，那你到底相不相信这段记忆？相信不行，不相信也不行。这让我想到成吉思汗早年的一首诗，描写当时的生命状态，就是前面一把刀子，后面一把刀子，进不得，退不得。这是《蒙古秘史》里面讲的，这就变成了民族痛苦的根源。

中国是一个富于历史记载的国家，中国的历史记载几乎是全世界最丰富的，这真的是十分宝贵的财富。讲一件事大家就能明白了，那就是敦煌浩劫。陈寅恪曾说，敦煌者，吾国学术之伤心史也。提起敦煌，中国人就觉得很伤心。1900年藏经洞被发现，1907年英国人斯坦因拿走一大批，1908年法国人伯希和拿走一大批，到1924年俄国人最后来了一趟，又拿走一大批。所以，关于中国那个时期的历史记载，那么重要的文献资料，全被人家拿走了，这对中国人来说就是很伤心的事。这些东西很值钱，跟金银首饰被人拿走一样，是一种物质损失，令人伤心。但更令人伤心的是精神损失，就相当于自己爷爷写了一本日记，结果被邻居拿走了，自己看不着，所以现在关于自己爷爷的那段历史不是自己说了算，而是邻居说了算。自己的历史由人家摆布，自己的自由就丧失了。所以，获得历史是获得什么，就是获得自由。自由很重要。史料被人拿走了，自由就被人拿走了。

当时从敦煌拿走资料的人在欧洲成了大英雄，因为从那么远的地方拿了这么宝贵的文化资料。当时一个日本和尚，叫大谷光瑞，正在英国留学，看到了这种情况，也是痛心疾首。他说日本人如果不参加到这个探险行列中，终有一天日本的问题就要由这些人说了算。为什么？因为日本是一个受佛教影响很深的国家，而中亚又有很多涉及早期佛教传播史的记录。所以，大谷光瑞就有了这样的民族觉悟，他说终有一日，日本佛教的起源问题要由西方人说了算，因为材料掌握在人家手里，人家又不给看。即使到了现在，还是有这样的问题。现在去俄罗斯看敦煌文物仍然很受限制，说给看几件就只给看几件，规定一天只能看六件。敦煌文书有的很大、有的很小，如果看六片小的，半小时就看完了，那也没有办法，受制于人。那时大谷光瑞就预见到了这一点。当时日本政府不给钱，西本愿寺就自己出钱参与到西域探险中，所以西域的很多东西流到日本去了。后来西本愿寺倾家荡产了，但为日本做了很大贡献。日本也拿了很多原始资料，我们现在到日本调查也受制于人。这相当于一个民族在某些方面丧失了自由，这就是历史问题。不做研究，可能感觉不到影响，但作为研究者就会深受影响，所以一个国家有没有资源十分重要。中国历史上有很多研究者就受过很多气，这其实是研究者代表中国在受罪。中国人应该研究英国历史，把英国人说不清楚的东西研究清楚，那才是中国强大的时候。

其实研究好中国史，这仅仅是开始。现在客观条件基本都具备，缺的就是主观努力。现在大家会感到累，但只要入了门，就会获得自由。很多历史问题正等着各位研究，希望在座的各位今后好好努力。

【问答】

学生：孟老师您在演讲中一直强调过程的重要性，但怎么平衡过程和结果？很多时候我们在过程中付出了很多，但结果却不明显，应该如何看待这种情况？

孟老师：只要有过程，就不可能没有结果。虽然可能跟最初的设想有距离，但结果总是会有的，它的意义、价值还是会有的。历史的证明也是这样，最初你会有一个预设，结果却跟你的设想不同。但这也是一种结果，实现了证伪。证伪也是有价值的，它证明这条路走不通，那么就应该换一条路。

学生：历史研究应该是大众的还是学术的？

孟老师：历史学的价值在什么地方？就在于影响社会。把真相研究出来，将它作为一个成果，然后还要把这个新知变成常识，只有大家都接受了，任务才算完成。研究历史只是历史学的一部分功能，研究出结果以后，还要有宣传和普及的过程。因为运用结论的人不一定是历史学家，可能是政治家、教育家。正如五四时期，历史学家认为中国文化是迷信的、专制的，这种观点就被普通大众接受成为常识，直到今天还深深影响着人们，这个常识就改变了整个社会。所以，宣传和普及是历史学的很重要的部分。

学生：我想请教您一个私人问题。就是一开始您是怎么走上历史学这条道路的，后来您又是怎样走上国学道路的，在此间您受到了怎么样的影响？

孟老师：一开始我最喜欢的是文学，考大学报志愿的时候，我的第一志愿是中文系。一个学校要填两个志愿，于是另一个我就写了历史系，因为历史也涉及文学。考试分数出来后，中文系不要我，于是我就进了历史系。上大学后我就整天去中文系蹭课，结果发现文学概论很难听，自己不喜欢。后来又去听哲学课，发现也很无趣，全是概念套概念。当时才觉得还是历史好，我就去看史料，也不管你讲什么。为什么觉得历史有意思了？因为我一下子就看到史料了，那是真实而自由的事情。我们研究陈独秀右倾，我就不信陈独秀浑身都是毛病，他就没有优点吗？于是我就找别扭，就去研究陈独秀的讲话、报告、文章，发现陈独秀当时发表了一篇文章，公开反对北伐。我们说后来北伐成果完全被野心家篡夺，陈独秀在北伐前就已经提出了这个问题。这样我就发现，这里边很自由，空间很开阔。人人都可以直接看史料，看二十四史，看史料的权利跟教授是一样的，在史学界，掌握了史料就掌握了权利。

至于国学的事情是到人民大学以后。其实我原来也觉得中国文化不行，受旧思想影响太深，被枷锁捆住了手脚。你们现在就不要这样。中国文化在历史上分为三期：鸦片战争前，中国人觉得中国什么都是好的，没有不好的，各方面都走在世界最前面；鸦片战争后，中国人发现自己处处不如人，就要全面否定中国文化，要全盘西化；到近些年，中国人才重新反思，中国文化真的就那么不堪吗？中国文化也有好的，只是我们过去忽视了。现在我们认为中国有中国的好，外国有外国的好，这叫各美其美。现在我们的最大任务就是找反面证据，我们需要有批判的思路，这是做学问、发现问题的一个很重要的方法。其实批判的发现是最有刺激性的，我们必须发现证据。现在的时代是最好的时代，我在这些年也改变了很多。我到国学院以后学术思想有了很多变化，我发现很多问题都要重新研究，只要用批判的方法就能研究好。当然，国学与历史学不可以断然分开，我还是上历史学的课程，论文也还是写历史学的论文，但历史学的思考是需要发展变化的，而国学概念给了我很多有益的提示。

皮庆生老师：孟老师的报告深入浅出，根据我的体会，他的话概括起来有这么几层意思：第一，历史事关每个人，研究历史可以从自身、从当下做起。

历史跟每个人的个人经历有关，每个人都有历史。如果不知道历史，那么每个人、每个社会、每个国家都是不完整的。第二，研究历史的乐趣在于过程，在研究中有发现才会有乐趣，过程决定意义。第三，获得了历史就是获得了自由，这不仅是说一个民族，也是说我们个人。其实，当下中国的很多问题也是对历史研究未透的结果。中国历史很长，我们需要做的努力还有很多。我们每个人从自身的经历也可以体会到，很多人走不出过去的历史，是因为对它理解不深。第四，孟老师告诉我们，学历史并不难，要从自己做起。谢谢！

学史的基本问题

刘家和

演讲者介绍：刘家和，北京师范大学荣誉教授，曾任匹兹堡大学、新加坡国立大学客座教授。主要研究古代希腊史、古代印度史、中国先秦秦汉史、中外古代历史文化比较以及史学理论。著有《古代中国与世界——一个古史研究者的思考》（武汉出版社，1995）、《史学、经学与思想：在世界史背景下对于中国古代历史文化的思考》（北京师范大学出版社，2005）、《史苑学步：史学与理论探研》（北京大学出版社，2019），编有《世界上古史》（吉林人民出版社，1980）、《中西古代历史、史学与理论比较研究》（北京师范大学出版社，2013）等。

皮庆生老师：今天我们有幸请来北京师范大学历史学院的刘家和先生。以往我都要给大家介绍讲课老师的情况，刘先生也是我大学本科时的老师，但今天王大庆老师也来了，刘先生是他的博士生导师，有刘先生的亲弟子在，我不敢僭越，还是请大庆老师给我们简单介绍一下刘先生。

王大庆老师：我跟从刘先生读书是十几年前的事了。刘先生有两本著作，我想有的同学可能读过。不管同学们有没有读过刘先生的文章或者书，今天的机会都非常难得，听刘先生给我们讲了史学的基本问题之后，希望课下大家有时间再去读刘先生的文章。对于刘先生的学术成就，在这里我就不必一一介绍了，从学问上讲，刘先生学贯中西，尤其对中学和西学的会通有很深的思考与心得。今天天气很冷，我很感谢刘先生能到我们这里来。我觉得大家非常幸运，今天有机会聆听刘先生的讲座。

刘家和老师：皮老师、王老师、各位同学，下午好！其实我要给大家讲的，没有太多深奥的东西。我觉得可能由于我年龄的关系，他们称我是老师，从年龄上讲，我比他们要大多了，辈分上确实是这样的。与诸位同学，年龄差别就更大了。当然,换个角度说,年龄上我也是个"80后"。所以,我愿意见诸位,跟诸位谈谈心。我会提些问题,来帮助同学们思考如何入门史学,然后也欢迎同学们和我交流,多给我提问题,这个场合非常适合提问题。

一、学术定位

诸位是大学一年级的学生,一个学期快结束了,不知道大家对自己学术所处的位置有没有思考过。其实,我们每个人都应该思考这个问题,这就是我今天要讲的第一个问题,学术定位问题。从前,我去国内一些不熟悉的地方开会,我认路不行,总买份地图。我发现这些地图对我用处并不太大,因为首先我不知道自己在哪儿,看了半天还是很茫然。后来我到宾馆,发现宾馆门上都有饭店所在地,我觉得这很好。到国外,情况更不熟了,如果经常让朋友带我,也不方便。周末出去办事,就坐公交车,但也需要问路,从哪儿到哪儿,再到哪儿,不过这些地名我都不知道。但每个汽车站都免费发个条,它告诉你所在地在哪儿,要到哪儿。然后,在报站的时候,我心里就清楚了。从中我懂得了一点,人生要定位,学术也是一样。那么,诸位的定位是什么?这个问题是值得思考的。

直观地看,诸位原来是高中生,现在是大学生,这是一个相当重要的转换点。中学以前是小学,小学也学一些历史故事。中学教科书里也有历史。但现在诸位到了大学,又学历史学专业,那么,大学学的历史跟以前学的历史是什么关系,跟以后要走的路是什么关系?我不知道诸位有没有想过这个问题。我们都知道,高中以前讲的基本上还是常识。现在诸位进入历史系,就变了,历史不再是常识,历史是专业,诸位感觉到中间的重大变化了吗?选了这个专业,就是一个新阶段的开始。到大学学历史,怎么进这个门?小学、初中学的历史是零散的、不完整的,高中就逐渐完整起来了。小学学历史,是不是有当故事学的情况?小学学的是"小故事",中学学的是"中故事",那大学学的历史是否就是把故事讲详细了,成了"大故事"?硕士研究生、博士研究生阶段学的历史是什么?是不是就成了"老故事"?

人生有人生定位问题,其实学术也有定位问题,两者有什么不一样?就好像是一个底片,小学2寸,中学4寸,大学8寸,硕士生再放大,博士生还要再放大。是不是把书越写越厚,教材越读越厚,就叫大学?不是这样。这个转变是什么？曾经我们把历史当常识，现在是把历史当专业知识。常识跟专业知识比，像清凉油，有点头晕，抹一点清凉油，什么时候都很管用。专业知识就不再是清凉油了，而像我口袋里放的硝酸甘油。我没发过心脏病，但我的年龄在这儿，心脏病是有可能发作的。不过不要紧，我书包里就有硝酸甘油，含一片就解决问题了。现在是要学一个专业，终生要用这个工具来为中国文化建设出一份力。解决的问题不一样，所以这不是同一张底片从2寸、4寸、8寸不断放大，它的质量是要变的。那么，现在的问题是，怎么样才能完成这个从量变到质变的转换？

二、基础知识与前沿问题之间的张力

第二个问题，我们讲基础知识与前沿问题之间的张力。不知道同学们习不习惯用"张力"这个词？英文就是 tension，tension 是什么意思？大家都知道，拔河比赛，一根绳，一边一群人，各往自己那边拉。把中点拉过了一定距离，就分出了胜负。在这种情况下，甲方跟乙方之间有个离心力，这力量是相反的。但中间有很结实的绳子，拉得紧绷绷的，不让断裂，有个向心力。有同学在学乐器，这个琴弦是要调的，稍微一拧，调子就不一样。我为什么要讲这个？就是要说明，基础知识是必要的，前沿知识也是必要的。诸位要把历史从普通常识变为专业知识，首先就要实现这个质变。如果说中学学历史，讲赤壁之战，只要把故事说一遍就可以了，说得详细一点，说得完整一点。这是一个相片的底片，现在要开始改变。改变在哪儿？讲赤壁之战，根据什么？比如，什么材料可以让我们知道赤壁之战？材料很多，《资治通鉴》里写得确实很精彩，但《资治通鉴》能不能作为根据？不行。为什么？因为司马光距三国时期太远，他掌握的不可能是第一手资料。根据也不是《三国演义》，而是《三国志》，光看《三国志》够不够？不够，还要看《三国志》的注，比如裴松之的《三国志注》。《三国志》这本书讲得很简练，演义不起来。古代书籍注释有多种方法，基本上都是对文字和音韵的解释，先秦两汉的史书注释都是这样。裴松之的《三国志注》不是这样。从三国时期到裴松之生活的时代，要经过魏晋，当时有很多资料流传下来，很多民间传说、野史，裴松之把这些东西都写到《三国志注》里面，注里有很多细节场面。假如毕业论文写赤壁之战，裴松之的注讲了多少，大家可以看一下。

大家都知道讲历史会讲空城计。《三国志》里没有空城计，空城计是真的还是假的？《三国演义》里有空城计，但《三国志》里没说。这件事发生在诸葛亮六出祁山，要北伐，帮助蜀汉恢复汉朝统治，灭掉曹魏的时候。《三国志》里没讲，那空城计有没有来源？有。在哪儿？在《三国志注》的注里。《三国志注》的注里讲到空城计的时候，有一段材料是这么说的：空城计有两个主角，一个是诸葛亮，一个是司马懿。当时有人对司马懿的儿子说起过这件事。说得有鼻子有眼，司马懿的儿子叫什么，《三国志注》的注里都有考证。裴松之把这件事引出来以后，又举出几条理由，说这是不可靠的。我说这件事，不是鼓励大家做《三国志》研究，我也不做三国史研究，就是因为喜欢看各种书，小时候看过《三国演义》，总想弄个究竟，看看这个，会发现很多问题。裴松之讲，空城计中诸葛亮所面对的根本就不是司马懿，理由之一是：当时司马懿不在主战场关中。曹魏从曹操起就不相信司马懿，司马懿很会装蒜，装得非常乖巧，可曹操不放心他，所以真正跟诸葛亮对阵的是曹真。那么主角司马懿在哪儿？在荆州。后来曹真死了，才把司马懿调到关中，所以这件事看来不存在。

诸位要想，就像这样一件小事，要知道问题在哪里，就要有分析问题的能力。不是别人讲什么就听什么，就信什么。首先要能提出问题，如果不能提出问题，那就很难学好历史。所以，基础知识要跟前沿问题对立起来。培根有句名言——"知识就是力量"，有没有道理，知识是不是力量？知识就是知识，知识就在人们头脑里，怎么变为力量了？这是可以思考的。知识只有在被用来回答、解决问题的时候，只有在跟问题相对的时候，才从潜在的力量变为实际的、有效的力量。没有问题的挑战，知识是无用的、是死的。所以，上大学就要考虑这个问题：我们有没有前沿问题？

我觉得上大学的一个重要标准就是要有问题意识。从历史常识来看，学习历史学专业，首先要有自觉的问题意识。一切学问都从问题开始，许多著名学者都讲过这个问题。中国人把"学""问"这两个字放在一起，真的很好，要学要问，学就要问，问就要学，并在一起就是"学问"，从来都是这样。南宋的朱熹把学问能不能问，把将来的前途如何阐述得比较清楚。朱熹一辈子教书，他的学生把他的话集合成一本语录叫《朱子语类》，这本书有三卷是讲做学问和读书的，非常值得看，其中一篇讲的就是必须要会问。清代大学者戴震，他读书时必读四书，就是《大学》《中庸》《论语》《孟子》，我小时候也读这些书。那时读这些书是连序也要背的。我还记得其中的一句："子程子曰：'《大学》，孔氏之遗书，而初学入德之门也。'"（《大学章句》）戴震问他的老师：不是说《大学》是孔子的遗言吗，为什么又是"子程子曰"？实际上这是朱熹的注。老师便回答他，这是朱熹替孔子注写的。戴震提出质疑：朱熹距离《大学》成书时有多远？老师回答千年以上。戴震又问：那千年以上怎么知道孔子说的话呢？这是戴震年轻时的一个故事，告诉我们要敢于质疑。可是有几个读《大学》的人会质疑呢？大家都觉得《大学》中的内容就是孔子说的话。我讲这个例子，是告诉大家要善于提问题。

西方18世纪盛行理性主义，其中一位著名自然科学家叫笛卡儿。他提出一切都要经过自己的怀疑。那么，要怀疑到什么程度？怀疑到找得到的出发点，怀疑到不能怀疑的地步。笛卡儿觉得最不能怀疑的就是"我在怀疑"这个事实。"我正在怀疑中"，这就是"我正在思考中"，"我在怀疑"的"我"这个主体是存在的，所以出现了一个口号"我思故我在"。这是一种很彻底的怀疑精神。但笛卡儿这句话也有问题，我们另外再说。所以，强烈的问题意识对诸位来说是非常重要的。

我想和诸位说，很多年以后，可能到我也去世了被人遗忘的时候，我们每个人都会有自己的成就，但每个人成就的差别会很大，成就最突出的一定是最会提问题的。当然，提问题并不是空想，凭空提问题是不行的。要提出前沿问题，提的问题不是前沿问题等于没有提。所以，提问题要形成张力，就像拔河，不竭尽全力怎能赢得比赛？所以，一定要接近前沿。

怎样才能提出前沿问题？第一步是根据现有问题，了解别人讨论到什么程度。这点说起来容易，其实不然。像研究世界古代史，要达到西方的前沿谈何容易，并不是想到前沿就能到前沿，有很多条件限制着，所以存在张力。想要真正达到前沿，基础知识必须很扎实，哪一点不具备，哪一点就限制达到前沿。就像前面街区失火了，要赶去救火，只要有哪个路口过不去，就救不成火。所以，达到前沿，需要各种各样的知识。比如在外国史问题上，掌握多少种语言，掌握到什么程度就非常关键；研究中国史也需要多方面的知识，古文就必须非常好。要提出前沿问题，非常不容易。

第二步是虚心学习。追寻前人的脚步很重要。进入高等学校学习，这是学习基础知识的一个中介，学习研究刚刚开始，就像小孩学步，必须学得扎实。不仅要学习历史经验，还要思考是怎么在问题上达到前沿的，这就要注意学习史学史、学术史。在学习、研究的道路上会遇到各种各样的问题，要跟着前人的步伐学习。诸位虽然现在是大学生，但在学术上才刚刚起步。那大学学习的目标就是学前人走过的路吗？不是。真正的目标是在已有的基础上发现新的问题，把问题提得更前沿。不可能达到前沿就到头了，学术研究工作总是后代超过前代。我们要做的是回答前人的问题，但在回答前人问题的时候千万不要骄傲，因为在回答问题的同时必然会犯新的错误，会留下新的问题。柏拉图回答了古希腊哲学史上的好多问题，他到了前沿，其思想的深刻程度是惊人的。但他留下的问题也是惊人的，他的错误深刻到2 000多年以后也还要反思，所以错误不是也很有价值吗？优秀的学者有两个共性：第一是回答前人的问题，第二是留下新的问题。不要怕犯错误，要错得有深度。因为虽然错了，但他人可以在新的高度、新的深度上纠正错误，一代一代学人就是这样前进着。康德也是一位在回答前人问题上做出巨大贡献的哲学家，同时他所留问题的价值也是巨大的，很多问题到今天还没被解决。问题不会终止。如果能一直保持这种张力，就能在学术生命上保持活力。学术生命和人的生物生命不一样，生物生命会衰老，但学术生命可以永远年轻。这就在于保持基础知识与前沿问题之间的张力。哪天没有了张力，学术生命就衰老了。我作为一个老年人，深深地有着这种警惕。人很容易衰老，我看到诸位时还能很清楚地想起青年时期的自己。

在学术上只要保持基础知识与前沿问题之间的张力，就能永远保持在前沿。最好的状态就像《长恨歌》里的名句描绘的——"上穷碧落下黄泉"。当然，这里不是取它的原意，《长恨歌》里的完整表述是"上穷碧落下黄泉，两处茫茫皆不见"，讲唐玄宗因失去杨贵妃而很失落。我们要在基础知识与前沿问题之间的张力上"上穷碧落下黄泉"：一方面往基础知识这个低处伸，另一方面往前沿问题这个高处伸。有些大树很古老，但依然枝叶茂盛，生命力极强。为什么？因为树在生长的时候，一定是树干在长，树根也在长。一旦上面不再发展，下面的根也就不再生长。这是一个道理。所以，提醒大家，要把基础知识与前沿问题好好结合起来，以免到了老的时候懊悔。记得小时候读过一个故事，有个人在窗前注视风景，忽然感觉年华都白过了，感叹很多，结果一觉醒来发现自己没老，还是个青年，这是在梦里变老了。他感觉自己非常幸运，应该好好珍惜青春。这虽然是个文学作品，但却告诉我们要珍惜青春，不要到老了的时候懊悔。

三、微观与宏观的关系

现在讲第三个问题，微观与宏观的关系问题。这个问题和前面两个问题的关系很密切。现在诸位是大学一年级学生，可能还没有想这个问题，但过了一两年到写毕业论文时就应该会思考这个问题了。毕业论文，越早思考、越早动手准备越好。当然不是现在大一阶段就开始写，而是要从现在开始有意识地做准备。这跟基础知识与前沿问题的关系一样。既要题目有意义，也要保证自己能做到。一定要多看前人的著作，从这些著作中寻找新的问题，不要自己空想。当年我的很多同学跑到北京来找材料，写论文，非常辛苦。其实在选题时就应该考虑到这些，诸如问题讨论到什么程度，需要什么材料。

大家注意，论文的选题是问题，是确定研究对象，而不是确定研究范围。它一定是回答问题的。严格来说，确定的研究范围不能叫论文的问题。当然可以确定范围，比如中国古代史、中国现代史，但论文选题一定是问题。确定一个范围然后罗列材料的论文肯定不好。现在经常讲论文要创新，要填补前人的空白，于是有人找前人没有研究的边角问题去做。我不敢说这没有意义，但我敢说这没有多大意义。边角问题过去为什么没人做？像挖煤，大部分的煤被采完了，但还有一些边角煤没被采。当然可以采这些煤，但这些被人废弃的煤又有多少价值？这样的问题做出来，顶多填补小型的空白。问题的研究是一个系列、一个进程。大学的本科论文要从大问题、重要问题入手。重要问题能别开生面。大问题进去后还有副问题可以做，而且这对你们将来整个学术体系的形成具有很大的意义。研究边角小问题对将来的学术没有什么意义。

但并不是说就不要微观，微观非常重要。我们要非常微观，微观要和深度结合在一起。微观是什么？题目可大可小，但可以在微观中把深度做上去。所以，微观依靠的是各种有深度的知识。比如，要研究中国古代史，就要熟悉中国的古文，就要有文字学上的功夫。中国的史书很多，大家都读《尚书》《诗经》，王国维先生也说这些书他也不能全懂，其实现在没有一个人敢说全懂。问题很多，前人的解释也很多。那么，现在大家写文章的时候都引用《尚书》《诗经》，此时就有引用是否恰当的问题。所以，必须要有自己的判断，即使引用别人的说法，也要知道为什么取这个说法而不取另外的说法。要有这个想法，不是随便选哪家都行。能力不够时要知道，自己选他人的说法是有理由的。这需要微观的语言学能力。诸位不要以为《尚书》《诗经》难读，《史记》就好读了。我倒总觉得《史记》里问题很多。只要钻研下去，就一定会发现问题。前人的解释问题很多，而且解释是不同的，有很多分歧，怎么看？知道别人的理解是错误的，知道正确的理解应该是什么，知道对问题应该怎么看，这就是微观功夫。研究外国史，如果外文不通，很多时候就研究不了。不懂哪国的文化，哪国的历史就研究不了。所以，微观很重要。

宏观是一种逻辑思维能力。这是中国人比较忽视的。我们一般都认为，只要思路清晰，讲出来的话有逻辑就行。其实不是这样。不是说国人在这方面不好，但的确有些毛病。诸位觉得"颠倒是非"和"混淆黑白"的意思一样吗？我举个例子来说明逻辑的重要性。煤球是黑的，说煤球是白的，不就是颠倒是非、混淆黑白吗？不，这是混淆黑白，但不是颠倒是非。逻辑上分得很清楚。问题出在哪里？当一个同学说煤球是黑的而另一个同学说煤球是白的时候，你们让我做裁判，我在煤球里掺进很多石灰，把煤球弄成灰色，然后说你们都错了。我要是再加点颜料，煤球还可以是红的、黄的。所以，两位同学说的话不可能同真，倒可能同假。但一人说煤球是黑的，另一人说煤球不是黑的，这和说煤球是白的就有区别。黑和不黑之间的关系叫矛盾，黑和白之间的关系叫差异，这两种关系是不同的。黑和白不可能同真，但可能同假。黑和不黑不可能同真，也不可能同假；一个对另一个就错，反之亦然。所以，一个说是，一个说不是，这叫颠倒是非。

所以，"颠倒是非"和"混淆黑白"不是同一个概念。逻辑学有三个定律：同一律，A 是 A；矛盾律，A 是 A 就不能不是 A；排中律，A 不能既是 A 又不是 A。中国人就想：A 是 A，废话；A 是 A 就不能不是 A，废话；A 不能既是 A 又不是 A，又是废话！所以，逻辑的三个定律是一句废话说了三次才说完，中国人就觉得有毛病。但要解决这些问题，要有严格的逻辑训练。

宏观思维一定要有逻辑。微观和宏观之间是一种张力关系，刚才说的基础知识和前沿问题之间也是一种张力关系。为什么说选一个小问题做、填补空白是不可取的？因为这与对宏观问题的思考不发生张力关系。找别人从没做过的问题，把材料一找，没有宏观思考，就肯定不是在学术大路上。要走在学术大路上，旁边的支道就都要弄清楚。要学习邮递员，在北京、上海这种大城市，没有投递全市的邮递员，只有投递某个区的邮递员。对一个区有几个胡同、要拐几个弯都熟悉，这是微观；但也一定知道这个区和哪几条干线连在一起，对东西南北、经线纬线都很清楚。一个掌握大局但不知道具体地址的人,是没办法进行投递的,所以没有微观是不行的。

有微观、没有宏观也是不行的。宏观问题使人站得高,站得高,就能看得全;对微观问题的研究,是宏观问题里的一部分。什么样的研究是好的?研究一个问题,不断深入,第二个问题就能连上来,第三个问题也连上来,第四个也连上来,第五个问题也连上来,它们是内在相关的。研究完这五个问题以后,就会有一个总的、宏观的观察,这时就成系统了,得出的研究成果就叫专著。现在大多把一本书叫"专著",写出多少万字叫"专著"?其实很容易。史料是现成的,把它们列举出来,然后加点评论、分析,谈点自己的看法,就写出一部专著了,是不是太廉价了?这样的"专著"如果太多,恐怕对学术研究不利。大家正处在从学习基础知识转到学习专业知识的过程中,一定要考虑以下问题:自己准备做哪方面的研究,断代史、专门史方面的,还是国别史方面的?假如要做国别史方面的研究,又准备研究国别史的哪几个问题,是研究经济史的问题、社会史的问题,还是研究哲学史的问题?一定要弄清楚它们之间的大致关系。第一步为第二步做准备。从现在起就一定要有这样的意识!

学习历史要多做笔记。倒不是主张用一张张卡片记材料,卡片可以做,但更多是把思考的问题记下来。思考的问题的总的结构是什么,自己对这个问题的解释怎么看?这个问题有没有老前辈讲过,如果有,老前辈讲的意思是什么?头脑里有这个意识和没这个意识是不一样的。若头脑里有宏观意识,就能把材料的方方面面都看得清楚明了。那么,写文章的时候,心里就明白还有第二、第三等方面的材料。做第一篇文章的时候,第二篇文章实际上准备了一半,没有一半也是三分之一以上,第二篇文章做出来,第三篇文章也像这样,源源而出。这是一个很好的现象。

现在微观研究似乎不成问题。现在写一篇很漂亮的文章似乎很容易,还可以让材料很充分。为什么?有电脑,有数据库啊!搜索一下,所有的东西都出来了。所以,今天一个年轻人可以写出我们那个时代一个大学者都想象不到的东西。但你们知道这些是微观的东西吗?电脑能够代替人脑吗?我相信电脑有一天会在某种程度上代替人脑。不过,这一天的到来就是人的没落。给诸位说个简单的道理,电脑是人造出来的,而不是人是电脑造出来的。

为什么说用电脑搜集材料不行?第一,电脑搜集的材料脱离了上下文,割断了材料和周围的联系。上下文就是语境,脱离了语境,就很容易断章取义。

所以，人在思考的时候就知道这个材料不适合。打个比方，要做一道菜，怎样才能做好？对用料的考虑必须周密，从动物身上取哪一部分都要考虑最好的配合。用电脑搜集材料的结果是什么？这就好比从猪身上割一块肉、从牛身上割一块肉、从羊身上割一块肉、从鱼身上割一块肉、从鸡身上割一块肉、从鸭身上割一块肉，放在一起一锅烩。可以用电脑做助手，但用电脑查出材料后一定要查看原书。第二，实际上电脑并不能查出研究所要的材料，研究所要的材料是有层次的，电脑上查出的材料却都是同一层面的，不能告诉研究者材料背后的材料。所以，要掌握微观的东西，就要弄清楚材料的结构，找到材料背后的材料。

怎么样才能看到材料背后的材料？从高处看。要看得全面，就一定要从高处看。站在地面上看，只能看到某个小区、胡同里的景象；站在高楼上看，就能看得更远、更广。如果坐在飞机上看，那就能把整个北京收入眼底。所以，孔子说："登东山而小鲁，登泰山而小天下。"站的高度不同，看到的景物就不同。没有宏观，不从高处看，仅从细处看是不完备的。所以，宏观和微观的关系非常重要。

四、时间与效率的关系

现在讲第四个问题，时间与效率的关系。我估计同学们会问：为什么会提出这个问题？我以前在讲演中也遇到同学给我提这个问题，同学说："您讲的这些东西，我时间有限，您让我搞中国史，我古文念好就已经不容易了，您还要我学外语。如果是学外国史，外语学下来也就不容易了，您还要我读古文。两头忙，怎么办啊？"这的确是个问题。还有人问我："您怎么有时间做完中国史还做外国史，这个时间是哪里来的？"诸位可能觉得我刚才说的那些话都是坐着说话不腰疼。我不敢说有经验，其实我失败的教训太多了。但我告诉大家，这是可以做到的。

我为什么要说时间与效率的关系？上帝很公平，给每个人的一天都是24小时，每小时都是60分钟，每分钟都是60秒，无论男女老幼都是如此，多一分一秒都没有。这些时间是不动摇的。而且，时间总是有限的，这个限度是现实的，不应当让年轻人为了学习和研究而把身体弄垮了。但是我今天讲一个大家以前可能没有想过的问题：可以延长相对时间。刚才那个是绝对时间。什么叫相对时间？相对时间是加上效率来考虑的。我们知道一个起码的数学问题，可能小学就学过，完成工作总量需要时间，还需要效率。如果工作总量是一定的，那么效率和时间成反比。效率越高，所需要的时间越少。这是有现实意义的。我打个比方，一卷《资治通鉴》，假如古文不好，基础知识也不好，人名、地名都不熟悉，每天看两小时就头晕了，可能要看五天才能看完。每次抄一点卡片，记在哪一章哪一节哪一目，断断续续地抄卡片，效率是很低的，根本就来不及思考问题。

那么，现在我再说另外一个问题，别人怎么读书的问题。有人问我是怎么知道别人怎么读书的，我是看出来的。大家不妨看看王夫之的《读通鉴论》，我不可能看到王夫之是怎么读《资治通鉴》的，但我可以知道王夫之读《资治通鉴》是一气呵成的，一遍很快就读完了。因为他对前文的记忆能很快地保留在脑子里，所以他在一小时或两小时内就能看完一卷，边看边把问题掌握得十分清楚，很快就将主要问题找出来了，然后一个星期文章就写出来了。而我们呢？是五个星期看一卷，看了后面忘了前面，这样怎么可能写出文章？因此，可知王夫之读《资治通鉴》是一遍看过，如流水一般，所以他的思维才会那么活跃，他的文章才会那么有深度。梁启超也是一样。不快就无法把握问题。所以，读书实际上是能力问题。提高效率后，相对时间就延长了。清末民初有个文人，叫刘师培，虽然名声不好，是个反革命，帮过袁世凯当皇帝，但蔡元培还是请他到北京大学当老师，死时 36 岁。我 72 岁给学生讲课提到他时说："我已经 72 岁了，是 36 的两倍，惭愧的是我的学问还不如他。"这就是因为他读书极快。因此，要提高效率就必须提高读书的速度。

怎么才能提高效率？我先问下大家，你们认为怎么才能提高效率？有人说集中注意力，有人说基本功扎实，这些回答都很好，我最怕的回答就是聪明，问别人为什么学得好，便说是因为别人聪明。一般人都认为聪明就能速度快，所以就相当于把时间给延长了。我是个"笨人"，我知道在座的诸位都比我聪明，但我希望你们都把自己看作"笨人"。提高速度很简单，看得快一点，有问题脑筋多动一点，但这样的聪明和速度靠得住吗？读书速度很快，大概意思知道，重要内容抄下来，这并不是真读书，这样读书是不能提高效率的，读得越多会发现自己越困惑，研究上难以为继。

我宁愿用笨办法读书。我问一下大家查过字典吗；是怎么查字典的，是不是遇到不会的字就拿出来翻一下，知道它是什么意思，多种意思中的挑一种符合语境的就算说通了，有认真的同学还拿笔画一下，就算查过了。你们觉得你们真认识了这个字吗？其实不是。我告诉大家一个查字典的笨办法，查中外文字典都一样。查一本字典，你会不会想要弄明白一个字的小篆是什么，金文是什么，古音是什么，基本意思是什么，引申意义是什么，第一层含义是什么，第二层含义是什么，第三层含义是什么，假借意思是什么？这样查字典用处很大。说个例子，有一次我从北京坐火车出差，车上遇到一位先生，他要去郑州，但他把"郑州"念成了"邓州"，于是我说他应该是江西人，他很诧异，问我为什么知道。我为什么知道？因为我知道"邓州"是"郑州"的古音，现在江西人还保持着古代发音。我怎么知道"郑州"的古音？因为清代有人考据过，古人都是大舌头，邓、郑不分。我怎么知道古人是大舌头？因为"郑"的繁体字为"鄭"，右边的部首是个邑字，表示城市，左边是"奠"字，"奠"字是把酒坛子放在架子上所以叫奠，"郑"从"奠"音，所以念"奠"。如果记住这些，这个字还能遗忘吗？再举个例子，英文中的 dictionary（字典），它的词根"dict"怎么来的？我查出来"dict"是"说"的意思。英语中有很多单词，像 dictator（独裁者）、dictation（听写），都以"dict"为字头，所以，只有一个人说话，其他人不准说，就是"独裁者"，听别人说着写就是"听写"。这样就可以把很多字串起来，学习就会很轻松；这样就能很快把握一个字，追根寻源，所有意思都搞清楚了。

这样查字典最少要 5 分钟，有时我要查 15 分钟。这样记忆单词不是孤零零的，而是掌握了单词的整体意思。这样把握历史是活的，也是很难遗忘的。我自己不是说不忘，我也忘，长期不学，我的俄文已经忘了很多，但没有忘得捞不起来，我就靠这个。这是个笨办法，但笨办法的效果很好。你们比我年轻，精力更好，以后会比我更有成就。有人认为这样就没办法学第二门语言，但实际上很多语言是相近的，同一个语系很快就能掌握。就像学俄语，俄语形式上虽然与英语不同，其实非常相近。用我这种办法学文字虽然开头很慢，但后来会越来越快。就像我刚才讲的例子，为什么"郑"这个字古音读"邓"，音是怎么来的？"奠"字旁边加一个"邑"字表示城市，"奠"字为什么这么写？这样问下去，很多内容都通了。这样的话，到那时学习速度就是真正的快了。快很重要，速度不快思维就跟不上。就像王夫之的例子，我从他的思维就知道他读书一定很快。所以，只有拥有高速度，才能拥有高效率，一天顶十天。因此，宁可相信笨，也不要相信聪明。就像我学数学，从来不背公式，我都是靠逻辑推出公式来。举个例子，问各位一个中学的数学问题：a 的 0 次方是多少？能回答出来很好，但能证明出来更好。答案是 1，为什么？因为 a 的 n 次方除以 a 的 n 次方等于 1。这样，你对它的理解就上升了一个层次，不像有的人觉得是因为教材规定它为 1。学逻辑最怕自作聪明，我以前的逻辑老师是一位哲学和逻辑学大家，我们以为他聪明极了，但老师却告诉我们他如何"笨"。学历史一定要严格按照学术标准去做，不投机取巧，才能拥有真正的理解，学历史不需要灵机一动。我认为小聪明不是真正的聪明，真正的智慧是在对无知、对愚昧的否定中产生的。我们要勇敢地承认自己的愚昧无知，这样才能保持谦虚的心态，才能在智慧的大路上越走越远。

诸位，我已经这么大年纪了，可能也快僵化了，如果有一天你们看到我不能听别人的批评，不能尊重别人的意见，或者认为自己说的都是对的，拜托招呼一声，我也就别干了，说明我不行了。我讲这话是告诉在座的诸位，实际上人类只有不断地否定自己的愚昧无知，才能不断前进。如果每个人都能这样，那就说明我们还在学术道路上继续前进。今天给诸位提供的东西，是很感性的、很表面的、很容易想到的，供诸位参考，请诸位批评、提问题，谢谢！

【问答】

皮老师：今天刘先生给咱们做了一堂十分精彩的讲座。刘先生特别谦虚，其实刘先生懂多国语言，而且是国内比较少见的能够做中西比较研究的学者之一，也是真的中西会通，对中国古代的文献、文字以及西方的多国语言都有十分深入的了解。今天刘先生给咱们讲了一些很重要的想法，跟大家分享，我自己听了之后既受启发，也很感动，感觉回去得好好读书，得下"笨"功夫，聪明是不可靠的，而要靠努力，我想有几点特别值得注意：

第一，提高效率极其重要。我相信有天赋异禀的人，但大部分人还是一般人，还是要靠那种"笨"功夫，下苦功夫。刘先生讲的这个道理对同学很有针对性，今后学英语会学得更好，当然也包括我的文选课，刘先生告诉大家要勤查字典，要查王力先生的《古汉语字典》，或者查《汉语大字典》，从小篆开始查起，甚至还可以查查甲骨文。

第二，刘先生给我们一个很重要的启示，能走多远，能飞多高，关键在于根扎得多深，面有多宽。如果要想走得远，飞得高，就一定要把根扎得深，就一定要面宽。历史学本来就是一门综合性特别强的学科，所以一定要把基础知识夯实、夯牢，各门学科的知识都要做得十分细致与精细，把书读透。

　　第三，当然，今天对我个人来讲，刘先生给我的最大启示是一定要有问题意识。我们要学习前人如何提出问题，如何解答问题，以及了解他们留下了什么问题。我们要做的就是通过学习，回答前人留下的问题，并且为后人留下一些问题，这就是刘先生所说的学术定位。我们在学术上的位置是什么？我想就是一个中间的位置。我们的学习要有问题意识，光有知识，有再多的细节，其实意义不是那么大；做再多的卡片，如果没有问题，意义也不大。这是我觉得最受益的地方。因为我也做卡片，往往是材料不少但问题不多。事实上这些材料很可能变成废料，要把这些材料变成宝藏，就一定要有问题。这样，我们才能在人类的知识脉络中占有一席之地，为中国文化走向世界做出贡献。我的体会肯定十分肤浅，请刘先生多批评指正。现在给大家一点时间提问。

　　金晟：老师，我的问题有一点出格，我是想问一下尊敬的刘先生，您平时在空闲时有什么兴趣爱好，您有时间的时候喜欢做些什么事情让自己放松？

　　刘先生：你的问题看似挺另类，其实你很会提问题，如果直接提问题的话，那就可以直接简单地回答，而你这叫"旁敲侧击"。

　　语言文字功夫在很大程度上靠的是零碎时间，因为在查字典之后，很容易在很短的时间内就忘了，我有时没记住，就忘了。看书时总来不及查，就要拿个笔记本，把某个字或词记录下来。我可以向诸位报告，我现在每天必查中外文字典多次，没有一天不查，查都必然像我前面讲的那么查，我觉得这是一种享受。

　　我还有个毛病，睡觉不好，从年轻时起就失眠吃安眠药，所以养成了睡觉看书的习惯，要看完书再睡觉。看什么书？两种书，一种是字典，看字典，过去睡午觉时就是这样，一本一本字典、小词典在手里，看一看，觉得是重点的就用线画下来，画着画着就睡着了，我大概就是这样看的。从前有那种苏联出版的英俄小字典，一边是英文，另一边是俄文，有用英文解释俄文的，也有用俄文解释英文的，我看看这边，又看看那边。我看俄德字典也是这样，比较一下这边是什么，那边又是什么，它们之间有什么关系。其实，这是在找语言与语言之间的关系。

　　另一种是数学书、逻辑书，其实看数学书挺有意思的。也许诸位听了会说这老头发疯了，你们也许会认为数学对于学习历史没有什么重要意义，实际上并不是这样。数学思考是一种逻辑思考，是一种很重要的思考方式。跟诸位说实话，从 2010 年开始，我发现我的数理逻辑和数学基础不行，当时我觉得实在不行，还是得学一点数理逻辑。为什么？因为对于有的问题不能解决。到现在为止，我人是很衰老了，头发又白又秃，口齿笨拙，咬字不清，但我考虑问题是有条有理的，大体上还清楚。刚才那个 a 的 0 次方问题，你们都说是有条件的，但没说这个得数是什么。要是先说得数是什么，然后说是有条件的，就更具体、更清楚了，这个次序应该重视。a 的 0 次方在一般情况下等于 1，在特殊情况下有特殊得数 0，在这样的情况下，有很多道理可讲。表面上看，学历史是靠经验的，不用逻辑思考，但其实没有一个东西是不用逻辑思考的。刚才我讲到的"颠倒是非、混淆黑白"，就是这样的情况。

有时我真的累得不行了，累得不能动弹了，也会听音乐。听西洋音乐，有时听听还很动情，其实这样不好。所以，有时我还会傻玩一会儿。我玩儿的是什么？那种高级的玩意儿我不会，就玩一玩自己力所能及的"接龙"游戏，这是最简单不过的。我就这样玩儿一会儿就去睡觉，这是我最后做的最简单、最无意义的事。因为实在无计可施了，安眠药也吃了，但不管用，就再来点儿这个，来点儿傻瓜玩的，这就是我对你提出的这个问题的回答。

邝文彬：我想借着今天难得的宝贵机会请教刘先生，您作为一个学术上的前辈、生活上的长者，对于我们这些后生，有什么要求？对于我们这些将来想要搞学术研究的人，以您的标准来看，对我们有什么要求？或者您觉得我们应该怎么办？谢谢刘先生。

刘老师：现在的中国文化呈弱势，与西方文化比起来还有相当的差距，我们最缺少的就是创新、真正的创新。现在很容易讲创新，上级一提创新，下级就会弄出来大批东西。能创新当然好，但真正的创新非常困难。我们要有真的创新意识，真的创新意识是什么？我们要知道自己所面临的挑战，以及中国文化所面临的挑战。我们要争取达到世界第一，这是我们的理想，是一定要有的，没有这种理想，我们就会放松自己，这个理想永远不能放弃，讲这个好像有点大了。但需要反过来想，哪些地方是自己的所长，怎样充分发挥自己的所长。当然，完全发挥自己的所长不太可能，但需要经常问自己是不是尽自己的所长了，然后请教老师，跟同学商量，同学之间也可以互相交流。

刚才那个同学他问得很好、很厉害，他问我的兴趣爱好。其实兴趣爱好这个东西很重要，我现在讲这些东西，你看我讲得眉飞色舞，那是因为我对这些东西有兴趣。如果对一个东西真没兴趣，那就千万别做，因为这是有非常不同的影响的。总之，一定要做自己感兴趣的事。为什么要重视这个兴趣？兴趣所在，是自己能力最活跃的地方所在，也是最容易产生成果的地方所在。但也不能光凭兴趣，兴趣要严格地趋于规范化，要自己在这个学术规范里干得有兴趣。比如就像我刚才讲文字，说到"郑州"为何被叫作"邓州"之类的问题，这是我的兴趣，也在我的规范里。兴趣主要从两方面讲，一方面是研究要有道理，另一方面是研究要从实际出发。孔子说："知之者不如好之者，好之者不如乐之者。""乐之"就是快乐的乐，用英文讲就是 enjoy（享受），如果感觉不到享受，那就别做这方面的学术研究，不享受查阅字典，那就别查阅字典，这是真话。不查阅字典，也可以做其他事情。

但我讲的就像查字典这样的下苦功夫是有效果的。举个例子，到葡萄园摘葡萄，一个个地摘，能摘几个？我要讲的是这个摘的方式，如果一串串地摘，效率就会更高。对于你的问题，我的回答大概就是这个样子。

王咏琳：刘先生您好，刚才您说前人怎么读书，怎么看问题，然后就会有自己的想法，但我发现自己看书后思想特别混乱。最近我在读《尚书》，看的是《尚书校释译论》。该书把前人的很多观点都融合在这本书里面，我看完之后就有一种很混乱的感觉。例如，关于周武王是什么时候去世的这个问题，有好多种说法，而且都有道理，很难甄别。我就感觉好像什么都能信，又什么都不能信，感觉很难有自己的想法，因为观点太多了，就感觉特别混乱。

刘老师：你讲的这个现象，我觉得非常真实、非常真切。首先，你读的这本书有些复杂难懂，是作者用毕生精力撰写的，很有用，可不适合你现在读，所以就会产生这些问题。其次，你读的路数也有待思考。你现在就想考证武王去世的时间这个多年未定的问题，据我的了解它是考证不出来的，至少用现有的材料是考证不出来的。这部书把各种观点都写进来是好的，但也因人而异。对我这样的人来说，它是有用的，是能够深入研究的；对你们来说，年龄正处于迷惑阶段，就有些不太适合。

我认为，读《尚书》，心不要急，还是先从文字出发，要分清今古文《尚书》及其基本的研究历史。你们现在能弄清《尚书》的今文和古文之分吗？读《尚书》要读什么？要从瞬间能够进去的路径去读。过去一般人读书都读什么？读蔡沈的《书集传》。蔡沈是朱熹的再传弟子，蔡沈把今文跟古文放在一起了，所以我刚才说要分清今古文，不能因为《尚书校释译论》书只讲今文，就只知道今文，而不知道古文。我不知道同学们同不同意这个看法，先要把基本功练实，如果关于问题的基本功没有练实，以后怎么驾驭问题？驾驭不了。因为这超出了你现有的能力范围，所以要把一些基本功练好。

蔡沈的书有优点，比较容易读，但也有缺点，缺点在哪里？可以说不计其数，但它有一个明显的缺点，就是他在书中把那些自己没有读懂的地方，都说懂了，都解释了，所以我们要小心。我是怎么读的？我先读蔡沈的《书集传》，然后读《十三经注疏》等。有了这个底子以后，我就能很轻松地读《尚书校释译论》。除了要知道这个以外，还要知道目录学，因为《尚书校释译论》还有一个问题，即它让我们感觉不需要目录学，其实我们需要知道目录学是什么，还要明确自己是研究历史的。请你们找几部名著看看，整个论《尚书》的名著，有王鸣盛的《尚书后案》，这是比较系统的，有孙星衍的《尚书今古文注疏》，不能称之为古文，这个要弄清楚，所以，孙星衍的著述可以被称为今古文。孙星衍的今古文《尚书》，好像有今文，也有古文，但他讲的不是古文，他讲的是今文，他的古文是他自己重新辑出来的，这部书可以看。在这个基础上，我感觉王引之的《经义述闻》很值得看，关于《尚书》的部分非常值得看，在训诂上走出了很精彩的一步。再就是俞樾的《群经平议》，是关于《尚书》的评议。我记得梁启超先生很欣赏清人在《尚书》学上的研究成果。

我讲得可能有些复杂，其实过去治学的路子也都需要基础，因为你现在不具备这个基础，所以做起来很困难。你看到的东西，越不容易够得着，你就越感觉有困难。有些人的书，对我们来说，我们需要参考各种书目才能看懂，所以《尚书校释译论》不太适合你在现阶段阅读，这部书是可以参考的，我们在什么时候用这个才有意义？我们在做理论性的题目时会用到。总之，我觉得在读书问题上应该循序渐进。

王老师：刘先生讲了两个半小时，时间也挺长了。我也想说两句，等会儿皮老师再总结。今天机会非常难得，我就简单谈一点感想。今天刘先生讲的问题，我觉得内容的含量其实很大。几个问题都是大问题，都非常有深度。我自己也觉得很新鲜，虽然以前听先生讲过很多次，但还是很兴奋，像第一次听一样。有几个感触。一个就是刘先生多次提到的，人的学术生命和生物生命是不一样的。刘先生戏称自己是"80后"，实际上今年84岁，但我觉刘先生的学术生命是很年轻的。这确实是我的切身体会。每次拜访刘先生，回来以后我都觉得自己年轻了。虽然我比刘先生小40多岁，但我总觉得我很老，刘先生很年轻。因为有时我觉得跟不上他的思维。真是这样。可能大家都能体会到，刘先生的思维真的很敏锐、很快。我有时真的跟不上他，有自己老了的感觉。

其实我们大家都很年轻，但通过这场刘先生的讲座，我觉得我们更要好好地提高自己，时刻保持年轻。每次去刘先生那儿的感觉可以用一个词来形容，就是"activate"，总会把自己激发起来。每次和刘先生谈话，那种感觉还可以用一个词来说，叫"充电"。每次从刘老师那儿回来之后，感觉电就充满了。回来之后，在相当长的时间内都很兴奋，而且读书效率也高。所以，我希望通过这样一次活动，大家都能把自己激发起来。别看我们都很年轻，但并不都是真的在学术上保持着年轻状态，消沉经常会出现。这是我的第一个感触。

第二个感触就是，对于如何学好历史，尤其是如何做好学问，刘先生讲了两个非常重要的看法。一个就是读书要带着问题读，要有问题意识。不但有一般性的问题意识，还要抓大问题，这是提高效率的一个重要途径。问题很多，有的问题意义并不大，有的问题意义特别重大。所以，还是要在有限的时间里抓大问题，然后思考问题，想办法推进问题。另一个就是对于怎样解决问题，刘先生讲了一个极为重要的途径，就是想方设法丰富我们的工具。其实查字典也好，文字学、哲学、逻辑学也好，它们都是工具。我觉得刘先生为什么能抓住一个个大问题，又有很深的思考，就是因为他的工具太好了。

说到逻辑学，刘先生也说到，其实中国的传统史学很发达，学术也很发达，思想也很发达，但逻辑学这方面的工具是很欠缺的。而逻辑学在西方哲学里恰恰从一开始就是最重要的一种工具。所以，要想办法补这个课。比如古希腊人，从苏格拉底开始，到柏拉图和亚里士多德，他们把人对世界的认识分成两大类，一类叫"意见"，另一类叫"知识"。"意见"是经验性的东西，没经过刘先生讲的逻辑推理，不是推理出来的。比如说谈到某事，我可以谈很多感触，"意见"就相当于这个东西。但古希腊人认为"意见"可能是不真实的，或者说"意见"不能产生真正意义上的"知识"。"知识"应该是经过逻辑推理推导出来的，像数学那样，它不论在哪儿都应该是真实的，是不变的，那样的东西才叫"知识"。

所以，刘先生讲的逻辑问题，实际上是让我们平时在思考和研究问题的时候，尽量使用逻辑的方法，而不是简单地谈"意见"。只有用这个方法，才能产生真正的"知识"。所以，我建议大家今后读一点逻辑学的书，把这种思维工具运用到学习中，会有更大的收获。其实，刘先生在前段时间还在跟我们一块儿读牟宗三先生的逻辑学著作《理则学》。真的是一部分一部分地读,我也是有一些东西读不懂,刘先生还跟我们一起讨论。学习逻辑学,看似是一件跟历史学没有关系的事情,但恰恰对历史研究的深入非常重要。

皮老师:大庆老师讲得很到位。在此我要特别感谢刘先生今天在这里给咱们分享了这么多精彩想法。我们用热烈的掌声感谢刘先生!

图书在版编目（CIP）数据

人大课堂·名家的16堂历史课/皮庆生编. --北京：中国人民大学出版社，2019.12
ISBN 978-7-300-27812-4

Ⅰ.①人… Ⅱ.①皮… Ⅲ.①史学-研究-中国 Ⅳ.①K092

中国版本图书馆CIP数据核字（2019）第300396号

人大课堂·名家的16堂历史课
皮庆生 编
Renda Ketang · Mingjia de 16 Tang Lishi Ke

出版发行	中国人民大学出版社		
社　　址	北京中关村大街31号	邮政编码	100080
电　　话	010-62511242（总编室）	010-62511770（质管部）	
	010-82501766（邮购部）	010-62514148（门市部）	
	010-62515195（发行公司）	010-62515275（盗版举报）	
网　　址	http://www.crup.com.cn		
经　　销	新华书店		
印　　刷	涿州市星河印刷有限公司		
规　　格	170 mm×240 mm　16开本	版　次	2019年12月第1版
印　　张	16.25　插页3	印　次	2020年4月第2次印刷
字　　数	269 000	定　价	69.00元

版权所有　　侵权必究　　印装差错　　负责调换